ENSEIGNEMENT UNIMÉTHODIQUE DES LANGUES

GRAMMAIRE FRANÇAISE

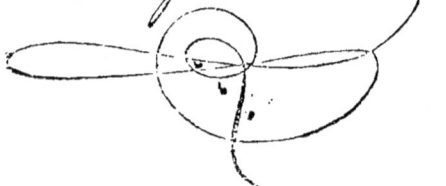

COURS COMPLET

DE LANGUE FRANÇAISE

(THÉORIE ET EXERCICES)

PAR M. GUÉRARD

Agrégé de l'Université, préfet des études à Sainte-Barbe,
Chevalier de la Légion d'honneur.

DEUXIÈME PARTIE :

GRAMMAIRE & COMPLÉMENTS

Ouvrage autorisé par décision de S. Ex. le Ministre de l'instruction
publique et des cultes.

QUINZIÈME ÉDITION

PARIS

ANCIENNE MAISON DEZOBRY, MAGDELEINE ET Cie
CH. DELAGRAVE ET Cie, LIBRAIRES-ÉDITEURS

RUE DES ÉCOLES, 78

1868

COURS COMPLET DE LANGUE FRANÇAISE

(THÉORIE ET EXERCICES)

Par M. GUÉRARD

Préfet des études à Sainte-Barbe.

Chaque volume se vend séparément.

PREMIÈRE PARTIE

Grammaire élémentaire, d'après Lhomond, nouvelle édition. 1 vol. in-12. Prix cart. . . . . » 75
Ouvrage adopté exclusivement par la ville de Paris pour toutes ses écoles.
Cadres de la Grammaire élémentaire, par M. *Feillet,* 1 vol. in-12, br. . . . . » 25
Exercices sur la Grammaire élémentaire, 1 vol. in-12. Prix, cart. 1 25
Nota. Les Exercices se vendent en outre par cahiers de 48 et 96 pages. Prix, br. rog. . . . . 35 et 70 c.
Leçons et exercices sur la prononciation, 1 vol. in-12. Prix, cart. . . . . » 75
Cahier de la conjugaison, 1 vol. in-12. Prix, br. . . . . » 20
Exercices sur la conjugaison des verbes, nouvelle édition. 1 vol. in-12. Prix, cart. . . . . » 80
Leçons et exercices gradués d'analyse grammaticale, 1 vol. in-12. Prix, cart. . . . . » 80
Cours de dictées élémentaires, 1 vol. in-12. Prix, cart. . 2 »

DEUXIÈME PARTIE

Grammaire et compléments, nouvelle édition. 1 vol. in-12. Prix, cart. 1 50
L'introduction de cet ouvrage dans les écoles publiques est autorisée par décision de Son Ex. M. le Ministre de l'Instruction publique et des cultes.
Cadres de la Grammaire et compléments, par M. *Feillet,* 1 vol. in-12, br. . . . . » 45
Exercices sur la Grammaire et compléments, 1 vol. in-12. Prix, cart. 1 50
Leçons graduées et exercices d'analyse logique, 1 vol. in-12. Prix, cart. . . . . 1 »
Exercices sur les homonymes et les paronymes, 1 vol. in-12. Prix, cart. 1 25
Cours de dictées, 1 vol. in-12. Prix, cart. 2 50
Traité des participes, 1 vol. in-12. Prix, cart. . . . . . 1 »
Exercices sur le traité des participes, 1 vol. in-12, Prix, cart. . . . . 1 »

TROISIÈME PARTIE

Cours de composition française *(Préceptes et Modèles),* suivi de *Notions de littérature,* d'un *Recueil d'Exercices* et de *Sujets de composition,* et accompagné de plus de 200 Exemples ou Modèles. 1 fort vol. in-12. Prix, cart. . 2 50

Coulommiers. — Typographie de A. MOUSSIN.

PRÉFACE

DE LA PREMIÈRE ÉDITION

————

Nous offrons aux maîtres et aux élèves notre nouvelle Grammaire complète. Cette Grammaire est le développement de l'abrégé que nous avons publié l'an dernier. Le plan et la méthode que nous avons suivis sont les mêmes, avec les différences que comporte un ouvrage destiné à des enfants dont l'âge et l'étude ont déjà développé l'intelligence et le jugement, et qui sont en état de comprendre, d'apprécier les raisons des choses qu'on leur explique.

Ici les règles et les exceptions sont plus nombreuses, sans être jamais enveloppées dans les subtilités d'une métaphysique grammaticale que nous avons toujours cherché à éviter avec le plus grand soin.

Nous avons insisté à dessein sur l'*analyse logique,* « sur laquelle, dit M. Burnouf, repose toute la doctrine de la syntaxe; » et nous avons adopté, ainsi que l'avait déjà fait cet éminent grammairien, la méthode d'analyse logique exposée par Condillac dans son excellent *Traité de l'art d'écrire.*

Contrairement à un usage que rien, suivant nous, ne saurait justifier, nous avons placé les figures de Grammaire à la suite de l'analyse logique, en tête de la syntaxe et non à la fin. Nous avons la conviction intime que par là nous avons rendu beaucoup plus facile l'étude de la syntaxe. En effet, la connaissance de l'inversion, du pléonasme, de l'ellipse et de la syllepse n'est pas moins indispensable pour exposer et pour comprendre les motifs de la plupart des règles et des exceptions, que ne l'est celle des différentes propositions, pour apercevoir les rapports qui existent entre toutes les parties de la phrase, et pour reconnaître ceux qui unissent les phrases entre elles et qui forment ainsi la contexture du discours. D'ailleurs l'étude des figures de grammaire ne présente aucune difficulté réelle; non-seulement la syntaxe, mais l'analyse logique elle-même en renferme de beaucoup plus sérieuses : rien ne s'oppose donc à ce que les élèves acquièrent ces connaissances au moment où elles leur sont , nous ne disons pas nécessaires, mais indispensables.

Nous nous sommes attaché à donner, autant que possible, aux règles de la syntaxe quelque chose de précis, de fixe et parfois d'absolu; l'incertitude et le vague ne pouvant qu'égarer l'esprit des enfants.

Toutefois il nous a paru utile d'indiquer et de discuter quelques-unes des grandes difficultés de la syntaxe; seulement, pour ne pas surcharger la Grammaire proprement dite, nous avons rejeté ce travail dans les *Compléments* qui terminent le volume. Les développements que nous avons donnés à cette partie la rendront facilement abordable aux élèves déjà avancés; et ces discussions, qui par leur nature appartiennent autant à l'étude de la littérature française qu'à celle de la Grammaire, formeront en quelque sorte une introduction, une utile préparation à la troisième partie de notre Cours, celle qui doit avoir pour objet la composition littéraire.

Quant à l'exposition des règles et à l'explication des grandes difficultés de la syntaxe, nous avons pris pour guides l'observation des procédés de l'esprit humain dans la formation et l'expression de la pensée, les principes de la Grammaire générale, en un mot, les lois fondamentales de la logique. C'est pour avoir négligé ou méconnu ces principes qu'il

y a eu parmi les grammairiens modernes une sorte
d'anarchie et que quelques points de la Grammaire
sont devenus une espèce de tour de Babel où se par-
lent, pour ainsi dire, les langues les plus diverses et
les plus opposées. Chacun se faisant une opinion à
soi, un système particulier qu'il tâche de faire prévaloir, l'un a prescrit et glorifié ce que l'autre a
condamné et proscrit. Tel passage de nos chefs-
d'œuvre littéraires, pour n'être pas conforme aux
théories grammaticales de celui-ci, a été impitoya-
blement signalé comme un solécisme et mis à l'in-
dex; celui-là, se jetant dans un excès contraire,
approuvant tout sans réserve, et faisant une règle
particulière pour chaque exception qu'il rencontrait
dans les bons écrivains, a donné comme usuels et
corrects des tours et des expressions que la licence poétique ou le génie particulier de l'auteur
pouvait expliquer, mais non justifier et autoriser.

Pour nous, également opposé à ces deux excès,
nous avons essayé de les combattre en revenant aux
sages théories de nos meilleurs grammairiens, de
Port-Royal, de Dumarsais, de Beauzée, de Condillac, de Burnouf, etc. Nous avons pensé que, dans
les cas douteux, ce sont les décisions de l'Académie
française qui doivent faire autorité ; c'est aux maîtres auxquels nous nous adressons de juger si nous
avons rendu à l'enseignement de la Grammaire ses
véritables bases et son orthodoxie.

Un volume d'*Exercices* et un volume de *Corrigés*
accompagnent cette Grammaire complète. Rédigés
tout à fait sur le même plan que ceux qui se rattachent à notre Grammaire élémentaire, ils sont
comme ceux-ci entièrement purs de toute forme *ca-
cographique* ou *cacologique*.

Observations sur la nomenclature grammaticale

Les grammairiens sont loin d'être d'accord sur la classification des mots : ainsi, tandis que quelques-uns d'entre eux n'admettent point d'autres pronoms que *je, me, moi, te, tu, toi, nous, vous*, plusieurs soutiennent qu'il n'y a pas un seul pronom, et que les prétendus pronoms personnels eux-mêmes ne sont que des noms généraux. D'autres suppriment entièrement l'espèce de mot appelée *article* et placent les mots *le, la, les*, dans la foule des adjectifs déterminatifs ; enfin, d'autres, plus hardis, font rentrer aussi dans la classe des adjectifs, les pronoms *qui, que, dont*, etc.

Comme toutes ces réformes proposées ne font disparaître aucune des difficultés de la Grammaire et ont pour effet immédiat de jeter la confusion dans la langue grammaticale, nous avons cru devoir nous en tenir à la nomenclature ordinaire de dix espèces de mots : d'abord parce que cette nomenclature est celle qu'a adoptée l'Académie, celle que reconnaissent l'immense majorité des professeurs et des maîtres, et la presque totalité des personnes qui ont fait quelques études ; en second lieu, parce qu'il y a un très-grand avantage à appeler les choses par les noms que tout le monde leur donne, tandis qu'il peut y avoir un grave inconvénient, surtout dans un examen, à appeler adjectif un mot qui est généralement désigné comme *pronom* ou bien comme *article*. Ces raisons nous ont paru concluantes ; nous espérons qu'elles le paraîtront aussi à nos lecteurs.

PRÉFACE

DE LA SECONDE ÉDITION

L'accueil qui a été fait à notre Grammaire française, en encourageant nos efforts, nous a rendu plus vigilant, plus sévère pour nous-même, plus désireux de justifier cette faveur. Les observations et les critiques, toutes bienveillantes, qui nous ont été adressées, nous les avons scrupuleusement pesées, examinées, et mises à profit pour notre travail. Cette seconde édition a donc été *revue et corrigée* avec le plus grand soin. Plusieurs points obscurs ont été éclaircis, quelques règles trop absolues modifiées d'une manière plus conforme au véritable génie de notre langue ; quelques théories importantes, telles que celle du verbe et de l'analyse logique, défectueuses en certains endroits, ont reçu des développements plus complets en même temps qu'elles ont été exposées avec plus de netteté et de précision.

On a souvent, et avec raison, reproché aux grammairiens français de négliger, de dédaigner même la tradition de la vieille langue et l'autorité des auteurs anciens, et de prendre le raisonnement pour guide exclusif dans l'exposition des règles, dans la décision des questions grammaticales. Déjà en garde contre cet écueil, que nous avons signalé dans la préface de notre première édition, nous nous sommes encore efforcé davantage de l'éviter ; nous avons distingué avec soin, par des citations tirées des meilleurs écrivains, l'usage ancien de l'usage actuel de la langue, afin de montrer que, si des formes

1.

vieillies, des tournures tombées en désuétude ne sont plus à imiter aujourd'hui, elles ne doivent pas non plus être considérées comme des fautes de langage, ainsi que l'ont fait certains grammairiens trop prompts à condamner ce que peut-être ils ignoraient. Nous devons beaucoup, pour cette partie de notre travail, comme pour tout le reste, aux conseils de notre excellent ami M. Regnier, membre de l'Institut, dont les lumières, la vaste érudition et la haute expérience font autorité dans les questions de philologie et de grammaire; nous saisissons avec empressement l'occasion de lui exprimer ici notre vive gratitude.

Nous avons l'espoir que ce livre, tout imparfait qu'il est, contribuera, pour sa faible part, aux progrès des études grammaticales; nous ne négligerons rien pour le rendre, par des améliorations successives, de plus en plus digne de la bienveillance avec laquelle MM. les professeurs et MM. les instituteurs l'ont accueilli et recommandé.

Sainte-Barbe, le 19 septembre 1854.

GRAMMAIRE FRANÇAISE

PREMIÈRE PARTIE

INTRODUCTION

(MOTS, LETTRES, VOYELLES, CONSONNES, SYLLABES.

1. — La *Grammaire* est l'art de parler et d'écrire correctement.

2. — Pour parler et pour écrire on emploie des *mots*.

Ainsi les mots sont les signes de nos idées.

3. — Les mots, dans le langage parlé, sont formés de *sons*. On distingue deux sortes de sons dans la parole : les sons *inarticulés*, comme *a, i, ou,* dans *a-bri, i-dée, ou-bli*; et les sons *articulés*, comme sa, ni, mou.

Les sons articulés ou *articulations* ne sont, comme on le voit, que les sons simples *a, i, ou,* etc., modifiés par les organes de la parole, tels que les lèvres, les dents, etc., plus fortement que les voyelles, et de manière à former des sons bien distincts.

4. — Les mots écrits sont formés de *lettres*.

Il y a deux sortes de lettres, les *voyelles* et les *consonnes*.

Les voyelles sont *a, e, i, o, u* et *y*. On les appelle *voyelles* parce que, seules, sans le secours d'autres lettres, elles représentent une *voix* ou un son.

Aux cinq voyelles *a, e, i* ou *y, o, u,* il faut ajouter les voyelles *é, è,* qui ne figurent pas le même son que la voyelle *e* : on a ainsi sept voyelles *simples*.

Il y a de plus dans la langue française six voyelles composées, savoir : *eu, ou, an, in, on, un.* Les quatre dernières sont appelées voyelles *nasales,* parce qu'elles représentent un son qui est modifié par l'organe du nez. (Voyez *Compléments,* 1.)

Les consonnes sont *b, c, d, f, g, h, j, k, l, m, n, p, q, r, s, t, v, x, z*. Ces lettres sont appelées *consonnes*, parce qu'elles ne peuvent former un son qu'avec le secours des voyelles, comme *ba, be, bi, bo, bu*, etc. (*Compl.* 2.)

5. — Il y a trois sortes d'*e* : *e* muet, *é* fermé, *è* ouvert.

L'*e muet*, comme à la fin de ces mots : *homme, monde*. On l'appelle *muet*, parce que le son en est peu sensible et quelquefois nul, comme dans *joie, il paiera*.

L'*é fermé*, comme à la fin de ces mots : *bonté, café*. Cet *é* se prononce la bouche presque fermée.

L'*è ouvert*, comme à la fin de ces mots : *procès, accès, succès*. Pour bien prononcer cet *è*, il faut appuyer dessus et desserrer les dents.

6. — L'*y* s'emploie ordinairement pour deux *i*, comme dans *pays, moyen, joyeux*, qui se prononcent *pai-is, moi-ien, joi-ieux*.

On le trouve aussi quelquefois employé pour un *i*, mais seulement dans les mots dérivés des langues anciennes ou étrangères, tels que *martyr, mystère, Dey*, etc.

7. — La lettre *h* est *muette* lorsqu'elle ne se fait pas sentir dans la prononciation ; exemples : l'*homme*, l'*honneur*, *chrétien*, que l'on prononce comme s'il y avait l'*omme*, l'*onneur*, *crétien*.

La lettre *h* est *aspirée* quand elle fait prononcer avec aspiration la voyelle qui la suit, c'est-à-dire en la détachant de la lettre précédente : ainsi l'on écrit et l'on prononce séparément les deux mots *la haine*, et non pas *l'haine* ; *les héros*, et non pas comme s'il y avait *les zéros*.

8. — Les mots sont d'une ou de plusieurs *syllabes* : *bon* est un mot d'une seule syllabe ; il y a deux syllabes dans le mot *bonté* (bon-té) ; il y en a trois dans le mot *élément* (é-lé-ment).

Ainsi, l'on appelle *syllabe*, dans les mots, une voyelle qui, seule ou jointe à d'autres lettres, forme un son unique.

9. — Tout mot d'une seule syllabe, comme *Dieu, saint, loi*, est un *monosyllabe* ; le mot de deux syllabes, *bonté*, est un *dissyllabe* ; le mot de trois syllabes, *élément*, est un *tris-*

syllabe; et, en général, on appelle *polysyllabe* un mot qui a plus d'une syllabe.

10. — On appelle *diphthongue* une syllabe qui fait entendre le son de deux voyelles par une même émission de voix, comme *ia, ié, ieu, ui* dans *fiacre, pitié, Dieu, lui.* (*Compl. 3.*)

VOYELLES LONGUES ET VOYELLES BRÈVES, ACCENTS, TRÉMA, APOSTROPHE, CÉDILLE, TRAIT D'UNION; DIFFÉRENTES ESPÈCES DE MOTS.

11. — Les voyelles sont *longues* ou *brèves*.

Les voyelles *longues* sont celles sur lesquelles on appuie plus longtemps que sur les autres en les prononçant.

Les voyelles *brèves* sont celles sur lesquelles on appuie moins longtemps. Par exemple :

a est long dans *pâte* pour faire du pain, et bref dans *glace*.

. *e* est long dans *tempête*, et bref dans *trompette*.

i est long dans *épître*, et bref dans *petite*.

o est long dans *apôtre*, et bref dans *dévote*.

u est long dans *flûte*, et bref dans *buffet*.

12. — Pour marquer les différentes sortes d'*e* et les voyelles longues, on emploie trois petits signes que l'on appelle *accents,* savoir :

L'accent *aigu* (´) qui se met sur les *é* fermés : *bonté, café.*

L'accent *grave* (`) qui se met sur les *è* ouverts : *accès,* et quelquefois sur l'*a* et sur l'*u* : *à, où,* pour les distinguer de *a, ou* qui n'ont pas la même signification.

L'accent *circonflexe* (^) qui se met sur les *ê* ouverts : *tête,* sur beaucoup d'autres voyelles longues : *apôtre,* et qui indique en général le retranchement d'une consonne. (*Complém. 4.*)

13. — Le *tréma,* formé de deux points (¨), est un signe que l'on met sur les voyelles *e, i, u,* pour indiquer qu'il faut, en les prononçant, les séparer de la voyelle qui précède; comme *poëte, haïr, Saül,* qui se prononcent *po-è-te, ha-ir, Sa-ul.*

14. — L'*apostrophe* (') est un signe qui indique le retranchement d'une des trois voyelles *a, e, i*; exemples : *l'abeille,* pour *la abeille*; *l'enfant*, pour *le enfant*; *s'il vient*, pour *si il vient*.

15. — La *cédille* est une petite figure que l'on met sous le c pour avertir qu'on doit le prononcer comme une s devant *a, o, u*; exemples : *façade, soupçon, reçu*.

16. — Le *trait d'union* (-) se met entre deux mots tellement joints ensemble qu'ils n'en font plus qu'un, pour ainsi dire ; exemples : *chef-d'œuvre, courte-pointe, avant-coureur*.

17. — Il y a dans la langue française dix espèces de mots, que l'on appelle les *parties du discours*, savoir : le *nom* ou *substantif*, l'*article*, l'*adjectif*, le *pronom*, le *verbe*, le *participe*, l'*adverbe*, la *préposition*, la *conjonction*, et l'*interjection*.

Les mots sont *variables* ou *invariables*.

Les mots *variables*, c'est-à-dire ceux dont la terminaison peut changer, sont le *nom*, l'*article*, l'*adjectif*, le *pronom*, le *verbe* et le *participe*.

Les mots *invariables*, c'est-à-dire ceux dont la terminaison ne change point, sont l'*adverbe*, la *préposition*, la *conjonction* et l'*interjection*.

CHAPITRE PREMIER

NOM OU SUBSTANTIF

NOM COMMUN, NOM PROPRE, NOM COLLECTIF.

18. — Le *nom* ou *substantif* est un mot qui sert à *nommer* un être, c'est-à-dire une personne, un animal ou une chose, comme *Paul, Henri, cheval, maison*.

REMARQUE. Certains mots, tels que *gloire, courage, pesanteur, paresse*, etc., expriment non des êtres, des substances, c'est-à-dire des objets qui existent par eux-mêmes, mais des qualités, des manières d'être que nous détachons, par une opération de notre esprit, des objets auxquels ces qualités sont inhérentes, pour leur donner en quelque sorte une existence à part; on les appelle noms *abstraits*.

Il y a deux sortes de noms : le nom *commun* et le nom *propre*.

19. — Le nom *commun* est celui qui convient à toutes les personnes, à toutes les choses semblables ou de la même espèce ; exemples : *homme, cheval, maison.*

Homme est un nom commun, car ce nom convient à Paul, à Henri, à tous les humains ; *cheval* est un nom commun, car il sert à nommer tous les animaux de cette espèce : *maison* est un nom commun, puisque ce mot sert à désigner toute habitation qui a les qualités propres à une maison.

20. — Le nom *propre* est le nom particulier, individuel d'une personne ou d'une chose, comme *Louis, Adam, Paris, la Seine.*

Le nom *propre* peut convenir à une ou à plusieurs personnes, mais non à toutes les personnes ; à une ou à plusieurs choses, mais non à toutes les choses semblables. Plusieurs personnes peuvent s'appeler *Louis,* mais lorsqu'en prononçant ce mot je l'applique, comme c'est l'ordinaire, à un seul individu et non pas à tous ceux qui portent le même nom, *Louis* est un nom particulier, un nom propre. *Paris* est aussi un nom propre, car toutes les villes ne s'appellent point *Paris.*

REMARQUE. La première lettre d'un nom propre doit toujours être une majuscule ou grande lettre.

21. — Le même nom peut être, suivant le sens, nom commun ou nom propre. Ainsi *Dieu*, nom du Tout-Puissant, est un nom propre, de même que tous les mots qui ont cette signification, tels que *le Créateur, la Providence,* etc. Mais dans les phrases suivantes : *Chez les païens Mars était le dieu de la guerre. Homère est regardé comme le créateur de l'épopée.* (Acad., *Ah! mon ami, vous êtes ma providence,* les noms *dieu, créateur, providence* sont des noms communs. (Voir chapitre XI, paragr. 186.)

22. — Il y a des noms communs appelés *collectifs,* parce qu'ils expriment une *collection,* c'est-à-dire une réunion de personnes ou de choses, comme *la foule, une troupe, une multitude.*

23. — Les noms collectifs sont, selon leur emploi, *collectifs généraux* ou *collectifs partitifs.*

24. — Le nom collectif est employé dans le sens *général,* lorsqu'il exprime la collection entière des personnes ou des choses ; il est ordinairement précédé de l'un des mots *le, la,* *les*. Exemples : **La foule** *des humains est sujette à l'erreur* ; **la multitude** *des étoiles étonne l'imagination*.

25. — Le nom collectif est employé dans le sens *partitif*, lorsqu'il n'exprime qu'une partie de la collection ; il est alors ordinairement précédé de *un*, *une*. Exemples : **Une foule** *d'hommes accoururent* ; **une multitude** *d'étoiles forment cette constellation*.

GENRE.

26. — Dans les noms il faut considérer le *genre* et le *nombre*.

Il y a en français deux genres, le *masculin* et le *féminin*. Les noms d'hommes ou de mâles sont du genre masculin, comme *le père, un lion* ; les noms de femmes ou de femelles sont du genre féminin, comme *la mère, une lionne*.

Ainsi le *genre* est la distinction des êtres mâles et des êtres femelles (1).

On a aussi donné, par imitation, le genre masculin ou le genre féminin à des choses qui ne sont ni mâles ni femelles, comme *un livre, une table, le soleil, la lune*.

REMARQUE. On reconnaît qu'un nom commun est du genre masculin quand on peut mettre *le* ou *un* devant ce nom : *le père, le soleil, un livre* ; on reconnaît qu'il est du féminin quand on peut mettre *la* ou *une* : *la table, une lionne*.

27. — Ce moyen suppose la connaissance de l'usage, pour les noms des êtres inanimés ; et en cela on ne connaît pas toujours bien le bon usage. Voici, par exemple, plusieurs noms sur le genre desquels bien des personnes se trompent :

Noms masculins.

autel	albâtre	émétique
alvéole	automate	épiderme
amadou	ablustre	épisode
anchois	centime	équinoxe
antidote	chanvre (2)	esclandre
armistice	cigare	évangile
astérisque	décombres	exorde

---

(1) C'est-à-dire, le rapport des noms à ce qui est mâle ou femelle.
(2) La Fontaine a fait ce mot du féminin : *La chanvre étant tout à fait crue.* (Fable 8, liv. 1er.)

girofle
hémisphère
hémistiche
hiéroglyphe
horoscope
hortensia (*Acad.*)
hôtel
incendie
indice
intervalle
ivoire

légume
losange (1)
mânes
monticule
obélisque
obstacle
obus
omnibus
ongle
orage
orchestre

organe
orifice
ouvrage
parafe *ou* paraphe
parage
pétale
pleurs
renne
simples (plantes)
ulcère
ustensile

Noms féminins.

amnistie
antichambre
apothéose
armoire
artère
atmosphère
dinde
écarlate
ébène
écritoire

enclume
épitaphe
épithète
équivoque
étable
horloge
hydre
hypothèque
idole (2
immondice

insulte (3)
nacre
omoplate
paroi
patère
pédale
réglisse
sandaraque
sentinelle
tare

28. — Il y a des noms masculins qui ont un nom correspondant féminin. Ce nom féminin se forme ordinairement du nom masculin en y ajoutant un *e* muet : *berger, bergère; marchand, marchande; apprenti, apprentie.* Voici les principales exceptions :

Noms masculins.	Noms féminins.
acteur	actrice
ambassadeur	ambassadrice
débiteur	débitrice
détenteur	détentrice
gouverneur	gouvernante
héros	héroïne
hôte	hôtesse
larron	larronnesse (peu usité)
lecteur	lectrice
prophète	prophétesse
serviteur	servante
traitre	traitresse
tuteur	tutrice

(1) Tous les mathématiciens font ce mot du masculin, quoique l'Académie l'indique comme étant du féminin.

(2) Corneille et La Fontaine ont fait *idole* du masculin : *Et Pison ne sera qu'un idole sacré. Jamais idole quel qu'il fût.*

(3) Du temps de Boileau, *insulte* était du masculin.

Evrard seul en un coin prudemment retiré,
Se croyait à l'abri de l'*insulte sacré*. (LUTRIN, V.)

Le correspondant féminin de *chanteur* est *chanteuse*; mais en parlant d'une femme très-habile dans l'art du chant, on dit *cantatrice*.

Chasseur a pour féminin *chasseuse* dans le style ordinaire. *Ces dames étaient habillées en* chasseuses. (*Acad.*) En poésie et dans le style élevé, on dit *chasseresse* : *Les nymphes* chasseresses. (*Acad.*) (Voir *Compl.* 5.)

29. — Les noms des professions exercées ordinairement par des hommes, tels que *auteur, écrivain, peintre, poète, médecin*, etc., n'ont pas de féminin correspondant. Ils prennent le sens du féminin lorsqu'ils sont employés à la suite des noms *dame, femme*. Exemples : *une dame* auteur, *une femme* peintre. *Cette femme est* poète. (*Acad.*) (1. (Voir *Compl.* 6.)

NOMBRE.

30. — Dans les noms il y a deux nombres, le *singulier* et le *pluriel* : le singulier, quand on parle d'une seule personne ou d'une seule chose, comme *un homme, un livre*; le pluriel, quand on parle de plusieurs personnes ou de plusieurs choses, comme *les hommes, deux livres*.

Ainsi, le nombre est la propriété qu'ont les mots d'indiquer si l'on parle d'une ou de plusieurs personnes, d'une ou de plusieurs choses.

31. — Certains noms ne s'emploient qu'au singulier; tels sont *l'adolescence, la paresse, la faim, la soif*. D'autres ne s'emploient qu'au pluriel, comme *ancêtres, bestiaux, funérailles, mœurs, obsèques*.

RÈGLE GÉNÉRALE DE LA FORMATION DU PLURIEL DANS LES NOMS.

32. — Pour former le pluriel on ajoute une s à la fin du nom. Exemples : le *père*, les *pères*; la *mère*, les *mères*; l'*enfant*, les *enfants*; la *table*, les *tables*.

---

(1) *Madame Deshoulières était* un poète *aimable*. (Acad.) L'Académie donne aussi *poétesse* : *Sapho était* une poétesse *illustre* ; mais elle ajoute que ce mot est peu usité.

REMARQUES SUR LE PLURIEL DE QUELQUES NOMS.

33. — 1° Les noms terminés au singulier par *s*, *x*, *z* s'écrivent au pluriel comme au singulier : le *fils*, les *fils* ; la *voix*, les *voix* ; le *nez*, les *nez*.

2° Les noms terminés au singulier par *au*, *eau*, *eu*, prennent un *x* au pluriel : le *tuyau*, les *tuyaux* ; le *bateau*, les *bateaux* ; le *feu*, les *feux*.

3° Les noms *bijou*, *caillou*, *chou*, *genou*, *hibou*, *joujou* et *pou*, prennent aussi un *x* au pluriel : *bijoux*, *cailloux*, *choux*, *genoux*, *hiboux*, *joujoux*, *poux*. Les autres noms en *ou* suivent la règle générale, c'est-à-dire prennent une *s* au pluriel : un *sou*, des *sous* ; un *verrou*, des *verrous*.

4° Les noms en *al* changent au pluriel *al* en *aux* : le *mal*, les *maux* ; le *cheval*, les *chevaux*. Excepté *aval*, *bal*, *cal*, *carnaval*, *nopal*, *narval*, *pal*, *régal*, *chacal*, *serval*, qui au pluriel prennent une *s*, suivant la règle générale : des *avals*, des *bals*, des *cals*, des *carnavals*, etc.

5° Les noms *ail*, *bail*, *corail*, *émail*, *soupirail*, *vantail*, *travail*, font au pluriel *aulx*, *baux*, *coraux*, *émaux*, *soupiraux*, *vantaux*, *travaux*. Les autres noms en *ail* suivent la règle générale : un *portail*, des *portails* ; un *gouvernail*, des *gouvernails*, etc. On dit au singulier *bétail* et au pluriel *bestiaux* ; mais ce sont des noms différents, quoiqu'ils aient la même signification. (*Compl.* 7.)

6° *Aïeul*, *ciel*, *œil*, font au pluriel *aïeux*, *cieux*, *yeux*.

REMARQUE. Les noms en *ant* ou *ent* conservent toujours le *t* devant l's au pluriel, quel que soit le nombre des syllabes dont ils se composent ; la *dent*, les *dents* ; l'*enfant*, les *enfants* ; l'*appartement*, les *appartements*.

SENS PROPRE, SENS FIGURÉ. — SENS DÉTERMINÉ, SENS INDÉTERMINÉ.

34. — Les noms et la plupart des autres parties du discours sont nécessairement employés dans le sens propre ou dans le sens figuré.

35. — Le sens *propre* d'un mot est le sens naturel et primitif de ce mot. Quand on dit : *Voici la clef de cette porte*, le mot *clef* est employé dans le sens propre, car ce mot désigne l'objet même qui s'appelle *clef*.

Le sens d'un mot est *figuré*, lorsque ce mot est détourné de sa signifiation propre. Ainsi quand on dit : *La grammaire est* la clef *des sciences* (Dumarsais), le mot *clef* est pris dans un sens figuré, en vertu de cette comparaison : une clef ouvre la porte d'un appartement et nous en donne l'entrée ; de même la grammaire nous donne, pour ainsi dire, accès à l'étude des sciences.

36. — Les noms peuvent être pris aussi dans un sens *déterminé* ou dans un sens *indéterminé*.

Les substantifs n'ont pas toujours par eux-mêmes un sens bien déterminé, bien limité, bien précis. Si je dis, par exemple : *ceci est fait de marbre*, je désigne, il est vrai, une substance, et je la distingue d'une manière générale des substances analogues, telles que les autres espèces de pierres, etc., mais je ne la détermine pas d'une manière particulière ; je n'en fais connaître ni l'espèce ni la qualité, c'est un marbre quelconque, le sens est *indéterminé*.

Si je dis, au contraire : *le marbre de Carrare est fort beau*, le mot marbre est pris dans un sens tout à fait *déterminé*, je parle du marbre de Carrare, de celui-là et non de tout autre marbre.

CHAPITRE II

L'ARTICLE

37. — L'*article* est un petit mot que l'on met ordinairement devant les noms communs pour annoncer qu'ils sont employés dans un sens déterminé, et qui prend le genre et le nombre du nom auquel il se rapporte.

Nous n'avons en français qu'un article : **le, la,** au singulier ; **les,** au pluriel.

Le se met devant un nom masculin singulier : *le père, le livre ; la* se met devant un nom féminin singulier : *la mère, la table ; les* se met devant tous les noms pluriels, soit masculins, soit féminins . *les pères, les livres ; les mères, les tables.*

REMARQUE. L'article précède aussi quelquefois les noms propres. Exemples : *le Tasse, les Pyrénées, l'Italie, l'Angleterre,* etc.

38. — Il y a deux autres remarques à faire sur l'article.

PREMIÈRE REMARQUE. Devant un nom commençant par une voyelle ou une *h* muette, on retranche *e* de l'article *le*, ou bien *a* de l'article *la*, et on les remplace par une apostrophe. Ainsi l'on dit *l'argent* pour *le argent*, *l'histoire* pour *la histoire*, *l'épée* pour *la épée*.

Cette suppression d'une lettre que l'on remplace par l'apostrophe s'appelle *élision*. On dit alors que l'article est *élidé* (186).

DEUXIÈME REMARQUE. Devant un nom masculin singulier qui commence par une consonne ou une *h* aspirée, on dit *du* pour *de le*, *au* pour *à le* : *du père* pour *de le père*, *au héros* pour *à le héros*.

Au pluriel on dit toujours *des* pour *de les*, *aux* pour *à les*, devant tout substantif masculin ou féminin : *des pères, des mères, aux arbres, aux étoiles.*

Cette réunion en un seul mot de l'article *le*, *les* avec *de* et *à*, s'appelle *contraction*, et l'on dit que les mots *du, des, aux* sont des articles *contractés*.

La contraction de l'article féminin *la* n'a jamais lieu : on dit toujours *de la*, *à la* : *de la mère, à la mère ; de l'étoile, à l'étoile.*

CHAPITRE III

L'ADJECTIF

DIFFÉRENTES SORTES D'ADJECTIFS, FORMATION DU FÉMININ DANS LES ADJECTIFS.

39. — L'*adjectif* est un mot que l'on ajoute au nom pour exprimer la qualité, la manière d'être d'une personne ou d'une chose, c'est-à-dire pour marquer comment est cette

personne ou cette chose. Exemples : *papier* **blanc, bon** *père*, **belle** *image*.

Quand on dit *papier* **blanc**, le mot *blanc* fait connaître comment est le papier ; *blanc* est un adjectif. De même dans **bon** *père*, **belle** *image*, le mot **bon** dit comment est le père, le mot **belle** comment est l'image ; ces mots *bon, belle*, sont des adjectifs.

On connaît qu'un mot est adjectif, quand on peut y joindre le mot *personne* ou le mot *chose*. Ainsi *sage, agréable* sont des adjectifs, car on peut dire *personne sage, chose agréable*.

REMARQUE. Certains noms jouent un rôle analogue à celui de l'adjectif quand ils qualifient un autre nom, c'est-à-dire quand ils expriment une qualité, un état, une manière d'être. Exemple : *Alexandre-le-Grand était* **roi** *de Macédoine roi* joue ici le rôle d'adjectif).

Au contraire, un adjectif peut être employé comme nom ; le véritable nom est alors sous-entendu. Exemples : *Le* **sage** *obéit à Dieu. Joindre l'***utile** *à l'***agréable** ; (dans le premier exemple on peut sous-entendre le mot *homme*).

40. — On distingue deux grandes classes d'adjectifs : les adjectifs *qualificatifs* et les adjectifs *déterminatifs*.

On peut encore en admettre une troisième, celle des **adjectifs** *indéfinis*.

Les adjectifs *qualificatifs* expriment simplement la qualité, comme *le* **beau** *livre*.

Les adjectifs *déterminatifs* limitent et précisent l'objet désigné par le nom auquel ils se rapportent ; exemples : **mon** *livre,* **cette** *maison*.

Quand je dis **mon** *livre*, il s'agit du livre qui m'appartient et non de tout autre livre : le mot *mon*, qui fait connaître de quel livre je parle, est un adjectif déterminatif.

Les adjectifs *indéfinis* sont ceux qui marquent que les noms auxquels ils sont joints, sont employés d'une manière générale, indéterminée ; par exemple, lorsqu'on dit : **plusieurs** *accidents sont arrivés*, **certaines** *choses me plaisent*, on désigne les accidents, les choses, d'une manière indéterminée, sans en préciser le nombre, la nature, etc.

41. — Les adjectifs prennent les deux genres *masculin* et *féminin*. Cette différence de genres se marque ordinairement par la dernière lettre.

RÈGLE GÉNÉRALE. Quand un adjectif ne finit point au masculin par un *e* muet, on y ajoute un *e* muet pour former le féminin : *prudent, prudente ; saint, sainte ; méchant, méchante ; petit, petite ; grand, grande ; poli, polie ; vrai, vraie ; fier, fière ; altier, altière,* etc.

EXCEPTIONS A LA RÈGLE DE LA FORMATION DU FÉMININ
DANS LES ADJECTIFS.

42. — I. Les adjectifs terminés par *el, eil, en, on, et,* comme *cruel, pareil, ancien, bon, net,* doublent au féminin leur dernière consonne avant l'*e* muet.

cruel,	*féminin* cruelle	bon,	*féminin* bonne
pareil	— pareille	net	— nette
ancien	— ancienne	muet	— muette

Cependant, par exception, les adjectifs suivants ne doublent pas le *t* au féminin ; mais ils prennent un accent grave sur l'*e* qui précède le *t*.

complet,	*féminin* complète	indiscret,	*féminin* indiscrète
incomplet	— incomplète	inquiet	— inquiète
concret	— concrète	replet	— replète
discret	— discrète	secret	— secrète

II. Les adjectifs *bas, gros, gras, las, gentil, sot, épais, nul, bellot, vieillot, profès, exprès,* et le nom *paysan,* doublent aussi leur dernière consonne : *basse, grosse, grasse, lasse, gentille, sotte, épaisse, nulle, bellotte, vieillotte, professe, expresse, paysanne.*

III. Les adjectifs *beau, nouveau, fou, mou, vieux,* font au féminin, *belle, nouvelle, folle, molle, vieille ;* parce qu'au masculin on dit aussi *bel, nouvel, fol, mol, vieil,* devant un mot qui commence par une voyelle ou une *h* muette : **fol** *orgueil,* **vieil** *homme, Jumeau* fait *jumelle.*

IV. Les adjectifs terminés par *f* comme *bref*, *naïf*, changent *f* en *ve* : *brève*, *naïve*.

V. Les adjectifs terminés en *x* changent l'*x* en *se* : *dangereux*, *dangereuse* ; *honteux*, *honteuse* ; *jaloux*, *jalouse*, etc.

Cependant *doux*, *faux*, *roux*, *préfix*, font *douce*, *fausse*, *rousse*, *préfixe*.

VI. 1° Les adjectifs en *eur* ou en *teur* qui dérivent d'un participe présent, tels que *trompeur* de *trompant*, *menteur* de *mentant*, font leur féminin en *euse*. Il en est de même du substantif *parleur* qui a pour féminin *parleuse*. Au reste, les mots *menteur* et *trompeur* sont employés aussi souvent comme substantifs que comme adjectifs : un *trompeur*, une *trompeuse* ; un *menteur*, une *menteuse*.

Remarque. *Pécheur* (qui commet des péchés) fait *pécheresse* ; *enchanteur* fait *enchanteresse* ; *vengeur*, *vengeresse*.

2° Les adjectifs en *teur* qui ne dérivent pas d'un participe présent font leur féminin en *trice* : *accusateur*, *accusatrice* ; *bienfaiteur*, *bienfaitrice* ; *délateur*, *délatrice* ; *spoliateur*, *spoliatrice*.

Première remarque. Un petit nombre d'adjectifs en *teur*, quoique dérivant d'un participe présent, font aussi leur féminin en *trice* : *exécuteur*, *exécutrice* ; *inspecteur*, *inspectrice* ; *inventeur*, *inventrice* ; *persécuteur*, *persécutrice*. (28 et Compl. 5 et 6.)

Deuxième remarque. Les adjectifs *meilleur*, *majeur*, *mineur*, et ceux qui sont terminés au masculin en *rieur*, comme *antérieur*, *supérieur*, suivent la règle générale : *meilleure*, *majeure*, *mineure*, *antérieure*, *supérieure*.

VII. Les adjectifs en *gu*, comme *aigu*, *ambigu*, *exigu*, font leur féminin par l'addition d'un *e* surmonté d'un tréma : *aiguë*, *ambiguë*, *exiguë*.

VIII. Les adjectifs *fat*, *châtain* et *dispos* n'ont pas de féminin ; l'adjectif *grognon* est des deux genres, *une petite fille grognon*. *Fat* et *grognon* s'emploient souvent comme noms. (29 et Compl. 6.)

IX. Les adjectifs suivants ont un féminin d'une forme particulière :

blanc	*fait*	blanche
franc	—	franche
sec	—	sèche
frais	—	fraiche
turc	—	turque
public	—	publique
caduc	—	caduque
grec	—	grecque
malin	—	maligne
bénin	—	bénigne
long	—	longue
oblong	—	oblongue
tiers	—	tierce
favori	—	favorite
coi (tranquille)	—	coite

RÈGLE DE LA FORMATION DU PLURIEL. EXCEPTIONS.

43. — RÈGLE GÉNÉRALE. Le pluriel dans les adjectifs se forme, comme dans les noms, en ajoutant une s à la fin : *bon, bonne*, au pluriel *bons, bonnes*, etc.

REMARQUE. Les adjectifs, comme les noms en *ent* ou en *ant*, conservent le *t* au pluriel : *un enfant* **négligent**, *des enfants* **négligents** ; *un maitre* **savant**, *des maitres* **savants**.

44. — EXCEPTIONS. I. Les adjectifs terminés au singulier par *s* ou *x* s'écrivent au pluriel masculin comme au singulier : *un mur* **épais**, *des murs* **épais** ; *un fruit* **doux**, *des fruits* **doux**.

II. Les adjectifs en *eau*, tels que *beau, nouveau*, font leur pluriel masculin en ajoutant un *x* : *beaux, nouveaux*.

III. — La plupart des adjectifs en *al* font leur pluriel masculin en *aux* : *moral, moraux* ; *égal, égaux* ; *brutal, brutaux*. Ceux qui sont peu usités au pluriel masculin forment ce pluriel en ajoutant une s au singulier : *fatals, glacials, filials, initials, finals, frugals*.

45. — L'Académie admet le pluriel *fatals*, mais elle fait remarquer qu'il est peu usité ; elle dit que *glacial* et *frugal* n'ont point de pluriel masculin ; enfin elle se tait sur le pluriel masculin des adjectifs *filial, initial* et *final*. Cependant de bons auteurs ont dit : *les vents glacials, les repas frugals, des sentiments filials*, et les meilleurs grammairiens approuvent ces formes ; Dumarsais et Beauzée n'ont pas craint de dire *des sons initials, des sons finals*.

2

Les autres adjectifs en *al* qui, suivant l'Académie, n'ont pas de pluriel masculin, sont *amical, automnal, colossal, jovial, natal* et *naval*. Nous ferons remarquer cependant que plusieurs bons grammairiens ne sont pas de cet avis ; ils disent *des sentiments amicaux* (Boiste et Boinvilliers) (1), *des portiques colossaux* (Boinvilliers et Boniface), *les jeux natals* (Laveaux) (2), *des écrits joviaux* (Boinvilliers), *des combats navals* (Boniface).

Voyez *Complém.* 12.

ACCORD DES ADJECTIFS AVEC LES SUBSTANTIFS. PLACE DES ADJECTIFS

46. — RÈGLE GÉNÉRALE. L'adjectif se met au même genre et au même nombre que le nom auquel il se rapporte.

EXEMPLES : *Le* **bon** *père, la* **bonne** *mère; bon* est au masculin et au singulier, parce que *père* est du masculin et au singulier; *bonne* est au féminin et au singulier, parce que *mère* est du féminin et au singulier.

De **beaux** *jardins, de* **belles** *fleurs; beaux* est au masculin et au pluriel, parce que *jardins* est du masculin et au pluriel, etc.

47. — REMARQUES. I. Quand un adjectif se rapporte à deux noms singuliers, on met cet adjectif au pluriel; parce que deux singuliers valent un pluriel. Exemple : *Le roi et le berger sont* **égaux** *après leur mort.*

II. Si les deux noms sont de différents genres, on met l'adjectif au pluriel masculin. Exemple : *Mon père et ma mère sont* **contents.**

48. Les adjectifs se mettent avant le nom, comme **beau** *jardin,* **grand** *arbre,* etc.; ou après le nom, comme *habit* **rouge,** *table* **ronde,** etc. L'usage est le seul guide à cet égard.

Il faut remarquer cependant que le sens du nom est quelquefois différent, suivant que l'adjectif est placé devant ou après. *Un homme grand* est un homme d'une haute taille, *un grand homme* est un homme d'un grand génie; *un brave*

(1) La Grammaire des Grammaires dit *conseils amicals.*
(2) Le Dictionnaire de Trévoux dit *jeux nataux,* le pluriel *natals* nous parait préférable.

homme se dit d'un homme honnête et bon, *un homme brave* se dit d'un homme courageux.

DEGRÉS DE SIGNIFICATION DANS LES ADJECTIFS.

49. — On distingue trois degrés de signification dans les adjectifs : le *positif*, le *comparatif* et le *superlatif*.

Le *positif* n'est autre chose que l'adjectif même, comme *beau, belle, agréable*.

50. — Le *comparatif* exprime la comparaison. Quand on compare deux choses, on trouve qu'elles sont égales, ou bien que l'une est supérieure ou inférieure à l'autre. De là trois sortes de comparatifs : d'égalité, de supériorité et d'infériorité.

Pour marquer un comparatif d'*égalité*, on met *aussi* devant l'adjectif, comme *la rose est* **aussi belle** *que la tulipe*.

Pour marquer un comparatif de *supériorité*, on met *plus* devant l'adjectif, comme *la rose est* **plus belle** *que la violette*.

Pour marquer un comparatif d'*infériorité*, on met *moins* devant l'adjectif, comme *la violette est* **moins belle** *que la rose*.

Nous avons en français trois adjectifs qui expriment seuls une comparaison : *meilleur*, au lieu de *plus bon*, qui ne se dit pas; *moindre*, qui signifie *plus petit*; *pire*, qui signifie *plus mauvais*. Exemples : *La vertu est* **meilleure** *que la science; le mensonge est* **pire** *que l'indocilité*.

51. — Le *superlatif* exprime la qualité dans un très-haut degré ou dans le plus haut degré possible, comme quand on dit : *La rose est une* **très-belle** *fleur; Paris est une ville* **fort grande**; *cet enfant sait toujours bien sa leçon, même quand elle est* **le plus difficile** (c'est-à-dire *difficile au plus haut point, le plus qu'il est possible*.)

ADJECTIFS DÉTERMINATIFS.

52. —On distingue trois sortes d'adjectifs déterminatifs : les adjectifs *numéraux* ou *de nombre*, les adjectifs *démonstratifs* et les adjectifs *possessifs*.

1º *Adjectifs numéraux.*

53. — Les adjectifs *numéraux* expriment le nombre, et l'ordre ou le rang.

Il y en a de deux sortes : les adjectifs numéraux *cardinaux* et les adjectifs numéraux *ordinaux*.

Les adjectifs numéraux *cardinaux* sont ceux qui expriment le nombre ou la quantité ; comme *un, deux, trois, quatre, cinq, dix, vingt, trente, cent, mille,* etc. Exemples : **trois** chevaux, **vingt** *maisons.*

Les adjectifs numéraux *ordinaux* marquent l'ordre, le rang, comme *premier, second, deuxième, troisième, quatrième, cinquième, dixième, centième, dernier,* etc. Exemples : *le* **troisième** *cheval du* **premier** *rang ; la* **vingtième** *maison de la rue.*

2º *Adjectifs démonstratifs.*

54. — Les adjectifs *démonstratifs* sont ceux qui servent à montrer l'objet dont on parle ; comme quand je dis : ce *livre,* cette *table* ; je montre le livre, la table dont je veux parler.

Les adjectifs démonstratifs sont :

Ce, cet pour le masculin singulier : ce *livre,* cet *homme.*

Cette pour le féminin singulier : cette *table.*

Ces pour le pluriel des deux genres : ces *livres,* ces *tables.*

REMARQUE. Au masculin singulier, on met *ce* devant les mots qui commencent par une consonne ou une *h* aspirée : ce *village,* ce *hameau* ; on met *cet* devant une voyelle ou une *h* muette : cet *oiseau,* cet *homme.*

3º *Adjectifs possessifs.*

55. — Les adjectifs *possessifs* sont ceux qui servent à marquer la possession de l'objet dont on parle, comme **mon** *livre,* **votre** *enfant,* **son** *chapeau* ; c'est-à-dire, le livre *qui est à moi,* l'enfant *qui est à vous,* le chapeau *qui est à lui.* Ce sont :

Masculin singulier.	Féminin singulier.	Pluriel des deux genres.
mon	*ma*	*mes*
ton	*ta*	*tes*
son	*sa*	*ses*
notre	*notre*	*nos*
votre	*votre*	*vos*
leur	*leur*	*leurs*

56. — Remarques. I. *Mon, ton, son,* s'emploient au féminin devant un mot qui commence par une voyelle ou une *h*
muette : on dit **mon** *âme,* pour **ma** *âme* ; **ton** *humeur,* pour
ta *humeur* ; **son** *épée,* pour sa *épée.*

II. Il ne faut pas confondre *leur,* adjectif possessif, avec
leur, pronom personnel. L'adjectif possessif *leur* est toujours
suivi d'un nom ou d'un adjectif : **leur** *maison,* **leur** *beau
pays.*

ADJECTIFS INDÉFINIS.

57. — Les adjectifs indéfinis indiquent que les noms auxquels ils se rapportent sont pris d'une manière vague, générale, non déterminée. Ce sont :

> *Chaque, plusieurs, aucun, nul, pas un, même, quel,
> autre, maint, tout, certain, quelque, quelconque, tel.*

58. — Remarques. I. L'adjectif *quel,* indéfini de sa nature,
s'emploie interrogativement d'une manière directe ; exemple :
Quelle heure est-il? ou indirecte ; exemple : *Je ne sais pas
quelle heure il est.*

II. L'adjectif indéfini *tout,* fait au pluriel masculin *tous.*

III. Le mot *certain* n'est adjectif indéfini que quand il a le
même sens à peu près que *un, quelque,* comme dans *certain
auteur, certains auteurs* ; mais lorsqu'il signifie *sûr, assuré,*
comme dans *j'en suis certain,* il est adjectif qualificatif.

CHAPITRE IV

LE PRONOM

PRONOM. PERSONNES. DIFFÉRENTES SORTES DE PRONOMS.

59. — Le *pronom* est un mot qui tient la place du nom.

Les pronoms par excellence sont les pronoms personnels,
qui indiquent la *personne,* c'est-à-dire le rôle (1) que les noms
qu'ils remplacent jouent dans le discours.

Il y a trois *personnes* ou *rôles* : la première personne est
celle qui parle : **je** *lis* ; la deuxième personne est celle à qui

---

(1) *Persona,* en latin, personnage de théâtre, rôle.

l'on parle : **tu** *lis* ; la troisième personne est celle de qui l'on parle : **Paul** *lit bien, mais* il *écrit mal.*

Il y a six sortes de pronoms : les pronoms *personnels,* les pronoms *démonstratifs,* les pronoms *possessifs,* les pronoms *relatifs* ou *conjonctifs,* les pronoms *interrogatifs* et les pronoms *indéfinis.*

1° PRONOMS PERSONNELS.

60. — Les pronoms personnels sont ceux qui n'ont d'autre fonction que d'indiquer les trois personnes. Ce sont :

Pronoms de la *première personne :*

Je, me, moi, pour le singulier ⎫
Nous, pour le pluriel ⎬ des deux genres.

Pronoms de la *deuxième personne :*

Tu, te, toi, pour le singulier ⎫
Vous, pour le pluriel ⎬ des deux genres.

Pronoms de la *troisième personne :*

SINGULIER		PLURIEL		
il,	*elle,*	*ils, eux,*		*elles.*
le,	*la,*	*les* pour les deux genres.		

lui, pour le singulier ⎫
leur, pour le pluriel ⎬ des deux genres.

se, soi, en, y, des deux genres et des deux nombres.

61. REMARQUES. I. A la seconde personne, au lieu du singulier *tu,* on dit par politesse *vous* ; par exemple : *Monsieur,* **vous** *êtes bien bon.*

II. Les mots *le. la, les, leur,* sont pronoms quand ils signifient *lui, elle, eux, elles, à eux, à elles* ; comme *je le connais* (je connais *lui*) ; *je la connais* (je connais *elle*) ; *je les connais* (je connais *eux, elles*) ; *je leur parle* (je parle *à eux, à elles*) ; *donnez-leur* (donnez *à eux, à elles*).

Ils sont alors placés immédiatement avant un verbe ou après un verbe auquel ils sont joints par un trait d'union.

III. Le mot *leur,* quand il est pronom, ne prend jamais une *s* : je leur écris.

IV. Le mot *en* n'est pronom que quand il est mis pour *de lui, d'elle, d'eux, d'elles, de cela.* Exemple : *C'est un véritable ami, j'en ai reçu un grand service* (Acad.) ; c'est-à-dire, j'ai reçu de lui, etc. Dans le cas contraire ce mot est préposition ; exemple : *Je vais en Italie.*

V. Le mot *y* n'est pronom que lorsqu'il est mis pour *à cette chose, à ces choses, à cela* ; comme quand on dit : *Je m'y applique* ; c'est-à-dire, je m'applique à cette chose, à cela ; autrement il est adverbe ; exemple : *J'y vais.*

VI. Quelquefois le pronom *il* ne peut pas être remplacé par un nom ; exemples : il *pleut ;* il *faut aimer Dieu.* On dit alors qu'il est *impersonnel.*

62. — RÈGLE DES PRONOMS PERSONNELS. Les pronoms *il, elle, ils, elles,* doivent toujours être du même genre et du même nombre que le nom dont ils tiennent la place. Ainsi, en parlant de la tête, dites : elle *me fait mal ;* elle, parce que ce pronom tient la place de *tête,* qui est du féminin et au singulier ; et en parlant de plusieurs jardins, dites : ils *sont beaux ;* ils, parce que ce pronom se rapporte à *jardins,* qui est du masculin et au pluriel.

2° PRONOMS DÉMONSTRATIFS.

63. — Les pronoms *démonstratifs* sont ceux au moyen desquels on désigne, en les montrant, les personnes ou les choses dont on veut parler, comme quand on dit : *Prenez votre livre,* **celui-ci** *est à moi ;* celui-ci, c'est-à-dire le livre que je montre.

Ces pronoms sont :

SINGULIER		PLURIEL	
Masculin.	Féminin.	Masculin.	Féminin.
ce,			
ceci, cela,			
celui,	*celle.*	*ceux,*	*celles.*
celui-ci,	*celle-ci.*	*ceux-ci,*	*celles-ci.*
celui-là,	*celle-là,*	*ceux-là,*	*celles-là.*

64. — REMARQUES. I. Le mot *ce* n'est pronom que 1° devant ou après le verbe *être : c'est moi, est-ce moi ?* 2° devant les pronoms *qui, que, quoi, dont : ce qui me fâche, ce que je dis, ce dont vous parlez.*
S'il est suivi d'un nom ou d'un adjectif, il est adjectif démonstratif : ce *jardin,* ce *beau jardin m'appartient.*
II. *Celui-ci, celle-ci,* s'emploient pour désigner des personnes ou des choses qui sont proches ; *celui-là, celle-là,* pour désigner des personnes ou des choses plus éloignées.

3° PRONOMS POSSESSIFS.

65. — Les pronoms *possessifs* expriment la possession ; ils tiennent la place d'un nom et d'un adjectif possessif, comme quand je dis : *Voilà votre canif et voici* **le mien;** c'est-à-dire, *voici mon canif.*

Les pronoms possessifs sont :

SINGULIER		PLURIEL	
Masculin.	Féminin.	Masculin.	Féminin.
le mien,	la mienne,	les miens,	les miennes.
le tien,	la tienne,	les tiens,	les tiennes,
le sien,	la sienne,	les siens,	les siennes.
le nôtre,	la nôtre,	des deux genres :	
le vôtre,	la vôtre,		les nôtres.
le leur,	la leur,		les vôtres.
			les leurs.

66. — REMARQUES. 1. *Mien, tien, sien,* non accompagnés de l'article, sont adjectifs : *Cette découverte est* mienne (Acad.).

II. Les pronoms possessifs *le nôtre, la nôtre, le vôtre, la vôtre,* etc., s'écrivent avec un accent circonflexe sur l'o et ne se joignent jamais au nom ; les adjectifs possessifs *notre, votre,* s'écrivent sans accent et précèdent toujours le nom. Exemple : **notre** *maison est plus grande que* la vôtre.

4° PRONOMS RELATIFS OU CONJONCTIFS.

67. — Les pronoms *relatifs* ou *conjonctifs* servent à joindre le membre de phrase qui les suit au nom ou au pronom auquel ils se rapportent et dont ils tiennent la place ; exemple : *Dieu,* **qui** *sait tout, connaît nos plus secrètes pensées.*

68. — Le mot auquel le pronom conjonctif se rapporte s'appelle *antécédent,* parce que ce mot précède le plus souvent le pronom. Dans l'exemple ci-dessus, *Dieu* est l'antécédent du pronom conjonctif *qui.* De même dans : *C'est vous* **dont** *je parle,* le pronom *vous* est l'antécédent du pronom conjonctif *dont.*

69. — Voici tous les pronoms conjonctifs :

qui, que, quoi,   }   des deux genres et des deux nombres.
dont ou de qui,

SINGULIER		PLURIEL	
Masculin.	Féminin.	Masculin.	Féminin.
lequel,	laquelle.	lesquels,	lesquelles.
duquel,	de laquelle.	desquels,	desquelles.
auquel,	à laquelle.	auxquels,	auxquelles.

REMARQUE. Il ne faut pas confondre le pronom conjonctif *que* avec l'adverbe *que* et la conjonction *que.* Le mot *que* est pronom conjonctif, quand il peut se remplacer par *lequel, laquelle, lesquels, lesquelles,* comme dans : *Voici le livre* **que** *tu m'as demandé* ; c'est-à-dire, lequel *livre tu m'as de-*

mandé ; ou lorsqu'il est après un autre pronom, comme : *Ce* **que** *vous dites* (la chose que vous dites) ; *c'est vous* **que** *j'appelle*.

Mais si *que* signifie *combien*, comme dans : **que** *de belles fleurs!* c'est-à-dire, *combien de belles fleurs!* alors il est adverbe.

Enfin, si le mot *que* ne peut se remplacer ni par *lequel, laquelle*, ni par *combien*, il est conjonction. Exemple : *Je crois* **que** *vous riez* ; on ne pourrait pas dire : *je crois combien vous riez*, ni *je crois lequel vous riez*.

70. — RÈGLE DU PRONOM CONJONCTIF. Le pronom conjonctif est du même genre, du même nombre et de la même personne que son antécédent. Ainsi dans cet exemple : *L'enfant* **qui** *travaille bien, mérite une récompense, qui* est du singulier et de la troisième personne, parce que son antécédent *enfant* est du singulier et de la troisième personne ; il est du masculin, si c'est un petit garçon qui travaille ; il est du féminin, si c'est une petite fille.

5° PRONOMS INTERROGATIFS.

71.— Les pronoms *qui, que, quoi*, ont encore un autre emploi. Ils sont interrogatifs, quand ils n'ont point d'antécédent et qu'on peut les remplacer par *quelle personne* ou *quelle chose* ; exemples : *Qui* a fait cela? *que* vous dirai-je? *à quoi* bon? On peut dire : *Quelle personne* a fait cela? *quelle chose* vous dirai-je? *à quelle chose* cela est-il bon ?

6° PRONOMS INDÉFINIS.

72. — Les pronoms *indéfinis* indiquent les personnes et les choses d'une manière vague et générale.

Ces pronoms sont :

On, personne, certains, rien, quiconque. chacun,
l'un, l'autre, l'un et l'autre, autrui, plusieurs, quelqu'un.

73. — REMARQUES. I. Le mot *personne* est pronom lorsqu'il signifie *aucune personne* ; exemple : **personne** *ne s'en doutait*. Mais s'il est précédé d'un article ou d'un adjectif déterminatif, il est nom ; exemple : **la personne**, *cette* **personne** *que je vois*.

2.

II. Le mot *rien* n'est pronom que quand il signifie *aucune chose*, comme dans : *je n'ai* **rien** *dit ;* s'il est accompagné d'un article ou d'un adjectif déterminatif, il est nom. Exemple : **un rien** *l'effraie.*

III. Les mots *certains, plusieurs,* ne sont pronoms que lorsqu'ils sont employés sans être joints à un nom, comme **certains** *l'ont dit ;* **plusieurs** *l'affirment ;* autrement ils sont adjectifs indéfinis, comme dans *certains auteurs, plusieurs cerises.*

IV. Les adjectifs indéfinis *nul, tel, aucun, tous,* sont employés comme pronoms indéfinis, lorsqu'ils ne sont pas joints à un nom. Exemples : **nul** *ne le croit.* **Tout** *est perdu.*

CHAPITRE V

LE VERBE

VERBE. PERSONNES ET NOMBRE DU VERBE.

74. — Le *verbe* est le mot qui affirme que la manière d'être (action ou état) exprimée par l'attribut, convient au sujet.

Ainsi quand je dis : *Dieu* est *bon,* le mot *est* affirme que la manière d'être exprimée par l'attribut *bon* convient à *Dieu ;* dans cette phrase, le verbe est donc le mot *est.*

75. — Le verbe *être* est le verbe *essentiel,* le verbe proprement dit (1). Tous les autres verbes sont formés du verbe *être* et d'un attribut, et on les appelle *verbes attributifs.* Ainsi *jouer, finir, lire,* sont des *verbes attributifs,* parce qu'ils sont mis pour *être jouant, être finissant, être lisant.*

76. — Le verbe *être* et le verbe *avoir* sont appelés verbes *auxiliaires,* lorsqu'ils aident à conjuguer les autres verbes.

77. — PERSONNES. Il y a trois personnes dans les verbes.

La première personne prend le pronom *je* au singulier, et le pronom *nous* au pluriel : **je** *lis,* **nous** *lisons.*

La seconde personne prend le pronom *tu* au singulier, et le pronom *vous* au pluriel : **tu** *lis,* **vous** *lisez.*

La troisième personne prend les pronoms *il, elle,* ou un

---

(1) On a donné aussi au verbe *être* le nom de verbe *substantif,* c'est-à-dire qui existe, qui *subsiste* par lui-même, indépendamment de tout attribut.

nom au singulier, et *ils*, *elles*, ou un nom au pluriel : **il** *lit*, **elle** *lit*, **Pierre** *lit* ; **ils** ou **elles** *lisent*, les **enfants** *lisent*.

78. — NOMBRE. Il y a dans les verbes deux nombres : le *singulier*, quand il s'agit d'une seule personne ou d'une seule chose, comme *je lis*, *l'enfant dort* ; le *pluriel*, quand il s'agit de plusieurs personnes ou de plusieurs choses, comme *nous lisons*, *les enfants dorment*, *les fruits mûrissent*.

TEMPS DU VERBE. — TEMPS SIMPLES ET TEMPS COMPOSÉS.

79. — TEMPS. Le *temps* est la forme particulière que prend le verbe pour marquer l'époque à laquelle se rapporte l'action ou l'état dont on parle.

Il y a trois temps : le *présent*, qui marque que la chose est ou se fait au moment où l'on parle, comme *je lis* ; le *passé*, qui marque que la chose a été faite, comme *j'ai lu* ; le *futur*, qui marque que la chose sera ou se fera, comme *je lirai*.

80. — On distingue cinq sortes de passés : l'*imparfait*, le *passé défini*, le *passé indéfini*, le *passé antérieur* et le *plus-que-parfait*.

On distingue aussi deux futurs : le *futur simple* et le *futur antérieur*.

81. — L'*imparfait* ou *passé simultané* (1) sert à exprimer que la chose était ou se faisait en même temps qu'une autre : *il* écrivait *lorsque j'entrai*.

82. — Le *passé défini* indique que la chose s'est faite à une époque déterminée qui est complètement passée : **j'écrivis** *hier toute la matinée*.

83. — Le *passé indéfini* indique que la chose s'est faite dans un temps passé, mais sans qu'il soit nécessaire de déterminer si c'est dans telle partie de la durée ou non : **j'ai écrit** *ce matin* ; *il* a **récité** *sa leçon*.

84. — Le *passé antérieur* (2) ajoute à l'idée du passé celle

---

(1) *Simultané* signifie qui a lieu en même temps qu'une autre chose.
(2) *Antérieur* signifie qui vient avant, qui précède.

d'antériorité ; il indique que la chose s'est faite avant une autre qui a eu lieu également dans un temps passé : *quand j'eus écrit ma lettre, je sortis.*

85. — Le *plus-que-parfait* ou second *passé antérieur* sert aussi à exprimer que la chose s'est faite avant une autre qui a eu lieu dans un temps passé, mais moins rapproché : *j'avais écrit ma lettre quand vous êtes entré* (1).

86. — Le *futur simple* indique simplement que la chose sera ou se fera : *j'écrirai demain.*

87. — Le *futur antérieur*, que la chose sera ou se fera avant une autre : *dès que j'aurai écrit mon devoir, j'étudierai ma leçon.*

88. — TEMPS SIMPLES ET TEMPS COMPOSÉS. On appelle *temps simples* les temps qui ne prennent point l'auxiliaire *être* ou l'auxiliaire *avoir*; exemple : *je lis, tu reçois, il chantera.*

89. — On appelle *temps composés* ceux qui prennent l'auxiliaire *être* ou l'auxiliaire *avoir*, comme *je suis venu, il a fini.*

MODES.

90. — Le *mode* est la manière dont le verbe présente l'action ou l'état qu'il exprime.

Les différents modes sont indiqués par les formes différentes du verbe.

91. — Il y a cinq modes en français : l'*indicatif*, le *conditionnel*, l'*impératif*, le *subjonctif* et l'*infinitif*.

1° Le verbe est au mode *indicatif*, quand on *indique* simplement que la chose est, **je lis**, ou qu'elle a été, **tu as lu**; ou qu'elle sera, **nous lirons**.

Je lis est au mode *indicatif* et au temps *présent*, car j'indique simplement ce que je fais en ce moment.

---

(1) En rapprochant cet exemple de celui du § 84, on voit la nuance qui sépare le plus-que-parfait du passé antérieur. Le plus-que-parfait ne marque pas que l'action s'est faite immédiatement avant l'autre ; la distance entre les deux actions peut être plus ou moins grande ; le plus-que-parfait indique simplement que j'étais, quand vous êtes entré, dans l'état d'une personne qui a fini d'écrire.

Tu as lu est au mode *indicatif* et au temps *passé indéfini*, car j'indique simplement ce que tu as fait dans un temps passé non déterminé.

Nous lirons est au mode *indicatif* et au temps *futur*, car j'indique simplement ce que nous ferons dans un temps à venir.

2° Le verbe est au mode *conditionnel*, quand on dit qu'une chose serait ou qu'elle aurait été moyennant une *condition*. Exemples : *Pierre* **lirait**, *s'il savait lire*. *Lirait* est au mode *conditionnel* et au temps *présent*, car il exprime ce que Pierre ferait en ce moment, moyennant cette condition, *s'il savait lire*.

Nous **aurions lu**, *si vous l'aviez demandé*. *Aurions lu* est au mode *conditionnel* et au temps *passé*.

REMARQUE. Outre le sens principal et plus usité de *condition*, le mode *conditionnel* exprime encore quelquefois le désir : *Je* **voudrais** *mourir pour ma patrie*; d'autres fois un sens d'incertitude analogue à celui d'un temps du subjonctif : *J'avais dit que je* **viendrais**.

3° Le verbe est au mode *impératif*, quand on commande ou quand on prie de faire la chose : **lis, lisez**; **venez** *demain*.

REMARQUE. L'impératif a les mêmes formes pour le présent et pour le futur, et il n'a point de passé. *Lis, lisez*, sont au mode *impératif* et au temps *présent*, car on commande de lire actuellement. *Venez demain* est au mode *impératif* et au temps *futur*, car on commande de venir *demain*, c'est-à-dire dans un temps à venir.

4° Le verbe est au mode *subjonctif*, quand il dépend d'un autre verbe et qu'il présente la chose, action ou état, comme subordonnée à une autre, ou exprimée d'une manière incertaine.

Exemples : *Je veux* **qu'il vienne**. *Qu'il vienne* est au mode *subjonctif*, car ce verbe dépend du verbe *je veux*, et présente l'action de venir comme subordonnée à ma volonté; il est au temps *présent*, car il exprime que la personne doit venir actuellement.

Je ne pense pas **qu'il vienne.** *Croyez-vous* **qu'il vienne?**

Ici le verbe *qu'il vienne* est au temps *futur* du mode *sub-jonctif*, car il exprime l'action de *venir* d'une manière subor-donnée et incertaine.

REMARQUE. Le mode subjonctif a les mêmes formes pour le présent et pour le futur.

5° Le verbe est au mode *infinitif*, c'est-à-dire *indéfini*, *in-déterminé*, quand il exprime l'action ou l'état d'une manière générale, sans nombre ni personne. Exemples : **lire, être**; ces verbes sont au mode *infinitif* et au temps *présent*; **avoir lu, avoir été** sont au mode *infinitif* et au temps *passé*.

REMARQUE. La double nature du *participe*, qui tient à la fois de l'adjectif et du verbe, explique pourquoi l'on a fait de ce mot une des dix parties du discours (1).

Considéré dans le verbe, le *participe* est comme l'*infinitif* un mode impersonnel.

RADICAL ET TERMINAISONS. — CONJUGAISONS.

92. — RADICAL ET TERMINAISONS. Il faut distinguer dans un verbe le *radical* et la *terminaison*.

Le *radical* est la première partie du verbe, celle qui ne change pas (2). La *terminaison* est la dernière partie du verbe, et elle varie suivant le mode, le temps, le nombre et la per-sonne.

Dans **aim**er, j'**aim**e, nous **aim**ons, il **aim**era, le radical est **aim**, les terminaisons sont *er*, *e*, *ons*, *era*.

93. — CONJUGAISONS. Réciter ou écrire de suite les diffé-rents modes d'un verbe avec leurs temps, leurs nombres et leurs personnes, cela s'appelle *conjuguer*.

Il y a en français quatre conjugaisons différentes, que l'on distingue par la terminaison du présent de l'infinitif.

La première conjugaison a l'infinitif terminé en *er*, comme *aimer*.

La deuxième a l'infinitif terminé en *ir* comme *finir*.

---

(1) Le participe est en réalité une modification du verbe ; on peut donc le considérer comme un mode particulier : nous avons préféré, pour plus de simplification, le comprendre dans le mode infinitif.
(2) Du moins très-rarement, et seulement dans les verbes **véritable-ment** irréguliers.

La troisième a l'infinitif terminé en *oir* comme *recevoir*.

La quatrième a l'infinitif terminé en *re*, comme *rendre*.

Nous allons d'abord conjuguer les verbes auxiliaires *avoir* et *être*; nous donnerons ensuite un modèle de chacune des quatre conjugaisons.

VERBE AUXILIAIRE **AVOIR** (1).

1er MODE. INDICATIF.

PRÉSENT.

Sing.
- J'ai
- Tu as
- Il *ou* elle a

Plur.
- Nous avons
- Vous avez
- Ils *ou* elles ont

IMPARFAIT.

J'avais
Tu avais
Il *ou* elle avait
Nous avions
Vous aviez
Ils *ou* elles avaient

PASSÉ DÉFINI.

J'eus
Tu eus
Il eut
Nous cûmes
Vous cûtes
Ils curent

PASSÉ INDÉFINI.

J'ai eu
Tu as eu
Il a eu
Nous avons eu
Vous avez eu
Ils ont eu

PASSÉ ANTÉRIEUR.

J'eus eu
Tu eus eu
Il eut eu
Nous cûmes eu
Vous cûtes eu
Ils curent eu

PLUS-QUE-PARFAIT.

J'avais eu
Tu avais eu
Il avait eu
Nous avions eu
Vous aviez eu
Ils avaient eu

FUTUR.

J'aurai
Tu auras
Il aura
Nous aurons
Vous aurez
Ils auront

FUTUR ANTÉRIEUR.

J'aurai eu
Tu auras eu
Il aura eu
Nous aurons eu
Vous aurez eu
Ils auront eu

2e MODE. CONDITIONNEL.

PRÉSENT.

J'aurais
Tu aurais
Il aurait
Nous aurions
Vous auriez
Ils auraient

PASSÉ.

J'aurais eu
Tu aurais eu
Il aurait eu
Nous aurions eu
Vous auriez eu
Ils auraient eu

---

(1) Nous conjuguons le verbe *avoir* avant le verbe *être*, parce qu'il prête ses temps aux temps composés du verbe *être*.

Nous n'avons pas séparé dans ce verbe le radical de la terminaison, parce que tantôt la terminaison a disparu, tantôt elle est entièrement fondue avec le radical.

On dit aussi : *J'eusse eu, tu eusses eu, il eût eu; nous eussions eu, vous eussiez eu, ils eussent eu.*

3e MODE. IMPÉRATIF.

Point de première personne du singulier, ni de troisième du singulier et du pluriel.

Sing.....
       Aie
    .....

Plur. Ayons
      Ayez
    .....

4e MODE. SUBJONCTIF.

PRÉSENT ou FUTUR.

Que j'aie
Que tu aies
Qu'il ait
Que nous ayons
Que vous ayez
Qu'ils aient

IMPARFAIT.

Que j'eusse
Que tu eusses
Qu'il eût

Que nous eussions
Que vous eussiez
Qu'ils eussent

PASSÉ

Que j'aie eu
Que tu aies eu
Qu'il ait eu
Que nous ayons eu
Que vous ayez eu
Qu'ils aient eu

PLUS-QUE-PARFAIT.

Que j'eusse eu
Que tu eusses eu
Qu'il eût eu
Que nous eussions eu
Que vous eussiez eu
Qu'ils eussent eu

5e MODE. INFINITIF.

PRÉSENT.

Avoir

PASSÉ.

Avoir eu

PARTICIPE PRÉSENT.

Ayant

PARTICIPE PASSÉ.

Eu, eue, ayant eu

VERBE AUXILIAIRE ÊTRE.

1er MODE. INDICATIF.

PRÉSENT.

Je suis
Tu es
Il ou elle est
Nous sommes
Vous êtes
Ils ou elles sont

IMPARFAIT.

J'étais
Tu étais
Il ou elle était
Nous étions
Vous étiez
Ils ou elles étaient

PASSÉ DÉFINI.

Je fus
Tu fus
Il fut
Nous fûmes
Vous fûtes
Ils furent

PASSÉ INDÉFINI.

J'ai été
Tu as été
Il a été
Nous avons été
Vous avez été
Ils ont été

PASSÉ ANTÉRIEUR.

J'eus été
Tu eus été
Il eut été
Nous eûmes été
Vous eûtes été
Ils eurent été

PLUS-QUE-PARFAIT.

J'avais été
Tu avais été
Il avait été
Nous avions été
Vous aviez été
Ils avaient été

FUTUR.

Je serai
Tu seras
Il sera
Nous serons
Vous serez
Ils seront

FUTUR ANTÉRIEUR.

J'aurai été
Tu auras été
Il aura été
Nous aurons été
Vous aurez été
Ils auront été

2ᵉ MODE. **CONDITIONNEL.**

PRÉSENT.

Je serais
Tu serais
Il serait
Nous serions
Vous seriez
Ils seraient

PASSÉ.

J'aurais été
Tu aurais été
Il aurait été
Nous aurions été
Vous auriez été
Ils auraient été

On dit aussi : *J'eusse été, tu eusses été, il eût été; nous eussions été, vous eussiez été, ils eussent été.*

3ᵉ MODE. **IMPÉRATIF.**

Point de première personne du singulier, ni de troisième du singulier et du pluriel.
Sing.....
   Sois
   .....

Plur. Soyons
Soyez
. . . . .

4ᵉ MODE. **SUBJONCTIF.**

PRÉSENT ou FUTUR.

Que je sois
Que tu sois
Qu'il soit
Que nous soyons
Que vous soyez
Qu'ils soient

IMPARFAIT.

Que je fusse
Que tu fusses
Qu'il fût
Que nous fussions
Que vous fussiez
Qu'ils fussent

PASSÉ

Que j'aie été
Que tu aies été
Qu'il ait été
Que nous ayons été
Que vous ayez été
Qu'ils aient été

PLUS-QUE-PARFAIT.

Que j'eusse été
Que tu eusses été
Qu'il eût été
Que nous eussions été
Que vous eussiez été
Qu'ils eussent été

5ᵉ MODE. **INFINITIF.**

PRÉSENT.

Être

PASSÉ.

Avoir été

PARTICIPE PRÉSENT.

Étant

PARTICIPE PASSÉ

Été (*pas de féminin*)
Ayant été

PREMIÈRE CONJUGAISON, EN **ER**.

Modèle **aim ER** (RADICAL **aim**, TERMINAISON **ER**).

1er MODE. **INDICATIF**.

PRÉSENT.

J'aim *e*
Tu aim *es*
Il *ou* elle aim *e*
Nous aim *ons*
Vous aim *ez*
Ils *ou* elles aim *ent*

IMPARFAIT.

J'aim *ais*
Tu aim *ais*
Il *ou* elle aim *ait*
Nous aim *ions*
Vous aim *iez*
Ils *ou* elles aim *aient*

PASSÉ DÉFINI.

J'aim *ai*
Tu aim *as*
Il aim *a*
Nous aim *âmes*
Vous aim *âtes*
Ils aim *èrent*

PASSÉ INDÉFINI.

J'ai aim *é*
Tu as aim *é*
Il a aim *é*
Nous avons aim *é*
Vous avez aim *é*
Ils ont aim *é*

PASSÉ ANTÉRIEUR.

J'eus aim *é*
Tu eus aim *é*
Il eut aim *é*
Nous eûmes aim *é*
Vous eûtes aim *é*
Ils eurent aim *é* (1)

PLUS-QUE-PARFAIT.

J'avais aim *é*
Tu avais aim *é*
Il avait aim *é*
Nous avions aim *é*
Vous aviez aim *é*
Ils avaient aim *é*

FUTUR.

J'aim *erai*
Tu aim *eras*
Il aim *era*
Nous aim *erons*
Vous aim *erez*
Ils aim *eront*

FUTUR ANTÉRIEUR.

J'aurai aim *é*
Tu auras aim *é*
Il aura aim *é*
Nous aurons aim *é*
Vous aurez aim *é*
Ils auront aim *é*

2e MODE. **CONDITIONNEL**.

PRÉSENT.

J'aim *erais*
Tu aim *erais*
Il aim *erait*
Nous aim *erions*
Vous aim *eriez*
Ils aim *eraient*

PASSÉ.

J'aurais aim *é*
Tu aurais aim *é*
Il aurait aim *é*
Nous aurions aim *é*
Vous auriez aim *é*
Ils auraient aim *é*

On dit aussi : *J'eusse aimé, tu eusses aimé, il eût aimé; nous eussions aimé, vous eussiez aimé, ils eussent aimé.*

---

(1) Il y a un quatrième passé dont on se sert rarement ; le voici : *j'ai eu aimé, tu as eu aimé, il a eu aimé; nous avons eu aimé, vous avez eu aimé, ils ont eu aimé.*

3ᵉ MODE. **IMPÉRATIF.**

Point de première personne du singulier, ni de troisième du singulier et du pluriel.

Sing . . . . .

Aim *e*

. . . .

Plur. Aim *ons*

Aim *ez*

. . . . .

4ᵉ MODE. **SUBJONCTIF.**

PRÉSENT *ou* FUTUR.

Que j'aim *e*

Que tu aim *es*

Qu'il aim *e*

Que nous aim *ions*

Que vous aim *iez*

Qu'ils aim *ent*

IMPARFAIT.

Que j'aim *asse*

Que tu aim *asses*

Qu'il aim *ât*

Que nous aim *assions*

Que vous aim *assiez*

Qu'ils aim *assent*

PASSÉ.

Que j'aie aim *é*

Que tu aies aim *é*

Qu'il ait aim *é*

Que nous ayons aim *é*

Que vous ayez aim *é*

Qu'ils aient aim *é*

PLUS-QUE-PARFAIT.

Que j'eusse aim *é*

Que tu eusses aim *é*

Qu'il eût aim *é*

Que nous eussions aim *é*

Que vous eussiez aim *é*

Qu'ils eussent aim *é*

5ᵉ MODE. **INFINITIF.**

PRÉSENT.

Aim *er*

PASSÉ.

Avoir aim *é*

PARTICIPE PRÉSENT.

Aim *ant*

PARTICIPE PASSÉ.

Aim *é*, aim *ée*, ayant aim *é*

Ainsi se conjuguent les verbes *ador er*, *chant er*, *port er*, *dans er*, *attach er*, *arrêt er*, etc.

REMARQUES SUR LES VERBES DE LA PREMIÈRE CONJUGAISON.

94. — Dans les verbes en *cer*, comme *percer*, on met une cédille sous le *ç*, toutes les fois que cette lettre est devant un *a* ou devant un *o* : *Je perce, nous perçons, je perçais.*

Ainsi se conjuguent les verbes *effacer, tracer, commencer, exercer, prononcer, avancer,* etc. (Voir le *Cahier de la conjugaison.*)

95. — Les verbes en *ger*, comme *venger*, prennent un *e* muet après le *g* devant les terminaisons qui commencent par *a* ou par *o* : *Je vengeais, nous vengeons.* Cet *e*, qui adoucit la prononciation du *g*, s'appelle *e euphonique.*

On conjugue de cette manière *manger, loger, gager, nager, ménager, soulager, obliger,* etc.

96. — Les verbes en *eler* ou en *eter*, comme *appeler, cacheter,* prennent deux *l* ou deux *t* devant l'*e* muet qui commence ou qui forme la terminaison. Exemples : *J'appelle, tu appelles, il appelle, nous appelons, vous appelez, ils appellent ; je cachette, tu cachettes, il cachette, nous cachetons, vous cachetez, ils cachettent.*

Ainsi se conjuguent *amonceler, atteler, chanceler, ensorceler, dételer, étinceler, ficeler, niveler, rappeler,* etc.

Décacheter, feuilleter, fureter, interjeter, jeter, projeter, rejeter, souffleter.

EXCEPTIONS. L'Académie fait exception pour les verbes suivants en *eler* et en *eter :* au lieu de doubler la lettre *l* ou le *t* devant l'*e* muet de la terminaison, elle met un accent grave sur l'*e* qui précède la lettre *l* ou le *t ;* ainsi elle écrit *je gèle,* et non *je gelle ; j'achète,* et non *j'achette.* Le bon usage est ici parfaitement d'accord avec l'Académie. Les verbes suivants rentrent dans cette exception :

Geler	Écarteler	Acheter
Bourreler	Harceler	Racheter
Celer	Marteler	Epousseter
Déceler	Modeler	Etiqueter
Dégeler	Peler	Becqueter *ou* bèqueter (1)
		Décolleter

97. — On conjugue de la même manière que *geler* les verbes dans lesquels la dernière syllabe de l'infinitif commence par une articulation quelconque autre que *l* ou *t,* précédée d'un *e* muet, tels que *mener, amener, enlever, empeser, relever, achever, peser, semer, promener.* Exemples : *Je mène, tu mèneras.*

98. — Les verbes en *éler,* ou en *éter.* par un accent aigu, comme *révéler, répéter,* ne doublent jamais l'*l* ni le *t.* L'*é* fermé qui précède ces lettres se change en *è* ouvert avec un accent grave, toutes les fois que *l* ou *t* est suivi d'un *e* muet. Exemples : *Je révèle, tu révèles, il révèle. nous révélons. vous révélez, ils révèlent. Je répète, tu répètes, il répète, nous répétons, vous répétez, ils répètent.*

Conjuguez ainsi *recéler, affréter, compléter, décréter, empiéter, inquiéter, interpréter, refléter.*

REMARQUES. I. Sont soumis à la même règle d'accentuation les verbes dans lesquels la terminaison *er* de l'infinitif est précédée d'une articulation quelconque, précédée elle-même d'un *é* fermé, tels que *persévérer, suggérer, régner, sécher, régler, opérer, céder, précéder.*

II. L'accent aigu reste au futur et au conditionnel de tous ces verbes ; ainsi l'on écrit : *je suggérerai, je persévérerai, je persévérerais ; je régnerai, je régnerais,* et non *je suggèrerai, je persévèrerai, je persévèrerais ; je règnerai, je règnerais* (2).

III. Dans les verbes en *éger* tels que *abréger, assiéger, protéger,* l'*é* fermé ne se change jamais en *è* ouvert ; ainsi l'on écrit *j'abrége, tu abréges, il abrége, nous abrégeons.*

99. — Les verbes en *êler* ou en *êter,* par un accent circonflexe,

---

(1) Nous donnons ici l'orthographe de l'Académie, tout en faisant remarquer qu'un usage assez répandu aujourd'hui laisse toujours muet le dernier *e* du radical dans les verbes *décolleter, becqueter.*

(2) Cette orthographe, qui est celle de l'Académie, est parfaitement régulière. Dans *règne,* c'est la pénultième syllabe qui est accentuée, et la dernière syllabe est un *e* muet : tandis que dans *régnerai* c'est l'antépénultième qui est accentuée, et la dernière syllabe n'est point muette.

tels que *mêler, démêler, fêler, apprêter, arrêter, fêter, prêter,* ne doublent jamais l'*l* ni le *t,* et gardent toujours l'accent circonflexe. Ainsi leur conjugaison se fait entièrement sur le modèle *aimer.*

100. — Les verbes qui ont deux *l* ou deux *t* à l'infinitif, tels que *exceller, flageller, interpeller, quereller, brouetter, émietter, fouetter, égoutter, regretter,* gardent les deux *l* ou les deux *t* dans toute leur conjugaison et ne prennent jamais d'accent ; ils se conjuguent donc entièrement comme *aimer.*

101. — On peut dans la conjugaison des verbes en *ayer,* comme *payer, balayer, étayer, essayer, effrayer, égayer,* etc., changer l'*y* en *i* devant un *e* muet et écrire *je paie, je paierai,* au lieu de *je paye, je payerai ;* mais la seconde forme, *je paye, je payerai,* est préférable. *(Acad.)*

REMARQUE. Dans ces verbes l'*y* est suivi d'un *i* à la première et à la seconde personne du pluriel de l'imparfait de l'indicatif et du présent du subjonctif : *nous payions, vous payiez ; que nous payions, que vous payiez.* Cet *i* appartient à la terminaison du verbe.

102. — Dans la conjugaison des verbes en *oyer* et en *uyer,* comme *employer, aboyer, broyer, noyer, ployer, appuyer, essuyer, ennuyer,* etc., on remplace toujours l'*y* par un *i* devant un *e* muet. Ainsi l'on écrit *j'emploie, tu emploies, il emploie, nous employons, vous employez, ils emploient.*

REMARQUE. Dans ces verbes, comme dans les verbes en *ayer,* l'*y* est suivi d'un *i* à la première et à la seconde personne du pluriel de l'imparfait de l'indicatif et du présent du subjonctif : *nous employions, vous employiez ; que nous employions, que vous employiez.*

La même chose a lieu pour tous les verbes des autres conjugaisons qui ont le participe présent en *yant,* excepté cependant le verbe *avoir.* Ainsi :

Croire; participe présent : *croyant;* imparfait : *nous croyions, vous croyiez;* subjonctif présent : *que nous croyions, que vous croyiez* (1).

103. — Les verbes en *ier,* comme *prier, crier, étudier, lier, oublier, parier, plier,* etc., ont deux *i* à la première et à la seconde personne du pluriel de l'imparfait de l'indicatif et du subjonctif présent : *nous priions, vous priiez ; que nous priions, que vous priiez.* Le premier *i* appartient au radical *pri,* le second aux terminaisons *ions, iez.*

104. — Les verbes en *éer,* comme *créer, agréer, récréer, suppléer, maugréer,* ont deux *e* de suite (l'un fermé *é,* l'autre muet *e*) à toutes les personnes dont la terminaison commence par un *e* muet : *je cré e, tu cré es, il cré e ; je cré erai, tu cré eras,* etc.

Le participe passé masculin *créé* se termine par deux *é* fermés, le féminin par deux *é* fermés suivis d'un *e* muet *créée.*

---

(1) Ces mêmes verbes changent aussi l'*y* en *i* devant un *e* muet dans les temps formés du participe présent en *yant : que je croie, que tu croies,* etc.

DEUXIÈME CONJUGAISON, EN IR.

MODÈLE fin IR (RADICAL fin, TERMINAISON IR).

1er MODE. INDICATIF.

PRÉSENT.

Je fin *is*
Tu fin *is*
Il fin *it*
Nous fin *issons*
Vous fin *issez*
Ils fin *issent*

IMPARFAIT.

Je fin *issais*
Tu fin *issais*
Il fin *issait*
Nous fin *issions*
Vous fin *issiez*
Ils fin *issaient*

PASSÉ DÉFINI.

Je fin *is*
Tu fin *is*
Il fin *it*
Nous fin *îmes*
Vous fin *îtes*
Ils fin *irent*

PASSÉ INDÉFINI.

J'ai fin *i*
Tu as fin *i*
Il a fin *i*
Nous avons fin *i*
Vous avez fin *i*
Ils ont fin *i*

PASSÉ ANTÉRIEUR.

J'eus fin *i*
Tu eus fin *i*
Il eut fin *i*
Nous eûmes fin *i*
Vous eûtes fin *i*
Ils eurent fin *i*

PLUS-QUE-PARFAIT.

J'avais fin *i*
Tu avais fin *i*
Il avait fin *i*
Nous avions fin *i*
Vous aviez fin *i*
Ils avaient fin *i*

FUTUR.

Je fin *irai*
Tu fin *iras*
Il fin *ira*
Nous fin *irons*
Vous fin *irez*
Ils fin *iront*

FUTUR ANTÉRIEUR.

J'aurai fin *i*
Tu auras fin *i*
Il aura fin *i*
Nous aurons fin *i*
Vous aurez fin *i*
Ils auront fin *i*

2e MODE. CONDITIONNEL.

PRÉSENT.

Je fin *irais*
Tu fin *irais*
Il fin *irait*
Nous fin *irions*
Vous fin *iriez*
Ils fin *iraient*

PASSÉ.

J'aurais fin *i*
Tu aurais fin *i*
Il aurait fin *i*
Nous aurions fin *i*
Vous auriez fin *i*
Ils auraient fin *i*

On dit aussi : *J'eusse fini, tu eusses fini, il eût fini; nous cussions fini, vous cussiez fini, ils eussent fini.*

3e MODE. IMPÉRATIF.

Point de première personne du singulier, ni de troisième du singulier et du pluriel.

. . . . .
Fin *is*
. . . . .
Fin *issons*
Fin *issez*
. . . . .

4e MODE. SUBJONCTIF.

PRÉSENT *ou* FUTUR.

Que je fin *isse*

Que tu fin *isses*

Qu'il fin *isse*

Que nous fin *issions*

Que vous fin *issiez*

Qu'ils fin *issent*

IMPARFAIT.

Que je fin *isse*

Que tu fin *isses*

Qu'il fin *ît*

Que nous fin *issions*

Que vous fin *issiez*

Qu'ils fin *issent*

PASSÉ.

Que j'aie fin *i*

Que tu aies fin *i*

Qu'il ait fin *i*

Que nous ayons fin *i*

Que vous ayez fin *i*

Qu'ils aient fin *i*

PLUS-QUE-PARFAIT.

Que j'eusse fin *i*

Que tu eusses fin *i*

Qu'il eût fin *i*

Que nous eussions fin *i*

Que vous eussiez fin *i*

Qu'ils eussent fin *i*

5° MODE. INFINITIF.

PRÉSENT.

Fin *ir*

PASSÉ.

Avoir fin *i*

PARTICIPE PRÉSENT.

Fin *issant*

PARTICIPE PASSÉ.

Fin *i*, fin *ie*, ayant fin *i*

Ainsi se conjuguent *avert ir, guér ir, embell ir, pun ir, obé ir, rempl ir.*

REMARQUES SUR LES VERBES DE LA DEUXIÈME CONJUGAISON.

105. — *Bénir* a deux participes passés : *bénit*, féminin *bénite*, pour les choses consacrées par les prières de l'Eglise : *béni, bénie*, dans tout autre cas. Exemples : *Les drapeaux ont été* bénits. *Un peuple béni de Dieu.* (Acad.)

106. — *Fleurir* a deux participes présents et deux imparfaits de l'indicatif : 1° *fleurissant, je fleurissais*, lorsque *fleurir* est employé dans le sens propre pour signifier produire ou donner des fleurs ; 2° *florissant, je florissais*, quand ce verbe, pris au figuré, signifie être dans un état de prospérité, comme dans cette phrase : *Athènes* florissait *sous Périclès.* (Acad.)

Il faut remarquer cependant qu'en parlant des choses, on peut dire au figuré *fleurissait* ou *florissait;* exemple : *Les sciences et les beaux-arts* fleurissaient *ou* florissaient *sous le règne de ce prince* (Académie); mais dans ce cas même, le participe présent est toujours *florissant*.

107. — L'*i* de *haïr* perd le tréma aux trois personnes du singulier du présent de l'indicatif, et à la seconde personne du singulier de l'impératif : *Je hais, tu hais, il hait ; hais*, qui se prononcent *je hès, tu hès, il hèt; hès*, en aspirant l'*h* dans ces quatre personnes comme dans tout le reste du verbe.

TROISIÈME CONJUGAISON, EN **OIR** (1).

MODÈLE rec **EVOIR** (RADICAL rec, TERMINAISON **EVOIR**).

1ᵉʳ MODE. INDICATIF.

PRÉSENT.

Je reç *ois*
Tu reç *ois*
Il reç *oit*
Nous rec *evons*
Vous rec *evez*
Ils reç *oivent*

IMPARFAIT.

Je rec *evais*
Tu rec *evais*
Il rec *evait*
Nous rec *evions*
Vous rec *eviez*
Ils rec *evaient*

PASSÉ DÉFINI.

Je reç *us*
Tu reç *us*
Il reç *ut*
Nous reç *ûmes*
Vous reç *ûtes*
Ils reç *urent*

PASSÉ INDÉFINI.

J'ai reç *u*
Tu as reç *u*
Il a reç *u*
Nous avons reç *u*
Vous avez reç *u*
Ils ont reç *u*

PASSÉ ANTÉRIEUR.

J'eus reç *u*
Tu eus reç *u*
Il eut reç *u*
Nous eûmes reç *u*
Vous eûtes reç *u*
Ils eurent reç *u*

PLUS-QUE-PARFAIT.

J'avais reç *u*

Tu avais reç *u*
Il avait reç *u*
Nous avions reç *u*
Vous aviez reç *u*
Ils avaient reç *u*

FUTUR.

Je rec *evrai*
Tu rec *evras*
Il rec *evra*
Nous rec *evrons*
Vous rec *evrez*
Ils rec *evront*

FUTUR ANTÉRIEUR.

J'aurai reç *u*
Tu auras reç *u*
Il aura reç *u*
Nous aurons reç *u*
Vous aurez reç *u*
Ils auront reç *u*

2ᵉ MODE. CONDITIONNEL.

PRÉSENT.

Je rec *evrais*
Tu rec *evrais*
Il rec *evrait*
Nous rec *evrions*
Vous rec *evriez*
Ils rec *evraient*

PASSÉ.

J'aurais reç *u*
Tu aurais reç *u*
Il aurait reç *u*
Nous aurions reç *u*
Vous auriez reç *u*
Ils auraient reç *u*

On dit aussi : *J'eusse reçu, tu eusses reçu, il eût reçu ; nous eussions reçu, vous eussiez reçu, ils eussent reçu.*

---

(1) Pour simplifier et faciliter la conjugaison de ce verbe nous n'avons donné qu'un radical, *rec* ; mais il y en a en réalité deux, *rec, recev,* comme dans la deuxième conjugaison *fin* et *finis*, qui servent à conjuguer deux séries de temps bien distinctes.

3ᵉ MODE. **IMPÉRATIF.**

.....
Reç *ois*
.....
Rec *evons*
Rec *evez*
.....

4ᵉ MODE. **SUBJONCTIF.**

PRÉSENT *ou* FUTUR.

Que je reç *oive*
Que tu reç *oives*
Qu'il reç *oive*
Que nous rec *evions*
Que vous rec *eviez*
Qu'ils reç *oivent*

IMPARFAIT.

Que je reç *usse*
Que tu reç *usses*
Qu'il reç *ût*
Que nous reç *ussions*
Que vous reç *ussiez*
Qu'ils reç *ussent*

PASSÉ.

Que j'aie reç *u*

Que tu aies reç *u*
Qu'il ait reç *u*
Que nous ayons reç *u*
Que vous ayez reç *u*
Qu'ils aient reç *u*

PLUS-QUE-PARFAIT.

Que j'eusse reç *u*
Que tu eusses reç *u*
Qu'il eût reç *u*
Que nous eussions reç *u*
Que vous eussiez reç *u*
Qu'ils eussent reç *u*

5ᵉ MODE. **INFINITIF.**

PRÉSENT.

Rec *evoir*

PASSÉ.

Avoir reç *u*

PARTICIPE PRÉSENT.

Rec *evant*

PARTICIPE PASSÉ.

Reç *u*, reç *ue*, ayant reç *u*

Ainsi se conjuguent *aperc evoir*, *conc evoir*, *déc evoir*, *perc evoir*, *d evoir*, *red evoir*, et seulement les verbes qui ont l'infinitif en *evoir*.

108. — REMARQUE. Le participe passé des verbes *devoir* et *redevoir* prend au singulier masculin un accent circonflexe sur l'*u* : *dû*, *redû*. Le participe féminin ne prend pas d'accent : *due*, *redue*.

QUATRIÈME CONJUGAISON, EN RE.

MODÈLE **rend RE** (RADICAL rend, TERMINAISON **RE**).

1ᵉʳ MODE. **INDICATIF.**

PRÉSENT.

Je rend *s*
Tu rend *s*
Il rend
Nous rend *ons*
Vous rend *ez*
Ils rend *ent*

IMPARFAIT.

Je rend *ais*
Tu rend *ais*
Il rend *ait*
Nous rend *ions*
Vous rend *iez*
Ils rend *aient*

2ᵉ Partie : Grammaire.

3

PASSÉ DÉFINI.

Je rend *is*
Tu rend *is*
Il rend *it*
Nous rend *îmes*
Vous rend *îtes*
Ils rend *irent*

PASSÉ INDÉFINI.

J'ai rend *u*
Tu as rend *u*
il a rend *u*
Nous avons rend *u*
Vous avez rend *u*
Ils ont rend *u*

PASSÉ ANTÉRIEUR.

J'eus rend *u*
Tu eus rend *u*
Il eut rend *u*
Nous eûmes rend *u*
Vous eûtes rend *u*
Ils eurent rend *u*

PLUS-QUE-PARFAIT.

J'avais rend *u*
Tu avais rend *u*
Il avait rend *u*
Nous avions rend *u*
Vous aviez rend *u*
Ils avaient rend *u*

FUTUR.

Je rend *rai*
Tu rend *ras*
Il rend *ra*
Nous rend *rons*
Vous rend *rez*
Ils rend *ront*

FUTUR ANTÉRIEUR.

J'aurai rend *u*
Tu auras rend *u*
Il aura rend *u*
Nous aurons rend *u*
Vous aurez rend *u*
Ils auront rend *u*

2ᵉ MODE. **CONDITIONNEL**,

PRÉSENT,

Je rend *rais*
Tu rend *rais*
Il rend *rait*
Nous rend *rions*
Vous rend *riez*
Ils rend *raient*

PASSÉ.

J'aurais rend *u*
Tu aurais rend *u*
Il aurait rend *u*
Nous aurions rend *u*
Vous auriez rend *u*
Ils auraient rend *u*

On dit aussi : *J'eusse rendu, tu eusses rendu, il eût rendu; nous eussions rendu, vous eussiez rendu, ils eussent rendu.*

3ᵉ MODE. **IMPÉRATIF**,

.....
Rend *s*
.....
Rend *ons*
Rend *ez*
.....

4ᵉ MODE. **SUBJONCTIF**.

PRÉSENT OU FUTUR.

Que je rend *e*
Que tu rend *es*
Qu'il rend *e*
Que nous rend *ions*
Que vous rend *iez*
Qu'ils rend *ent*

IMPARFAIT.

Que je rend *isse*
Que tu rend *isses*
Qu'il rend *ît*
Que nous rend *issions*
Que vous rend *issiez*
Qu'ils rend *issent*

PASSÉ.

Que j'aie rend *u*
Que tu aies rend *u*
Qu'il ait rend *u*
Que nous ayons rend *u*
Que vous ayez rend *u*
Qu'ils aient rend *u*

PLUS-QUE-PARFAIT.

Que j'eusse rend *u*
Que tu eusses rend *u*
Qu'il eût rend *u*
Que nous eussions rend *u*
Que vous eussiez rend *u*
Qu'ils eussent rend *u*

5ᵉ MODE. **INFINITIF.**   PARTICIPE PRÉSENT.

      PRÉSENT.   Rend *ant*

Rend *re*

      PASSÉ   PARTICIPE PASSÉ.

Avoir rend *u*   Rend *u*, rend *ue*, ayant rend *u*

Ainsi se conjuguent *vend re, défend re, répand re, tord re, mord re, répond re, attend re, entend re*, etc.

REMARQUES SUR LES VERBES DE LA QUATRIÈME CONJUGAISON.

109. — Les verbes terminés en *aindre, eindre, oindre* et *soudre*, comme *craindre, teindre, joindre, résoudre*, perdent le *d* du radical au présent de l'indicatif et à l'impératif ; en outre, dans ces verbes, la troisième personne du singulier du présent de l'indicatif se termine par un *t*. Exemples : *Je crains, tu crains, il craint* ; impératif : *crains*.

110. — Les verbes en *ttre*, par deux *t*, comme *battre, combattre, mettre, permettre, promettre*, n'ont qu'un seul *t* aux trois personnes du singulier du présent de l'indicatif et à la deuxième personne du singulier de l'impératif. Exemples : *Je bats, tu bats, il bat ; nous battons, vous battez, ils battent* ; impératif : *bats*. (Voyez les remarques sur les terminaisons des verbes. 116.)

TEMPS PRIMITIFS, TEMPS DÉRIVÉS. FORMATION DES TEMPS.

111. — TEMPS PRIMITIFS. On appelle *temps primitifs* d'un verbe ceux qui servent à former les autres temps dans les quatre conjugaisons.

Il y a cinq temps primitifs, savoir : le *présent de l'infinitif*, le *participe présent*, le *participe passé*, le *présent de l'indicatif* et le *passé défini*.

112. — TEMPS DÉRIVÉS. On appelle *temps dérivés* ceux qui sont formés des temps primitifs (1).

113. — FORMATION DES TEMPS. I. Du *présent de l'infinitif* on forme :

1° Le *futur de l'indicatif*, en changeant r, oir, ou re en *rai*, exemples :

aimer,	j'aimerai ;	recevoir,	je recevrai ;
finir,	je finirai,	rendre,	je rendrai.

---

(1) Les règles de dérivation que nous indiquons ici sont purement artificielles; c'est un moyen mécanique d'aider l'élève à former les temps.

2° Le *conditionnel présent*, en changeant *r*, *oir*, ou *re* en *rais* : *aimer, j'aimerais*, etc., cu plus simplement en ajoutant une *s* au futur :

j'aimerai,	*j'aimerais ;*	*je recevrai,*	*je recevrais,*
je finirai,	*je finirais ;*	*je rendrai,*	*je rendrais.*

II. Du *participe présent*, on forme :

1° Les trois personnes du pluriel du *présent de l'indicatif*, en changeant *ant* en *ons*, *ez* et *ent* (excepté pour la troisième personne du pluriel de la troisième conjugaison, qui est irrégulière) (1) :

aimant,	*nous aimons,*	*vous aimez,*	*ils aiment ;*
finissant,	*nous finissons,*	*vous finissez,*	*ils finissent.*
recevant,	*nous recevons,*	*vous recevez,*	. . . . .
rendant,	*nous rendons,*	*vous rendez,*	*ils rendent.*

2° L'*imparfait de l'indicatif*, en changeant *ant* en *ais* :

aimant,	*j'aimais ;*	*recevant,*	*je recevais ;*
finissant,	*je finissais ;*	*rendant,*	*je rendais.*

3° Le *subjonctif présent*, en changeant *ant* en *e* muet, ou *evant* en *oive* :

aimant,	*que j'aime ;*	*recevant,*	*que je reçoive.*
finissant,	*que je finisse,*	*rendant*	*que je rende.*

III. Du *présent de l'indicatif* on forme l'*impératif* en ôtant les pronoms *je*, *nous*, *vous* :

j'aime,	impératif *aime ;*	*je rends,*	impér. *rends ;*
nous aimons,	*aimons ;*	*nous rendons,*	*rendons ;*
vous aimez,	*aimez ;*	*vous rendez,*	*rendez.*

IV. De la *seconde personne du passé défini* on forme l'*imparfait du subjonctif*, en ajoutant *se*; exemples :

tu aimas,	*que j'aimasse ;*	*tu reçus,*	*que je reçusse,*
tu finis,	*que je finisse ;*	*tu rendis,*	*que je rendisse.*

V. Les temps composés (89) des divers modes ne sont autre chose que la combinaison du *participe passé* avec les temps des verbes auxiliaires *avoir* ou *être*, comme *j'ai aimé, j'ai fini, j'ai reçu, j'ai rendu ; j'avais aimé, j'avais fini ; j'au-*

---

(1) Par suite de cette formation, le présent de l'indicatif doit être considéré au pluriel comme un temps dérivé.

*rais reçu, j'aurais rendu; que j'aie aimé, que j'eusse
fini*, etc.

VERBES RÉGULIERS.

114. — On appelle *verbes réguliers* les verbes qui suivent
les règles de la formation des temps, c'est-à-dire ceux dont
les temps dérivés se forment de leurs temps primitifs, conformément à ces règles. Nous donnons d'autre part le tableau
des temps primitifs d'un grand nombre de verbes réguliers.

TABLEAU des temps primitifs des verbes qui suivent les règles de la formation des temps.

PRÉSENT de l'infinitif.	PARTICIPE présent,	PARTICIPE passé.	PRÉSENT de l'indicatif.	PASSÉ défini.
Première Conjugaison.				
Aimer	Aimant	Aimé	J'aime	J'aimai
(Voy. *Exercices* pour les autres verbes de la 1re conj.)				Tu aimas.
Deuxième Conjugaison.				
Finir	Finissant	Fini	Je finis	Je finis
Asservir	Asservissant	Asservi	J'asservis	J'asservis
Bouillir	Bouillant	Bouilli	Je bous	Je bouillis
Couvrir	Couvrant	Couvert	Je couvre	Je couvris
Dormir	Dormant	Dormi	Je dors	Je dormis
Fuir	Fuyant	Fui, fuie	Je fuis	Je fuis
Haïr (1)	Haïssant	Haï	Je hais	Je haïs
Mentir	Mentant	Menti s.fém.)	Je mens	Je mentis
Offrir	Offrant	Offert	J'offre	J'offris
Ouvrir	Ouvrant	Ouvert	J'ouvre	J'ouvris
Partir	Partant	Parti	Je pars	Je partis
Sentir	Sentant	Senti	Je sens	Je sentis
Servir	Servant	Servi	Je sers	Je servis
Sortir	Sortant	Sorti	Je sors	Je sortis
Souffrir	Souffrant	Souffert	Je souffre	Je souffris
Tressaillir	Tressaillant	Tressailli	Je tressaille	Je tressaillis
Vêtir	Vêtant (2)	Vêtu	Je vêts	Je vêtis
Troisième Conjugaison.				
Recevoir	Recevant	Reçu	Je reçois	Je reçus
Pourvoir	Pourvoyant	Pourvu	Je pourvois	Je pourvus
Prévoir	Prévoyant	Prévu	Je prévois	Je prévis
Sursoir ou Surseoir	Sursoyant	Sursis	Je sursois	Je sursis
Quatrième conjugaison.				
Rendre	Rendant	Rendu	Je rends	Je rendis
Battre	Battant	Battu	Je bats	Je battis
Conclure	Concluant	Conclu	Je conclus	Je conclus
Conduire	Conduisant	Conduit	Je conduis	Je conduisis
Confire (3)	Confisant	Confit	Je confis	Je confis

(1) Voir *le cahier de la Conjugaison*.

(2) On trouve *vêtissant, nous vêtissons, je vêtissais,* dans de très-bons auteurs : nous donnons dans ce tableau les formes qui sont seules admises par l'Académie.

(3) L'imparfait du subjonctif de ce verbe est très-peu usité.

PRÉSENT de l'infinitif.	PARTICIPE présent.	PARTICIPE passé.	PRÉSENT de l'indicatif.	PASSÉ défini.
Connaître	Connaissant	Connu	Je connais	Je connus
Coudre	Cousant	Cousu	Je couds	Je cousis
Craindre	Craignant	Craint	Je crains	Je craignis
Croire	Croyant	Cru	Je crois	Je crus
Croître	Croissant	Crû	Je crois	Je crûs
Dire (1)	Disant	Dit	Je dis (1)	Je dis
Écrire	Écrivant	Écrit	J'écris	J'écrivis
Exclure	Excluant	Exclu	J'exclus	J'exclus
Joindre	Joignant	Joint	Je joins	Je joignis
Lire	Lisant	Lu	Je lis	Je lus
Maudire	Maudissant	Maudit	Je maudis	Je maudis
Médire (2)	Médisant	Médit	Je médis	Je médis
Mettre	Mettant	Mis	Je mets	Je mis
Moudre	Moulant	Moulu	Je mouds	Je moulus
Naître (3)	Naissant	Né	Je nais	Je naquis
Nuire	Nuisant	Nui (s. fém.)	Je nuis	Je nuisis
Oindre	Oignant	Oint	J'oins	J'oignis
Paraître	Paraissant	Paru	Je parais	Je parus
Plaire	Plaisant	Plu	Je plais	Je plus
Prendre (4)	Prenant	Pris	Je prends	Je pris
Repaître	Repaissant	Repu	Je repais	Je repus
Résoudre	Résolvant	Résolu / Résous (5)	Je résous	Je résolus
Rire	Riant	Ri (s. fém.)	Je ris	Je ris
Rompre	Rompant	Rompu	Je romps	Je rompis
Suffire	Suffisant	Suffi (s. fém.)	Je suffis	Je suffis
Suivre	Suivant	Suivi	Je suis	Je suivis
Taire	Taisant	Tu	Je tais	Je tus
Teindre	Teignant	Teint	Je teins	Je teignis
Vaincre (6)	Vainquant	Vaincu	Je vaincs	Je vainquis
Vivre	Vivant	Vécu	Je vis	Je vécus

(1) La seconde personne du pluriel du présent de l'indicatif est *vous dites*, et non pas *vous disez ; son composé *redire* fait aussi *vous redites*.

(2) Le pluriel de l'indicatif est *nous médisons, vous médisez, ils médisent*. Tous les composés de *dire*, excepté *redire* se conjuguent de même.

(3) Les temps composés prennent l'auxiliaire *être : je suis né*. Son composé *renaître* n'a point de participe passé.

(4) Dans ce verbe et dans ses composés, on double la lettre *n* toutes les fois qu'elle est suivie d'un *e* muet . *ils prennent, que je prenne*.

(5) Le participe *résous* s'emploie pour signifier *changé en, dissipé : un brouillard* résous *en pluie*. Il n'a pas de féminin ; on y supplée par celui de *résolu*.

(6) Devant *a, e, i, o*, on remplace le *c* par *qu : vainquant, nous vainquons*. Au présent de l'indicatif, la troisième personne du singulier est *il vainc*,

115. — REMARQUES. Les composés d'un verbe se conjuguent comme leur simple : ainsi *abattre*, *combattre*, comme *battre*; *promettre*, *admettre*, comme *mettre*. Cependant *redire* est le seul composé qui se conjugue comme *dire*; les autres, tels que *contredire*, *se dédire*, *interdire*, se conjuguent comme *médire*, et quant à *maudire*, il ne diffère de *médire* que par un seul temps primitif, le participe présent qui prend deux s *maudissant*. (Voir le tableau.)

Conjuguez :

Sur *conduire*, les autres verbes en *uire*, excepté *bruire* et *luire*, qui sont défectifs;

Sur *craindre*, tous les verbes en *aindre*;

Sur *teindre*, tous les verbes en *eindre*.

(Voir le Cahier de la conjugaison.)

REMARQUES SUR LES TERMINAISONS DES VERBES.

116. — DEUXIÈME PERSONNE DU SINGULIER. La deuxième personne du singulier se termine toujours par une s ou par un *x*: *tu aimes, tu aimais, tu finissais, tu veux*, etc. Excepté à l'impératif des verbes de la première conjugaison, *aime, chante*; et des verbes *avoir, aller, savoir, courir, offrir, ouvrir, souffrir, tressaillir, cueillir*, dont l'impératif est *aie, va, sache, couvre, offre*, etc.

117. — TROISIÈME PERSONNE DU SINGULIER. Si la première personne du singulier se termine par une s ou un *x* la troisième se termine par un *t* : *je reçois, il reçoit; j'aimais, il aimait; je reçus, il reçut; je rendrais, il rendrait; je veux, il veut.*

Lorsque l's est précédée d'un *d*, à la première personne, la troisième se termine par un *d*, et non par un *t* : *je rends, il rend; je vends, il vend* (1).

Dans toutes les conjugaisons, la troisième personne du singulier de l'imparfait du subjonctif se termine par un *t*, et la voyelle qui est avant ce *t* prend un accent circonflexe : *qu'il aimât, qu'il finit, qu'il reçût, qu'il vint*. Les autres personnes de ce temps ont deux ss de suite dans leur terminaison : *que*

---

(1) Dans ces verbes le radical se terminant déjà par la consonne *d*, on n'y ajoute pas la consonne dure et équivalente *t*, qui est la terminaison ordinaire de la troisième personne de ce temps.

j'aimasse, que tu finisses, que nous finissions, que vous vinssiez, qu'ils tinssent.

118. — PREMIÈRE PERSONNE DU PLURIEL. Elle se termine toujours en *ons* : *nous aimons*, *nous rendions*; excepté au passé défini : *nous rendîmes.*

119. — DEUXIÈME PERSONNE DU PLURIEL. Elle se termine toujours en *ez* : *vous aimez, vous finissiez, vous recevrez.* Excepté au passé défini : *vous aimâtes, vous finîtes.*

120. — TROISIÈME PERSONNE DU PLURIEL. Elle se termine par *ent* : *ils aiment, ils rendaient.* Excepté les verbes irréguliers *ils ont, ils sont, ils font, ils vont*, et au futur de tous les verbes : *ils aimeront, ils finiront.*

121. — TERMINAISON DU FUTUR. Dans la première conjugaison le futur est en *erai* et le conditionnel en *erais*, avec un *e* muet avant l'*r*, parce que le futur et le conditionnel se forment de l'infinitif, dans lequel l'*r* est précédée d'un *e* : *aimer, j'aimerai; garder, je garderai.*

Mais dans les trois autres conjugaisons il n'y a point d'*e* muet devant *rai* au futur, ni devant *rais* au conditionnel, parce que cet *e* n'existe point à l'infinitif avant l'*r* : *finir, recevoir, rendre.* Ainsi l'on écrit : *je recevrai, je recevrais; je rendrai, je rendrais*; et non *je receverai, je renderais.*

Dans les verbes de la première conjugaison en *ier, yer, éer*, comme *prier, payer, créer*, les terminaisons du futur et du conditionnel sont aussi en *erai, erais*, quoique l'e soit muet dans la prononciation. Ainsi l'on doit écrire *je prierai, je payerai*, ou *je paierai, je créerai*, et non *je prirai, je pairai, je crérai.*

VERBES IRRÉGULIERS ET VERBES DÉFECTIFS.

122. — On appelle verbes *irréguliers*, ceux qui ne suivent pas toujours les règles de la formation des temps, et verbes *défectifs*, ceux qui manquent de quelques-uns de leurs temps ou de quelques personnes (1).

Voici le tableau des temps primitifs des verbes véritablement irréguliers, avec la conjugaison des temps qui ne suivent point les règles de la formation :

---

(1) Il y a des verbes, tels que *être, aller*, dont la conjugaison est complète, mais qui n'en sont pas moins des verbes défectifs, parce que divers radicaux défectifs se combinent entre eux pour former la conjugaison entière de ces verbes.

PRÉSENT de l'infinitif.	PARTICIPE présent.	PARTICIPE passé.	PRÉSENT de l'indicatif.	PASSÉ défini.
				PREMIÈRES
Aller	Allant	Allé	Je vais	J'allai
				Tu allas
Envoyer	Envoyant	Envoyé	J'envoie	J'envoyai
				Tu envoyas
				DEUXIÈME
Acquérir	Acquérant	Acquis	J'acquiers	J'acquis
Courir	Courant	Couru	Je cours	Je courus
Cueillir	Cueillant	Cueilli	Je cueille	Je cueillis
Mourir	Mourant	Mort	Je meurs	Je mourus
Tenir	Tenant	Tenu	Je tiens	Je tins
Venir	Venant	Venu	Je viens	Je vins
				TROISIÈME
Asseoir	Asseyant ou Assoyant	Assis	J'assieds ou J'assois	J'assis
Mouvoir	Mouvant	Mu	Je meus	Je mus
Pouvoir	Pouvant	Pu (sans fém.)	Je peux ou Je puis	Je pus
Prévaloir	Prévalant	Prévalu	Je prévaux	Je prévalus
Savoir	Sachant	Su	Je sais	Je sus
Valoir	Valant	Valu	Je vaux	Je valus
Voir	Voyant	Vu	Je vois	Je vis
Vouloir	Voulant	Voulu	Je veux	Je voulus
				QUATRIÈME
Boire	Buvant	Bu	Je bois	Je bus
Faire	Faisant (ou pron. fesant)	Fait	Je fais	Je fis

TEMPS IRRÉGULIERS ET OBSERVATIONS.

NJUGAISON.

icatif présent : je vais *ou* je vas, tu vas, il va ; nous allons, vous allez, ils vont. — *utur :* j'irai, etc. — *Conditionnel :* j'irais, etc. — *Impératif:* va, allons, allez. — *ubjonctif présent :* que j'aille, que tu ailles, qu'il aille ; que nous allions, que vous lliez, qu'ils aillent. — Les temps composés prennent l'auxiliaire *être.*

se change en *i* devant un *e* muet ; ainsi le *présent de l'indicatif* s'écrit : j'envoie, j envoies, il envoie ; nous envoyons, vous envoyez, ils envoient. Les seuls temps réguliers sont : *Futur :* j'enverrai, etc. — *Conditionnel :* j'enverrais, etc.

NJUGAISON.

icatif présent : j'acquiers, tu acquiers, il acquiert ; nous acquérons, vous acquérez, s acquièrent. — *Futur :* j'acquerrai, etc. — *Conditionnel :* j'acquerrais, etc. — *ubjonctif présent :* que j'acquière, que tu acquières, qu'il acquière ; que nous ac-uérions, que vous acquériez, qu'ils acquièrent.

tur : je courrai, etc. — *Conditionnel :* je courrais, etc.

tur : je cueillerai, etc. — *Conditionnel :* je cueillerais, etc.

licatif présent : je meurs, tu meurs, il meurt ; nous mourons, vous mourez, ils meurent. — *Futur :* je mourrai, etc. — *Conditionnel :* je mourrais, etc. — *Sub-onctif présent :* que je meure, que tu meures, qu'il meure ; que nous mourions, ue vous mouriez, qu'ils meurent — Les temps composés prennent *être.*

double la lettre *n* quand elle est suivie d'un *e* muet. — *Indicatif présent :* je tiens, u tiens, il tient ; nous tenons, vous tenez, ils tiennent. — *Passé défini :* je tins, tu ins, il tint ; nous tînmes, vous tîntes, ils tinrent. — *Futur :* je tiendrai, etc. — *Conditionnel :* je tiendrais, etc. — *Subjonctif présent :* que je tienne, que tu tiennes, qu'il tienne ; que nous tenions, que vous teniez, qu'ils tiennent. — A *l'imparfait du subjonctif,* l'*n* est suivie de deux *s :* que je tinsse, que tu tinsses, etc.

se conjugue sur *tenir ;* mais les temps composés prennent l'auxiliaire *être.*

ONJUGAISON.

dicatif présent : j'assieds, tu assieds, il assied ; nous asseyons, vous asseyez, ils as-seyent ; *ou* j'assois, tu assois, il assoit ; nous assoyons, vous assoyez, ils assoient. *tur :* j'assiérai, *ou* j'asseyerai, *ou* j'assoirai, etc. — *Conditionnel :* j'assiérais, ou j'asseyerais, ou j'assoirais, etc. — *Subjonctif présent :* que j'asseye, *ou* que j'assoie, etc.

dicatif présent : je meus, tu meus, il meut ; nous mouvons, vous mouvez, ils meuvent. — *Subjonctif présent :* que je meuve, que tu meuves, qu'il meuve ; que nous mouvions, que vous mouviez, qu'ils meuvent. — *Promouvoir,* son composé, ne s'emploie guère qu'au participe passé, *promu, promue.*

dicatif présent : je peux *ou* je puis, tu peux, il peut ; nous pouvons, vous pouvez, ils peuvent. — *Futur :* je pourrai, etc. — *Conditionnel :* je pourrais, etc. — *Impé-ratif :* peux, pouvons, pouvez (inusité). — *Subjonctif présent :* que je puisse, que tu puisses, qu'il puisse ; que nous puissions, que vous puissiez, qu'ils puissent.

se conjugue comme *valoir,* excepté le *présent du subjonctif,* qui se forme réguliè-rement : que je prévale, que tu prévales, etc.

idicatif présent : je sais, tu sais, il sait ; nous savons, vous savez, ils savent. — *Im-parfait :* je savais, etc. — *Futur :* je saurai, etc. — *Conditionnel :* je saurais, etc. — *Impératif :* sache, sachons, sachez.

idicatif présent : je vaux, tu vaux, il vaut ; nous valons, vous valez, ils valent. — *Futur :* je vaudrai, etc. — *Conditionnel :* je vaudrais, etc. — *Impératif :* vaux, va-lons, valez (peu usité). — *Subjonctif présent :* que je vaille, que tu vailles, qu'il vaille ; que nous valions, que vous valiez, qu'ils vaillent.

*l'y du participe présent se change en *i* devant un *e* muet. — *Indicatif présent :* je vois, tu vois, il voit ; nous voyons, vous voyez, ils voient. — *Futur :* je verrai, etc. — *Conditionnel :* je verrais, etc. — *Subjonctif présent :* que je voie, que tu voies, qu'il voie ; que nous voyions, que vous voyiez, qu'ils voient.

indicatif présent : je veux, tu veux, il veut ; nous voulons, vous voulez, ils veulent. — *Futur :* je voudrai, etc. — *Conditionnel :* je voudrais, etc. — *Impératif :* veux, voulons, voulez, *et plus souvent* veuillez. — *Subjonctif présent :* que je veuille, que tu veuilles, qu'il veuille ; que nous voulions, que vous vouliez, qu'ils veuillent.

ONJUGAISON.

Indicatif présent : je bois, tu bois, il boit ; nous buvons, vous buvez, ils boivent. — *Subjonctif présent :* que je boive, que tu boives, qu'il boive ; que nous buvions, que vous buviez, qu'ils boivent.

Indicatif présent : je fais, tu fais, il fait ; nous faisons (on prononce fesons), vous faites, ils font. — *Imparfait :* je faisais (on prononce fesais), etc. — *Futur :* je fe-rai, etc. — *Conditionnel :* je ferais, etc. — *Impératif :* fais, faisons, faites. — *Sub-jonctif présent :* que je fasse, que tu fasses, etc.

123. —REMARQUES. I. Nous n'avons guère en français qu'une vingtaine de verbes qui ne suivent point dans toute leur conjugaison les règles de la formation des temps, et qui, par conséquent, sont véritablement irréguliers (1). Dans ce nombre sont compris le verbe *être* et le verbe *avoir*, dont la conjugaison a été donnée précédemment.

II. En général les composés se conjuguent comme leurs simples : ainsi *envoyer*, comme *renvoyer*; *accourir*, *secourir*, comme *courir*; *entretenir*, *obtenir*, *retenir*, comme *tenir*, etc. (Voir le Cahier de la conjugaison). *Conquérir* et *reconquérir* se conjuguent comme *acquérir*.

III. *Asseoir* a deux conjugaisons, comme on le voit sur le tableau et dans le Dictionnaire de l'Académie. L'élève fera cette double conjugaison, l'une après l'autre : la première conjugaison de ce verbe renferme deux futurs et deux conditionnels : *j'assiérai*, ou *j'asseyerai*; le futur et le conditionnel de la seconde manière de conjuguer sont *j'assoirai*, *j'assoirais*. Le verbe pronominal *s'asseoir*, se conjugue absolument de même.

124. — CONJUGAISON DES PRINCIPAUX VERBES DÉFECTIFS.

Il y a plus de soixante verbes défectifs, mais la plupart d'entre eux sont de vieux mots rarement employés; nous ne donnons ici que les plus usités.

Première conjugaison.

Puer. « Ce verbe n'est usité qu'à l'infinitif, au présent de l'indicatif, *je pue, tu pues, il pue, nous puons, vous puez, ils puent*; à l'imparfait, *je puais*, etc. ; au futur, *je puerai*, etc. ; au conditionnel, *je puerais*, etc. » (Acad.). Le présent du subjonctif, *que je pue*, etc., et le participe présent, *puant*, se disent aussi ; mais il n'y a point de participe passé.

Deuxième conjugaison.

Faillir. L'Académie conjugue ainsi ce verbe : Indic. prés., *je faux, tu faux, il faut, nous faillons, vous faillez, ils faillent*. — Imparfait, *je faillais*, etc. — Passé défini, *je faillis*, etc. —

(1) Il faut ajouter à ces vingt verbes simples environ cinquante verbes qui en sont composés : ainsi *tenir* donne les composés *obtenir*, *retenir*, *maintenir*, etc.

Futur. *je faudrai.* etc. — Participe prés. *faillant;* partic. passé, *failli, faillie.* Et elle fait remarquer que plusieurs de ces temps sont peu usités. Les temps composés, au contraire, le sont beaucoup.

Gésir. (être couché, étendu). Ce verbe n'est guère usité qu'à la troisième personne du singulier du présent de l'indicatif, *il gît; ci-gît;* et au participe présent, *gisant.* Suivant l'Académie, on dit encore, au présent de l'indicatif, *nous gisons, vous gisez. il gisent,* et à l'imparfait, *je gisais, tu gisais,* etc.

Ouïr (entendre). « On ne se sert aujourd'hui presque jamais de ce verbe qu'à l'infinitif et aux temps formés du participe *ouï* et du verbe *avoir.* » (Acad.) Cependant le Dictionnaire de l'Académie donne les formes suivantes, que l'on trouve dans les anciens auteurs : Indic. présent, *j'ois, tu ois, il oit; nous oyons, vous oyez, ils oient.* — Imparfait, *j'oyais,* etc. — Passé défini, *j'ouïs. tu ouïs,* etc. — Futur, *j'oirai,* etc. — Condit. *j'oirais,* etc. — Impératif, *ois, oyons, oyez.* — Subj. prés., *que j'oie,* ou *que j'oye,* etc. — Imparf. *que j'ouïsse,* etc. — Partic. prés., *oyant.*

Quérir (aller chercher, venir prendre). Ce verbe ne s'emploie qu'à l'infinitif présent. L'Académie écrit *querir.*)

Troisième conjugaison.

Choir (tomber). Il n'est usité qu'au présent de l'infinitif et au participe passé, *chu, chue.*

Déchoir. « Point de participe présent, d'imparfait de l'indicatif ni d'impératif. » (Acad.) Les autres temps se conjuguent ainsi : Indicatif prés., *je déchois, tu déchois, il déchoit; nous déchoyons, vous déchoyez, ils déchoient.* — Passé déf., *je déchus,* etc. — Fut. *je décherrai,* etc. — Condit., *je décherrais,* etc. — Subj. prés., *que je déchoie, que tu déchoies. qu'il déchoie; que nous déchoyions, que vous déchoyiez. qu'ils déchoient.* Imparf., *que je déchusse,* etc. — Partic. passé, *déchu, déchue.* Les temps composés prennent *être* ou *avoir.*

Échoir. « Au présent de l'indicatif, il n'est guère usité qu'à la troisième personne du singulier, *il échoit,* qu'on prononce et qu'on écrit même quelquefois *il échet.* — Passé déf., *j'échus,* etc. — Fut., *j'écherrai,* etc. — Condit., *j'écherrais,* etc. — Imparfait du subj., *que j'échusse,* etc. Partic. prés., *écheant.* — Partic. passé, *échu, échue.* » (Acad.) Les temps qui manquent sont donc : l'imparfait de l'indicatif, l'impératif et le subjonctif présent. Les temps composés prennent l'auxiliaire *être.*

Falloir. « Verbe impersonnel. Il n'a ni impératif ni participe présent. » (Acad.) Indic. présent, *il faut.* — Imparf., *il fallait.* — Passé défini, *il fallut.* — Futur, *il faudra.* — Condit., *il faudrait.* — Subjonctif prés., *qu'il faille.* — Imparf., *qu'il fallût.* — Partic. passé, *fallu;* pas de féminin.

Pleuvoir. Verbe impersonnel. Voyez sa conjugaison, page 67.

Ravoir. Il n'est usité qu'à l'infinitif.

Seoir (être convenable). Il n'est plus d'usage à l'infinitif et ne s'emploie qu'aux troisièmes personnes des temps suivants : Indic.

prés., *il sied, ils siéent.* — Imparf., *il seyait.* — Futur, *il siéra, ils siéront,* — Condit., *il siérait, ils siéraient.* — L'Académie donne aussi le participe présent *seyant.*

Quatrième conjugaison,

Absoudre. Ce verbe n'a point de passé défini ni d'imparfait du subjonctif. Indic. présent, *j'absous, tu absous, il absout; nous absolvons, vous absolvez, ils absolvent.* — Imparf.; — *j'absolvais,* etc. — Futur, *j'absoudrai,* etc. — Condit. , *j'absoudrais,* etc. — Impér., *absous, absolvons, absolvez.* — Subj. prés., *que j'absolve,* etc. — Partic. prés., *absolvant.* — Partic. passé, *absous, absoute.* — *Dissoudre* se conjugue de même.

Accroire. Ce verbe ne s'emploie qu'à l'infinitif.

Braire. « On ne l'emploie guère qu'à l'infinitif et aux troisièmes personnes du présent de l'indicatif, *il brait, ils braient;* du futur, *il braira, ils brairont;* et du conditionnel, *il brairait, ils brairaient.* » (Acad.)

Bruire. « Il n'est guère usité qu'à l'infinitif, à la troisième personne du singulier du présent de l'indicatif, *il bruit* : et aux troisièmes personnes de l'imparfait, *il bruyait, ils bruyaient..* » (Acad.) — *Bruyant* n'est point participe, mais adjectif.

Clore. Voici comment l'Académie conjugue ce verbe : Indic. présent, *je clos, tu clos, il clôt.* Point de pluriel. — Futur, *je clôrai,* etc. — Condit. , *je clôrais,* etc. — Partic. passé, *clos, close.* Les autres temps simples manquent; tous les temps composés sont usités.

Éclore. Ce verbe n'est usité qu'à l'infinitif et aux troisièmes personnes des temps suivants : Indic. présent, *il éclôt, ils éclosent.* — Futur, *il éclôra, ils éclôront.* — Condit., *il éclôrait, ils éclôraient,* — Subj. prés., *qu'il éclose, qu'ils éclosent.* Il n'a point de participe présent. Le participe passé est *éclos, éclose.* Les temps composés prennent l'auxiliaire *être;* ils sont tous usités, mais seulement aux troisièmes personnes.

Forfaire. Il n'est usité qu'à l'infinitif et aux temps composés, qui prennent *avoir : j'ai forfait,* etc.

Frire. « Outre l'infinitif, il n'est usité qu'au singulier du présent de l'indicatif, *je fris, tu fris, il frit;* au futur, *je frirai, tu friras,* etc.; au conditionnel présent, *je frirais,* etc.; à la deuxième personne du singulier de l'impératif, *fris:* et aux temps composés du participe passé, *frit, frite.* » (Acad.) On emploie presque toujours ce verbe avec le verbe *faire : je fais frire, je ferai frire,* etc.

Luire. Le passé défini, l'impératif et l'imparfait du subjonctif manquent. — Indic. prés,. *je luis, tu luis, il luit; nous luisons, vous luisez, ils luisent.* — Imparfait, *je luisais,* etc. — Futur, *je luirai,* etc. — Condit., *je luirais,* etc. — Subj. prés., *que je luise,* etc. — Partic. prés. , *luisant,* — Partic. passé, *lui;* pas de féminin. — *Entre-luire* n'est guère usité qu'à l'infinitif.

Occire. (tuer). Il n'est usité qu'à l'infinitif, au participe passé, *occis, occise,* et aux temps composés.

Paître. Il n'a ni passé défini, ni imparfait du subjonctif; ni temps composés. L'Académie conjugue ainsi les autres temps : Indic. présent, *je pais, tu pais, il pait : nous paissons, vous paissez, ils paissent.* — Imparf., *je paissais,* etc. — Futur, *je paîtrai,* etc. — Condit, *je paîtrais,* etc. — Impér., *pais, paissons, paissez.* — Subjonct. présent, *que je paisse,* etc. — Partic. présent, *paissant.* Partic. passé, *pu* (usité seulement comme terme de fauconnerie). — Son composé, *repaître,* n'est point défectif. (Voir le tableau des temps primitifs, page 45.)

Poindre. Ce verbe, qui signifie commencer à paraître, en parlant du jour, ne s'emploie guère qu'à l'infinitif et à la troisième personne du futur, *il poindra* (Acad.).

Traire. Le passé défini et l'imparfait du subjonctif manquent. — Indic. présent, *je trais, tu trais, il trait; nous trayons, vous trayez, ils traient.* — Imparfait, *je trayais,* etc. Futur, *je trairai,* etc. — Condit., *je trairais,* etc. — Impér., *trais, trayons, trayez.* — Subj. prés., *que je traie,* etc. — Partic. présent, *trayant* — Partic. passé, *trait, traite.* — Conjuguez de même tous ses composés, *abstraire, distraire, soustraire,* etc. Quant à *attraire,* il ne s'emploie qu'à l'infinitif (*attrayant* est un adjectif).

SUJET DU VERBE. — REMARQUES SUR LES SUJETS.

125. — SUJET. On appelle *sujet* du verbe la personne ou la chose qui fait l'action ou qui est dans l'état exprimé par le verbe.

On trouve le sujet en mettant *qui* devant le verbe (1). La réponse à cette question indique le sujet. Exemples :

Dieu gouverne le monde. — *Qui* gouverne le monde ? Réponse : *Dieu;* voilà le sujet du verbe *gouverne.*

Le cheval galope. — *Qui* galope? Réponse : *le cheval;* le mot *cheval* est le sujet du verbe *galope.*

L'enfant est sage. — *Qui* est sage? Réponse : *l'enfant;* voilà le sujet du verbe *est.*

126. — REMARQUES. I. Le sujet du verbe est ordinairement un nom, comme dans les exemples ci-dessus, ou un pronom, comme

(1) Quelques grammairiens conseillent de faire la question *qui est-ce qui?* pour les personnes, et *qu'est-ce qui?* pour les choses. Évidemment l'emploi de l'une de ces questions, de préférence à l'autre, suppose la connaissance du sujet. D'ailleurs, deux questions différentes pour le même résultat ne peuvent qu'embarrasser les enfants, sans profit réel. Lhomond ne conseille que la question *qui est-ce qui?* pour tous les cas, et le père Girard seulement la question *qui?* préférable, sans contredit, parce qu'elle est plus courte.

dans *je lis, tu joues, il parle* (*je*, sujet de *lis*, *tu*, sujet de *joue*, *il*, sujet de *parle*).

Quelquefois le sujet d'un verbe est un autre verbe à l'infinitif. Exemple : *Manger trop est nuisible à la santé* (*manger trop*, sujet du verbe *est*).

II. Les pronoms *je, tu, il, ils*, ne peuvent s'employer que comme sujets du verbe; on peut en dire autant des pronoms *elle, elles* (1).

III. Les pronoms *nous* et *vous*, comme tous les mots qui peuvent servir de sujets, ne sont sujets que quand ils répondent à la question *qui*, suivi du verbe. Exemples : *Nous marchons. Vous viendrez me voir.* — *Qui marche ? nous* (sujet de *marchons*); *qui viendra me voir? vous* (sujet de *viendrez*). Mais dans cette phrase : *Dieu nous voit*, le pronom *nous* n'est point sujet, car en faisant la question : *Qui nous voit?* la réponse montre que c'est *Dieu* qui est le sujet du verbe *voit*.

IV. Le pronom indéfini *on* ou *l'on* est toujours sujet ; il est de la troisième personne du singulier : *On dit; si l'on m'appelle*.

V. Le sujet est placé quelquefois après le verbe. Exemples : *Que fait votre frère* (c'est-à-dire, votre frère fait quoi ?) *Que demandez-vous*, (vous demandez quoi ?) *Que dit-on?* (on dit quoi ?) *As-tu fini* (est-ce que tu as fini ?) *Mon ami, dit Pythagore, est un autre moi-même.* (Pythagore dit, etc.)

VI. Le pronom *qui* peut être, comme nous l'avons dit (70-71), ou conjonctif ou interrogatif. Lorsqu'il est conjonctif, il est toujours sujet du verbe qui le suit : *Dieu, qui règne, veut être obéi* (le pronom *qui* est sujet du verbe *règne, Dieu* est sujet du verbe *veut*).

Lorsqu'il est interrogatif, tantôt il est sujet et tantôt il ne l'est pas; ainsi, dans cette phrase, *qui vient ici? qui* est sujet du verbe *vient*. Mais dans celle-ci : *Qui demandez-vous?* le sujet est *vous* et non pas *qui*; c'est comme si l'on disait : *Vous demandez qui, quelle personne?*

VII. Le pronom *ce*, suivi de *qui*, de *que* ou d'un autre pronom conjonctif, est souvent sujet; exemple : *Ce que vous faites me déplaît.* Pour voir si *ce* est sujet, on le remplace par le mot *la chose*, et l'on fait la question *qui?* devant le verbe : *la chose que vous faites me déplaît. Qui me déplaît ?* réponse : *la chose;* donc *la chose,* et par conséquent le pronom *ce*, est sujet du verbe *déplaît*.

VIII. A l'impératif, le sujet est toujours un pronom sous-entendu. Exemple : *Lisez,* c'est-à-dire, *vous, lisez.*

RÈGLE D'ACCORD DU VERBE AVEC SON SUJET. — REMARQUES.

127. — RÈGLE. Tout verbe doit être du même nombre et de la même personne que son sujet.

---

(1) Cependant il faut remarquer que les pronoms *elle, elles*, sont employés quelquefois pour rappeler l'idée du complément, exemple : *Je l'ai donc vue mourir, elle dont les jours m'étaient si chers !*

Exemples : *Je parle* ; le verbe *parle* est au nombre singulier et à la première personne, parce que *je*, son sujet, est du singulier et de la première personne. *Vous parlez tous deux* ; *parlez* est au nombre pluriel et à la seconde personne, parce que son sujet *vous* est du pluriel et de la seconde personne.

128. — REMARQUES. I. Quand un verbe a deux sujets au singulier, on met ce verbe au pluriel. Exemple : *Mon frère et ma sœur* **lisent**.

II. Quand un verbe a deux ou plusieurs sujets de différentes personnes, l'accord de ce verbe doit se faire avec la première personne de préférence à la seconde, avec la seconde de préférence à la troisième.

Exemples : *Vous et moi nous* **lisons** ; *vous et votre frère vous* **lisez** ; *votre frère et votre sœur* **lisent**.

(Par politesse on nomme d'abord la personne à laquelle on parle et l'on se nomme soi-même le dernier ; voilà pourquoi il faut dire : *Vous et moi nous lisons*, et non pas *moi et vous nous lisons*.)

III. Le verbe s'accorde toujours avec son sujet, même lorsque ce sujet vient après. Exemple : *Voilà ce que lui* **envoient** ses parents.

VERBE ACTIF. — VERBE TRANSITIF. — COMPLÉMENT DIRECT. — COMPLÉMENT INDIRECT ET COMPLÉMENTS CIRCONSTANCIELS.

129. — Les verbes attributifs peuvent se diviser d'une part en verbes *actifs* et *passifs*, d'autre part en verbes *transitifs* et *intransitifs* ou *neutres* ; il y a en outre deux autres classes de verbes appelés verbes *pronominaux* et verbes *impersonnels*.

130. — VERBE ACTIF. — VERBE TRANSITIF. On appelle *verbe actif* tout verbe exprimant une action faite par le sujet : *Je pousse, je mange, j'aime*, etc.

Lorsque l'action passe directement du sujet sur une personne ou sur une chose, ce verbe est en même temps *transitif*.

Exemples : *Charles pousse son frère.* Charles fait l'action de pousser, et cette action passe directement sur son *frère*, qui la reçoit. Le verbe *pousse* est à la fois verbe actif et transitif.

Le chat mange la souris. Le chat fait l'action de manger, et cette action est soufferte, supportée par la *souris : mange* est donc à la fois verbe actif et transitif.

J'aime Dieu. Je fais l'acte d'aimer, et cet acte passe directement à *Dieu : aimer* est à la fois verbe actif et transitif.

On reconnaît qu'un verbe est *transitif* quand on peut mettre *quelqu'un* ou *quelque chose* après ce verbe. *Aimer, réciter* sont des verbes transitifs, parce qu'on peut dire : *J'aime quelqu'un, je récite quelque chose*; par exemple : *J'aime Dieu, je récite ma leçon.*

. **131.** — COMPLÉMENT DIRECT. Le *complément direct* est la personne ou la chose qui reçoit, qui supporte l'action faite par le sujet, ou qui est l'objet de cette action.

Exemples : *Charles pousse son frère.* — Charles pousse *qui?* Réponse : *son frère*; voilà le complément direct.

Le chat mange la souris. — Le chat mange *quoi, quelle chose?* Réponse : *la souris*: c'est le complément direct.

J'aime Dieu. — J'aime *qui?* Réponse : *Dieu*, complément direct.

Ainsi, on trouve le complément direct d'un verbe transitif en faisant la question *qui* ou *quelle chose* après le verbe.

REMARQUE. On peut conclure de ce qui précède : 1° qu'un verbe n'est réellement transitif que lorsqu'il a un complément direct; exemples : *Je lis l'histoire: j'étudie ma leçon;* 2° qu'un verbe transitif peut devenir accidentellement intransitif; exemples : *Je lis, j'étudie* (1).

132. — COMPLÉMENT INDIRECT et COMPLÉMENTS CIRCONSTANCIELS. Outre le complément direct, les verbes peuvent avoir des compléments *indirects* et des compléments *circonstanciels.*

Le complément indirect est le mot qui, à l'aide d'une préposition exprimée ou sous-entendue, telle que, *à, de, pour,* in-

---

(1) Ces verbes peuvent être considérés comme *absolus*, c'est-à-dire comme exprimant l'action d'une manière absolue, sans aucun rapport à un complément.

dique la personne ou la chose à laquelle tend, aboutit, se termine l'action marquée par le verbe, ou de laquelle part, provient, dérive cette action ou l'état exprimé par l'attribut. Ce complément répond aux questions *à qui? à quoi? de qui? de quoi?* etc., faites après le verbe. Exemples :

Il a donné des vêtements AUX PAUVRES (à les pauvres). L'action de *donner* aboutit *aux pauvres*; il a donné *à qui? aux pauvres*, complément indirect.

*Donnez-*MOI *du papier.* L'action de *donner* aboutit à *moi* (*à* sous-entendu) ; *moi* est un complément indirect.

Je reviens de ROME *et je vais* A PARIS. L'action de *revenir* part de Rome et l'action d'*aller* aboutit à Paris; *de Rome* et *à Paris* sont des compléments indirects.

133. — Les compléments *circonstanciels* sont ceux qui expriment une circonstance de temps, de manière, de motif, de moyen, etc. Ils répondent aux questions *quand? comment? pourquoi?* faites après le verbe. Exemples : *Remettons cette affaire* A DEMAIN; *à demain*, complément circonstanciel de temps. *Il agit* AVEC PRUDENCE OU PRUDEMMENT; *avec prudence* ou *prudemment*, complément circonstanciel de manière.

Je partirai PAR LE COURRIER DE CE SOIR; *par le courrier de ce soir*, complément circonstanciel de moyen.

REMARQUES SUR LES COMPLÉMENTS DES VERBES.

134. — I. Les mots *le, la, les, l'*, placés devant un verbe, ou après un verbe auquel ils sont joints par un trait d'union, sont pronoms et toujours compléments directs de ce verbe. Exemples : *Je le connais; je la vois; reçois-les.*

II. Les pronoms *nous* et *vous*, lorsqu'ils ne sont pas sujets, sont compléments directs ou compléments indirects. Ils sont compléments directs dans ces exemples : *Il nous loue, il nous aime :* c'est à-dire, il loue *nous*, il aime *nous*. Ils sont compléments indirects lorsqu'ils signifient *à nous, à vous*, comme dans *il* **nous** *parle, il* **vous** *a écrit :* c'est-à-dire, il parle *à nous*, il a écrit *à vous*.

III. Les pronoms *me, moi, te, toi, se* ou *s'* sont ordinairement compléments directs. Mais s'ils sont mis pour *à moi, à toi, à soi*, ils sont compléments indirects. Exemples : *Il me parle* (il parle *à moi*) ; *donne-moi du papier* (donne *à moi* du papier).

IV. Les pronoms *lui, leur* (signifiant *à lui, à elle, à eux*), *dont, de qui, de quoi, duquel, à qui, à quoi, auquel* et *y* sont toujours compléments indirects. Exemples : *Je* **lui** *écrirai* (j'écrirai *à lui*) ; je **leur** *écrirai* (j'écrirai *à eux, à elles*).

V. Le mot *que* lorsqu'il est pronom, est complément direct du verbe qui le suit (1). Exemple : *Voici le livre* **que** *j'ai acheté*; c'est-à-dire, *voici le livre*, lequel livre *j'ai acheté*; le pronom *que* est complément direct du verbe *j'ai acheté*.

VI. Le pronom *ce*, suivi de *qui* ou d'un autre pronom conjonctif, est souvent sujet (voir page 54, remarque VII); il est souvent aussi complément direct. En le remplaçant par le mot *la chose*, on voit s'il est sujet ou complément. Exemple : *Donnez-lui* **ce** *qui lui conviendra le mieux*; c'est-à-dire, *donnez-lui la chose qui lui conviendra le mieux*. Ici le mot *la chose*, et par conséquent le pronom *ce* qui en tient la place, est complément direct.

VII. Le mot *en* signifiant *de lui, d'elle, d'eux, de là*, est complément indirect. Exemple : *Je n'oublierai jamais les services que j'en ai reçus*; c'est-à-dire, *que j'ai reçus de lui, d'elle, d'eux*, etc. *Vient-il de la ville? Oui, il en vient*. (Il vient *de là, de la ville*).

Lorsque le pronom *en* est pris dans le sens partitif, il tient la place de la préposition *de*, accompagnée d'un pronom, et il équivaut à *de cela, d'eux, d'elles*, des personnes ou des choses dont on parle; exemples : *Avez-vous reçu des étrennes? J'en ai reçu quelques-unes*; c'est-à-dire, *j'ai reçu quelques-unes de cela, d'elles. Voulez-vous du pain? oui, j'en veux* : c'est-à-dire, *je veux* (une partie) *de cela, de lui* (2). Dans ce cas le pronom *en* est complément déterminatif des mots *quelques-uns, quelques-unes, une partie*, etc., exprimés ou sous-entendus.

VERBE PASSIF : SA CONJUGAISON.

135. — On appelle verbe *passif* tout verbe qui exprime une action soufferte, supportée par le sujet; exemples : *La souris est mangée. La souris est mangée par le chat* (3).

Tout verbe actif et transitif peut avoir un *passif*. — Quand on veut changer en *passif* un verbe actif, on prend le sujet de ce verbe pour en faire celui du verbe passif; exemple : *La souris mange*, tournez : *La souris est mangée*.

Quand on tourne la phrase par le *passif*, le sujet du verbe transitif devient le complément du verbe passif, et il est précédé des mots *par* ou *de*; exemples : *Le chat mange la souris*, tournez : *La souris est mangée par le chat. J'aime mon père tendrement*, tournez : *mon père est tendrement aimé de moi*.

---

(1) Il faut excepter le cas où ce verbe est considéré comme impersonnel comme dans cette phrase : *Les froids qu'il a fait m'ont empêché de sortir*.

(2) Voir Dumarsais, Burnouf, l'Académie, etc.

(3) Dans le premier exemple, le verbe passif est employé d'une manière absolue ; c'est-à-dire, sans aucun rapport à un complément.

CONJUGAISON DU VERBE PASSIF.

136. — Dans la langue française, ce que nous appelons *verbe passif* n'est autre chose que le verbe *être* suivi d'un participe passé qui est employé comme adjectif et qui s'accorde en genre et en nombre avec le sujet. On conjugue donc le verbe passif absolument comme le verbe *être*. Exemples :

INDICATIF.

PRÉSENT.

Je suis	*aimé* ou *aimée.*
Tu es	*aimé* ou *aimée.*
Il est	*aimé* ou elle est *aimée.*
Nous sommes	*aimés* ou *aimées.*
Vous êtes	*aimés* ou *aimées.*
Ils sont	*aimés* ou elles sont *aimées.*

MODE **INDICATIF.**

PRÉSENT.
Je suis aimé *ou* aimée

IMPARFAIT.
J'étais aimée *ou* aimée

PASSÉ DÉFINI.
Je fus aimé *ou* aimée

PASSÉ INDÉFINI.
J'ai été aimé *ou* aimée

PASSÉ ANTÉRIEUR.
J'eus été aimé *ou* aimée

PLUS-QUE-PARFAIT.
J'avais été aimé *ou* aimée

FUTUR.
Je serai aimé *ou* aimée

FUTUR ANTÉRIEUR.
J'aurai été aimé *ou* aimée

MODE **CONDITIONNEL.**

PRÉSENT.
Je serais aimé *ou* aimée

PASSÉ.
J'aurais été *ou* } aimé *ou* aimée
   j'eusse été }

MODE **IMPÉRATIF.**

Sois aimé *ou* aimée

MODE **SUBJONCTIF.**

PRÉSENT.
Que je sois aimé *ou* aimée

IMPARFAIT.
Que je fusse aimé *ou* aimée

PASSÉ.
Que j'aie été aimé *ou* aimée

PLUS-QUE-PARFAIT
Que j'eusse été aimé *ou* aimée

MODE **INFINITIF.**

PRÉSENT.
Être aimé *ou* aimée

PASSÉ.
Avoir été aimé *ou* aimée

PARTICIPE PRÉSENT.
Étant aimé *ou* aimée

PARTICIPE PASSÉ.
Ayant été aimé *ou* aimée

REMARQUE. Tous les temps du passif sont, comme on le voit, des temps composés ; le passif n'a qu'une seule forme simple, celle que nous appelons le participe passé.

VERBE INTRANSITIF OU NEUTRE (1) : SA CONJUGAISON.

137. — Le verbe essentiellement *intransitif*, qu'on appelle aussi verbe *neutre*, est celui qui exprime un *état* du sujet ou bien une action faite par le *sujet*; mais il ne peut pas avoir de complément *direct*.

On reconnaît qu'un verbe est *intransitif*, quand on ne peut pas mettre après lui *quelqu'un* ou *quelque chose*.

Ainsi *dormir*, *marcher*, sont des verbes intransitifs, parce qu'on ne peut pas dire : *je dors quelqu'un, je marche quelque chose*.

138. — REMARQUE. Cependant certains verbes intransitifs peuvent devenir accidentellement transitifs, c'est-à-dire prendre un complément direct; exemples : *Vous ne courez aucun danger; sortez ce cheval de l'écurie.* (Acad.)

139. — Les verbes réellement intransitifs n'ont pas de complément direct. Le nom ou l'adjectif dont ils sont souvent accompagnés sont des *qualificatifs* du sujet et non pas des compléments du verbe; exemples : *De berger il devint* **roi.** Il devint quoi? **roi.** Le mot *roi* est qualificatif du sujet *il*. — *Il resta* **pauvre** *toute sa vie*. Il resta quoi? **pauvre.** Le mot *pauvre* est qualificatif du sujet *il*.

Mais les verbes intransitifs ont souvent des compléments indirects et des compléments circonstanciels; exemples : *Nuire à son ami, parler de quelqu'un (à son ami*, complément indirect de *nuire; de quelqu'un*, complément indirect de *parler*).

La plupart des verbes intransitifs se conjuguent comme les verbes transitifs, avec l'auxiliaire *avoir* : *je dors, j'ai dormi, j'avais dormi*, etc.

Mais il y a des verbes intransitifs qui se conjuguent dans leurs temps composés avec l'auxiliaire *être*, comme *venir, arriver, tomber*, etc.

---

(1) Le mot *neutre* vient du latin *neuter*, et signifie *ni l'un ni l'autre*, c'est-à-dire ni actif ni passif.

CONJUGAISON DU VERBE INTRANSITIF **VENIR.**

MODE **INDICATIF.**

PRÉSENT.

Je viens
Tu viens
Il *ou* elle vient
Nous venons
Vous venez
Ils *ou* elles viennent

IMPARFAIT.

Je venais
Tu venais
Il *ou* elle venait
Nous venions
Vous veniez
Ils *ou* elles venaient

PASSÉ DÉFINI.

Je vins
Tu vins
Il *ou* elle vint
Nous vînmes
Vous vîntes
Ils *ou* elles vinrent

PASSÉ INDÉFINI.

Je suis venu *ou* venue
Tu es venu *ou* venue
Il est venu *ou* elle est venue
Nous sommes venus *ou* venues
Vous êtes venus *ou* venues
Ils sont venus *ou* elles sont venues

PASSÉ ANTÉRIEUR.

Je fus venu *ou* venue
Tu fus venu *ou* venue
Il fut venu *ou* elle fut venue
Nous fûmes venus *ou* venues
Vous fûtes venus *ou* venues
Ils furent venus *ou* elles furent
venues

PLUS-QUE-PARFAIT.

J'étais venu *ou* venue
Tu étais venu *ou* venue
Il était venu *ou* elle était venue
Nous étions venus *ou* venues
Vous étiez venus *ou* venues
Ils étaient venus *ou* elles étaient
venues

FUTUR.

Je viendrai
Tu viendras
Il *ou* elle viendra
Nous viendrons
Vous viendrez
Ils *ou* elles viendront

FUTUR ANTÉRIEUR.

Je serai venu *ou* venue
Tu seras venu *ou* venue
Il sera venu *ou* elle sera venue
Nous serons venus *ou* venues
Vous serez venus *ou* venues
Ils seront venus *ou* elles seront
venues

MODE **CONDITIONNEL.**

PRÉSENT.

Je viendrais
Tu viendrais
Il *ou* elle viendrait
Nous viendrions
Vous viendriez
Ils *ou* elles viendraient

PASSÉ.

Je serais venu *ou* venue
Tu serais venu *ou* venue
Il serait venu *ou* elle serait venue
Nous serions venus *ou* venues
Vous seriez venus *ou* venues
Ils seraient venus *ou* elles se-
raient venues

On dit aussi : *Je fusse venu
ou venue, tu fusses venu ou venue, il fût venu ou elle fût venue ; nous fussions venus ou
venues, vous fussiez venus ou
venues, ils fussent venus ou
elles fussent venues.*

MODE **IMPÉRATIF.**

Sing......
      Viens
Plur. Venons
      Venez
      .....

MODE **SUBJONCTIF**.

PRÉSENT *ou* FUTUR.

Que je vienne
Que tu viennes
Qu'il *ou* qu'elle vienne
Que nous venions
Que vous veniez
Qu'ils *ou* qu'elles viennent

IMPARFAIT.

Que je vinsse
Que tu vinsses
Qu'il *ou* qu'elle vînt
Que nous vinssions
Que vous vinssiez
Qu'ils *ou* qu'elles vinssent

PASSÉ.

Que je sois venu *ou* venue
Que tu sois venu *ou* venue
Qu'il soit venu *ou* qu'elle soit
venue
Que nous soyons venus *ou* venues
Que vous soyez venus *ou* venues

Qu'ils soient venus *ou* qu'elles
soient venues

PLUS-QUE-PARFAIT.

Que je fusse venu *ou* venue
Que tu fusses venu *ou* venue
Qu'il fût venu *ou* qu'elle fût venue
Que nous fussions venus *ou* ve-
nues
Que vous fussiez venus *ou* ve-
nues
Qu'ils fussent venus *ou* qu'elles
fussent venues

MODE **INFINITIF**.

PRÉSENT.

Venir

PASSÉ

Être venu *ou* venue

PARTICIPE PRÉSENT.

Venant

PARTICIPE PASSÉ.

Venu, venue, étant venu, étant
venue

Conjuguez de même, c'est-à-dire en employant l'auxiliaire *être* pour les temps composés, les verbes *arriver, tomber, entrer, sortir, naître, mourir, décéder, partir, rester, descendre, monter, passer,* et les composés de *venir,* tels que *devenir, revenir, survenir, parvenir,* etc.

VERBE CONJUGUÉ SOUS LA FORME INTERROGATIVE.

140. — Lorsqu'on interroge, on met quelquefois le pronom sujet après le verbe, en le joignant à ce verbe par un trait d'union ; on dit alors que le verbe est conjugué sous la forme interrogative.

Les verbes ne peuvent être mis sous la forme interrogative qu'aux temps de l'indicatif et du conditionnel. Exemple :

MODE **INDICATIF**.

PRÉSENT.

Chanté-je ?
Chantes-tu ?
Chante-t-il ?
Chantons-nous ?
Chantez-vous ?
Chantent-ils ?

IMPARFAIT.

Chantais-je ?
Chantais-tu ?
Chantait-il ?
Chantions-nous ?
Chantiez-vous ?
Chantaient-ils ?

PASSÉ DÉFINI.

Chantai-je?
Chantas-tu?
Chanta-t-il?
Chantâmes-nous?
Chantâtes-vous?
Chantèrent-ils?

PASSÉ INDÉFINI.

Ai-je chanté?
As-tu chanté?
A-t-il chanté?
Avons-nous chanté?
Avez-vous chanté?
Ont-ils chanté?

PASSÉ ANTÉRIEUR (1).

Eus-je chanté?
Eus-tu chanté?
Eut-il chanté?
Eûmes-nous chanté?
Eûtes-vous chanté?
Eurent-ils chanté?

PLUS-QUE-PARFAIT.

Avais-je chanté?
Avais-tu chanté?
Avait-il chanté?
Avions-nous chanté?
Aviez-vous chanté?
Avaient-ils chanté?

FUTUR.

Chanterai-je?
Chanteras-tu?
Chantera-t-il?
Chanterons-nous?

Chanterez-vous?
Chanteront-ils?

FUTUR ANTÉRIEUR.

Aurai-je chanté?
Auras-tu chanté?
Aura-t-il chanté?
Aurons-nous chanté?
Aurez-vous chanté?
Auront-ils chanté?

MODE CONDITIONNEL.

PRÉSENT.

Chanterais-je?
Chanterais-tu?
Chanterait-il?
Chanterions-nous?
Chanteriez-vous?
Chanteraient-ils?

PASSÉ.

Aurais-je chanté?
Aurais-tu chanté?
Aurait-il chanté?
Aurions-nous chanté?
Auriez-vous chanté?
Auraient-ils chanté?

AUTRE PASSÉ.

Eussé-je chanté?
Eusses-tu chanté?
Eût-il chanté?
Eussions-nous chanté?
Eussiez-vous chanté?
Eussent-ils chanté?

141. — REMARQUES. I. Lorsque la première personne finit par un e muet, comme *j'aime*, on change cet e muet en é fermé; *chanté-je, aimé-je.*

On dira de même *eussé-je*, de *j'eusse*; *fussé-je*, de *je fusse*; *dussé-je*, de *je dusse*; *puissé-je*, de *je puisse*.

II. On écrit *chanté-je*, au présent, et *chantai-je*, au passé

---

(1) Le passé antérieur interrogatif ne s'emploie guère que dans les tournures suivantes : *à peine eus-je chanté que*, etc., *à peine eûtes-vous fini* ; de même que l'on dit : *avait-il chanté, il s'en allait* ; c'est-à-dire, *dès qu'il avait chanté*, etc., où l'interrogation est dans la forme et non dans la pensée.

2me Partie : Grammaire.   4

défini. La différence de signification empêche de confondre ces temps : le premier signifie *est-ce que je chante?* le second *est-ce que je chantai?*

III. Lorsque la troisième personne du singulier finit par une voyelle, on met un *t* entre le verbe et le pronom sujet *il, elle;* ce *t* est précédé et suivi d'un trait d'union; exemples : *aime-t-il? chanta-t-elle? donna-t-on?*

IV. Dans les temps composés, le pronom sujet se place après l'auxiliaire : *ai-je chanté? auras-tu fini?*

V. En général, lorsque la première personne du singulier du présent de l'indicatif n'est que d'une seule syllabe, on ne l'emploie pas sous la forme interrogative. Ainsi, au lieu de dire *prends-je? vends-je? mens-je?* on dit : *est-ce que je prends? est-ce que je vends?* etc. L'usage autorise cependant *suis-je? ai-je? dis-je? dois-je? puis-je? viens-je* (1)*? que sais-je? où vais-je? que vois-je?*

VERBES PRONOMINAUX OU RÉFLÉCHIS ET RÉCIPROQUES.

142. On appelle *verbes pronominaux* ceux qui se conjuguent avec deux pronoms de la même personne, dont le premier est sujet et le second complément.

A l'infinitif ces verbes prennent le pronom *se : se flatter, se louer, se blesser.*

Les verbes pronominaux se conjuguent comme le verbe intransitif *venir* (page 61), c'est-à-dire qu'ils prennent l'auxiliaire *être* aux temps composés. Mais dans les verbes pronominaux on sous-entend après le verbe *être* le participe présent *ayant* du verbe *avoir* : ainsi *je me suis loué* équivaut à *je suis ayant loué moi,* ou *j'ai loué moi* (2).

---

(1) Viens-je vous demander que vous quittiez l'empire ?
(RAC. *Britann.* Acte Ier, sc. II.)

(2) Le propre des verbes pronominaux de ce genre, c'est que le sujet fait et souffre l'action, c'est-à-dire que ces verbes sont, par leur sens, à la fois actifs et passifs.

La langue a trouvé moyen d'exprimer jusqu'à un certain point ce double rôle, en donnant à ces verbes la forme passive par l'auxiliaire *être* et en même temps la forme propre aux verbes actifs de gouverner un complément direct.

CONJUGAISON DES VERBES PRONOMINAUX.

MODE **INDICATIF**.

PRÉSENT.

Je me repens
Tu te repens
Il *ou* elle se repent
Nous nous repentons
Vous vous repentez
Ils *ou* elles se repentent

IMPARFAIT (1).
Je me repentais, etc.

PASSÉ DÉFINI.
Je me repentis, etc.

PASSÉ INDÉFINI.
Je me suis repenti *ou* repentie,
etc.

PASSÉ ANTÉRIEUR.
Je me fus repenti *ou* repentie, etc.

PLUS-QUE-PARFAIT.
Je m'étais repenti *ou* repentie, etc.

FUTUR.
Je me repentirai, etc.

FUTUR ANTÉRIEUR.
Je me serai repenti *ou* repentie,
etc.

MODE **CONDITIONNEL**.

PRÉSENT.
Je me repentirais, etc.

PASSÉ.
Je me serais repenti *ou* repentie, etc.

On dit aussi :
Je me fusse repenti *ou* repentie,
etc.

MODE **IMPÉRATIF**.

. . . . .
Repens-toi
. . . . .
Repentons-nous
Repentez-vous
. . . . .

MODE **SUBJONCTIF**.

PRÉSENT *ou* FUTUR.
Que je me repente, etc.

IMPARFAIT.
Que je me repentisse, etc.

PASSÉ.
Que je me sois repenti *ou* repentie, etc.

PLUS-QUE-PARFAIT.
Que je me fusse repenti *ou* repentie, etc.

MODE **INFINITIF**.

PRÉSENT.
Se repentir

PASSÉ.
S'être repenti *ou* repentie

PARTICIPE PRÉSENT.
Se repentant

PARTICIPE PASSÉ.
Repenti, repentie, s'étant repenti
ou repentie.

Conjuguez de même, quant aux pronoms et aux auxiliaires,
les verbes de la première conjugaison : *s'emparer, se flatter,
s'appuyer, se blesser.*

De la deuxième conjugaison : *se retenir, se punir, s'ab-
stenir.*

De la troisième : *s'apercevoir, se pourvoir.*

De la quatrième : *se défendre, se plaindre, se rendre.*

---

(1) Nous ne mettons ici que les premières personnes.

143. — REMARQUES. I. Les pronoms *me*, *te*, *se*, *nous*, *vous*, qui précèdent immédiatement le verbe pronominal, sont quelquefois compléments *directs*, comme dans *je me flatte*, c'est-à-dire, *je flatte moi*; *tu te blesseras*, c'est-à-dire, *tu blesseras* **toi**. Mais ils sont compléments *indirects* lorsqu'ils signifient *à moi, à toi, à soi, à nous*, etc., comme dans *je me nuis*, c'est-à-dire, *je nuis à moi*; *il s'est fait une blessure*, c'est-à-dire, *il a fait une blessure* **à soi, à lui-même**.

II. Si le verbe pronominal a un complément direct, comme dans *je me flatte, tu te blesseras*, il est *transitif* pronominal; s'il n'a point de complément direct, comme dans *je me nuis*, il est *intransitif* pronominal.

III. Le complément direct est quelquefois un autre mot que l'un des pronoms *me*, *te*, *se*, *nous*, *vous*; ainsi dans la phrase *il s'est fait une blessure*, le complément direct est *une blessure*. (Il a fait quoi? Réponse, *une blessure*.)

IV. On appelle verbes *essentiellement* pronominaux ceux qui ne peuvent *se conjuguer* autrement qu'avec un second pronom pour complément, et qui prennent toujours *se* à l'infinitif. Tels sont, par exemple, *se repentir, s'emparer*; on dit toujours *je me repens, je m'empare*, et jamais *je repens, j'empare*.

Les verbes essentiellement pronominaux ont toujours pour complément direct le pronom qui les précède immédiatement. Il faut excepter cependant le verbe *s'arroger*, qui signifie *s'attribuer*, et dans lequel le pronom est complément indirect; exemple : *Il s'est arrogé des droits qu'il n'a pas*.

V. On appelle verbes *accidentellement* pronominaux ceux qui peuvent se conjuguer sans le secours d'un second pronom, tels sont : *se flatter, se blesser*, etc., car on peut conjuguer ces verbes de cette manière : *je flatte, tu flattes*, etc.; *je blesse, tu blesses*, etc.

Dans les verbes accidentellement pronominaux, le pronom qui les précède immédiatement est complément direct ou complément indirect, suivant le sens : il est complément direct dans *se flatter* (flatter soi); il est complément indirect dans *se nuire* (nuire à soi); *s'imaginer* (imaginer à soi, dans son esprit; se faire une image de).

VI. On peut considérer comme essentiellement pronominaux les verbes qui sous cette forme prennent un sens particulier différent de celui qu'ils ont sous la forme ordinaire, c'est-à-dire, quand on les emploie sans le pronom réfléchi. Tels sont *s'apercevoir* d'une chose (la remarquer), *s'attendre* à une chose (la prévoir, y compter), *se douter* d'une chose (la présumer), *se louer* de (se féliciter de) *se plaindre* de (exprimer du mécontentement), *se taire* (garder le silence), *se saisir* de (s'emparer de), *se servir* de (faire usage de), etc.

VERBES IMPERSONNELS.

144. — On appelle verbes *impersonnels* ceux qui ne s'emploient qu'à la 3ᵉ personne du singulier, et qui ont pour sujet le pronom *il*, pris dans un sens indéterminé.

Exemples : *Il pleut, il faut rester*; le pronom *il*, sujet des verbes *pleut* et *faut*, est pris dans un sens indéterminé, c'est-à-dire qu'il ne tient pas la place d'un nom de personne ou de chose.

Les verbes impersonnels, nous le répétons, ne s'emploient dans chaque temps qu'à la troisième personne du singulier. Exemple :

MODE **INDICATIF**.

PRÉSENT.

Il pleut

IMPARFAIT.

Il pleuvait

PASSÉ DÉFINI.

Il plut

PASSÉ INDÉFINI.

Il a plu

PASSÉ ANTÉRIEUR.

Il eut plu

PLUS-QUE-PARFAIT.

Il avait plu

FUTUR.

Il pleuvra

FUTUR ANTÉRIEUR.

Il aura plu

MODE **CONDITIONNEL**.

PRÉSENT.

Il pleuvrait

PASSÉ.

Il aurait plu *ou* il eût plu

Point d'impératif.

MODE **SUBJONCTIF**.

PRÉSENT *ou* FUTUR.

Qu'il pleuve

IMPARFAIT.

Qu'il plût

PASSÉ.

Qu'il ait plu.

PLUS-QUE-PARFAIT.

Qu'il eût plu

MODE **INFINITIF**.

PRÉSENT.

Pleuvoir

PASSÉ.

Avoir plu

PARTICIPE PRÉSENT.

Pleuvant

PARTICIPE PASSÉ.

Plu (sans féminin), ayant plu.

145. — REMARQUES. I. Un grand nombre de verbes ayant toutes les personnes de chaque temps, peuvent être employés accidentellement comme verbes impersonnels ; par exemple, *avoir, être, tomber, faire, convenir*, sont impersonnels dans ces phrases : *il y aura une grande foule; il est juste d'obéir; il tombe de la neige; les grands froids qu'il a fait; mes enfants, il convient d'écouter vos parents.* En effet, dans aucun de ces exemples, le pronom *il* ne tient la place d'un nom.

II. Dans les verbes accidentellement impersonnels, le pronom indéterminé *il* n'est qu'un sujet apparent ; il tient devant le verbe la place du sujet réel, qui est exprimé avant ou après le verbe. Ainsi : *Il tombe de la neige* est équivalent à *de la neige tombe*; *il est juste d'obéir*, c'est-à-dire, *obéir est juste*; *il est arrivé de grands malheurs*, équivaut à *quelque chose est arrivé*, c'est-à-dire *de grands malheurs*; *il y aura une grande foule* (1), c'est-à-dire *une grande foule sera* (*là*). Dans ces exemples *il*, sujet apparent, ne fait que tenir devant le verbe la place des sujets réels *neige, obéir, grands malheurs, grande foule.*

III. Les verbes accidentellement impersonnels, quoique n'étant pas nécessairement intransitifs, sont cependant traités comme tels par notre langue. Ce qui semble le prouver, c'est, par exemple, le défaut d'accord du participe dans des locutions comme celles-ci : *Les grands froids qu'il a fait, la chaleur qu'il fait, l'ont empêché de sortir.*

CHAPITRE VI

LE PARTICIPE.

146. — Le *participe* est ainsi appelé parce que c'est un mot qui participe, qui tient à la fois de la nature du verbe et de celle de l'adjectif.

Le participe est *verbe* quand il exprime que l'on fait ou que l'on a fait quelque chose; comme lorsqu'on dit : **lisant** *un livre*, **obéissant** *à sa mère, j'ai* **lu** *ce livre, il a* **obéi** *à sa mère.*

Il est *adjectif* quand il exprime la qualité d'une personne ou d'une chose, comme dans ces phrases : *Des enfants honnêtes et* **obéissants**; *un vieillard* **respecté.**

147. — Comme nous l'avons vu dans la conjugaison des verbes, il y a deux participes : le *participe présent*, qui est toujours terminé en *ant* : *aimant, finissant, recevant, rendant*, et le *participe passé*, dont la terminaison n'est pas la

---

(1) Dans l'exemple *il y aura une grande foule* et dans toutes les locutions de ce genre, le verbe *avoir* est devenu un véritable synonyme du verbe *être*, comme souvent le verbe correspondant en grec et quelquefois le verbe *habeo* en latin. Nous ajoutons au verbe *avoir* l'adverbe *y*; mais dans les anciens auteurs, le verbe *avoir* pouvait s'employer seul dans ce sens. Ainsi Joinville a dit : *Devant Damiette n'a point de port*, pour *il n'y a point de port devant Damiette.*

même pour tous les verbes : *aimé, fini, reçu, écrit, pris, ouvert.*

148. — Le participe présent est invariable quand il est employé comme verbe Exemple : *C'est une personne charitable, obligeant tout le monde.*

REMARQUE. Le participe terminé en *ant* s'appelle *adjectif verbal*, lorsqu'il est employé comme adjectif. Il a alors, comme les adjectifs, un féminin et un pluriel. Exemples : *Un homme* obligeant, *des hommes* obligeants ; *une personne* obligeante, *des personnes* obligeantes.

149. — Le participe passé, lorsqu'il est adjectif, forme son féminin par l'addition d'un *e* muet, et son pluriel par l'addition d'une *s*. Exemples : *Un devoir* fini, *une affaire* finie ; *un devoir mal* écrit, *des devoirs mal* écrits, *des pages mal* écrites.

150. — REMARQUE. Au participe passé, en retranchant l'*e* muet de la terminaison du féminin, on voit si le masculin se termine par une consonne ou par une voyelle.

Ainsi, en retranchant l'*e* muet des participes féminins *finie, suivie, reçue,* on a les participes masculins *fini, suivi, reçu,* qui se terminent par une voyelle. De même, en retranchant l'*e* muet du féminin, on a le masculin des participes suivants, qui se terminent par une consonne :

Féminin.	Masculin.	Féminin.	Masculin.
mise.....	mis	crainte....	craint
prise......	pris	couverte..	couvert
assise.....	assis	réduite...	réduit

Il faut excepter *absoute* et *dissoute,* qui font au masculin *absous, dissous* (1).

CHAPITRE VII

L'ADVERBE.

151. — L'*adverbe* est un mot quel'on joint au verbe, au

(1) Voir la conjugaison d'*absoudre*, page 52 ; voir aussi les temps primitifs de *résoudre*, page 45.

participe, à l'adjectif ou à un autre adverbe pour en modifier la signification.

Par exemple, si l'on dit : *Cet enfant mange proprement*, le mot *proprement* modifie la signification du verbe *mange*, c'est-à-dire qu'il donne à ce verbe un sens particulier, qu'il n'aurait point si l'on disait seulement : *Cet enfant mange*. Dans cet exemple : *Dieu est souverainement bon*, le mot *souverainement* modifie la signification de l'adjectif *bon*, c'est-à-dire qu'il représente la qualité de *bonté* comme possédée par Dieu au souverain degré.

152. — On distingue plusieurs sortes d'adverbes :

1° Adverbes de *manière*, tels que :

Proprement	Poliment	Comment
Sagement	Vainement	Exprès, etc.

Presque tous les adverbes de manière sont terminés en *ment* et formés d'un adjectif, comme *proprement*, de *propre*; *sagement*, de *sage*; *poliment*, de *poli*.

REMARQUE. Les adverbes gardent avant la terminaison *ment* la voyelle ou les voyelles de la syllabe finale de l'adjectif dont ils dérivent. Ainsi, l'on écrit par un **E** : *prud**E**mment*, *dif-fér**E**mment*, à cause des adjectifs *prudent*, *différent*; on écrit par un **A** : *abond**A**mment*, *cour**A**mment*, formés des adjectifs *abond**A**nt*, *cour**A**nt*; enfin on écrit par **EA** : *oblig**EA**mment*, parce que cet adverbe est formé de l'adjectif *oblig**EA**nt*.

2° Adverbes qui marquent l'*ordre*, le *rang*, comme :

Premièrement	Auparavant	Après
Secondement	Ensuite	Enfin, etc.
Troisièmement	Puis	

Exemples : **Premièrement** *il faut éviter le mal*, **ensuite** *il faut faire le bien*.

3° Adverbes qui marquent le *lieu* :

Où	Dessous	Loin	Ailleurs
Ici	Devant	Dedans	Autour
Là	Derrière	Dehors	Alentour, etc.
Dessus	Partout	Y *signifiant* là	

Exemples : **Où** *êtes-vous? je suis* **ici**, *je vais* **là**.

4° Adverbes de *temps* :

Hier	Après-demain	Tantôt	Jamais
Avant-hier	Autrefois	•Souvent	Maintenant
Aujourd'hui	Jadis	Quelquefois	Naguère
Demain	Bientôt	Toujours	Longtemps, etc.

Exemples : *Cet enfant joue* **toujours** *et ne s'applique* **jamais.**

5° Adverbes de *quantité* :

Beaucoup	Trop	Tout	Que (*signif.* com-
Extrêmement	Tant	Entièrement	bien)
Assez	Très	Presque	Si, etc.
Peu	Davantage	Encore	

Il faut bien remarquer que le mot *si* n'est adverbe que lorsqu'il signifie *à tel point, tellement*, comme dans cette phrase : *Il fait* **si** *froid que la rivière est gelée*, c'est-à-dire : *Il fait* tellement *froid*, etc. ; ou encore, lorsqu'il est mis pour *aussi* : *Il n'est pas* **si** *sage que vous* (Acad.) ; autrement, le mot *si* est conjonction.

6° Autres adverbes de quantité qui marquent en même temps la comparaison :

| Plus · | Mieux | Aussi |
| Moins | Autant | Si (*pour* aussi) |

Exemples : **Plus** *sage*, **aussi** *sage*, **moins** *sage que vous*.

7° Adverbes qui expriment l'*affirmation*, la *négation*, le *doute* :

| Certes | Volontiers | Ne |
| Vraiment | Nullement | Peut-être, etc. |

153. — REMARQUES. I. Certains adjectifs sont quelquefois employés comme adverbes ; on dit : Chanter *juste*, parler *bas*, voir *clair*, rester *court*, frapper *fort*, sentir *bon*, marcher *droit*.

II. L'adverbe de lieu *où*, dans le sens conjonctif aussi bien que dans le sens interrogatif, prend un accent grave. Si le mot *ou* signifie *ou bien*, comme *Pierre* ou *Paul*, il est conjonction et s'écrit sans accent.

III. On appelle *locution adverbiale* une réunion de mots faisant fonction d'adverbe. Voici les locutions adverbiales les plus usitées :

4.

1° De manière : *à tort, à regret, à la hâte, à l'envi, avec sagesse, avec soin, en vain, par hasard,* etc.

2° De lieu : *au delà, en deçà, au-dessus, au-dessous, en haut, en bas, à côté, nulle part,* etc.

3° De temps : *plus tôt, dans peu, depuis peu, d'abord,* etc.

4° De quantité : *tout à fait, à tel point, au plus, le plus, le moins.*

5° D'affirmation, de négation, de doute : *sans doute, d'accord, point du tout, ne... pas, ne... point, non pas,* etc.

CHAPITRE VIII

LA PRÉPOSITION.

154. — La *préposition* est un mot qui, placé devant un nom, un pronom ou un verbe à l'infinitif, sert à le joindre au mot qui le précède, pour compléter le sens de ce mot.

Par exemple, quand je dis : *Le fruit* de *l'arbre,* le mot *de* joint le nom *arbre* au nom *fruit,* pour compléter le sens du mot *fruit.* Nous voyons ainsi le rapport qu'il y a entre *fruit* et *arbre;* le *fruit* vient de l'*arbre;* c'est un rapport d'origine.

De même quand je dis : *Faites cela* **pour** *moi,* le mot *pour* joint le pronom *moi* au verbe *faites,* pour compléter le sens de ce verbe, en exprimant le rapport qu'il y a entre votre action de faire et moi; c'est un rapport de but.

Dans l'exemple : *Je vous invite* **à** *venir,* le mot *à* indique le rapport qu'il y a entre le verbe *inviter* et le verbe *venir;* c'est un rapport de tendance.

Les mots *de, pour, à,* sont des prépositions.

155. — Les principales prépositions sont :

à	chez	derrière	entre
afin de	contre	dès	envers
après	dans	devant	hormis
avant	de	durant	hors
avec	depuis	en	jusqu'à

malgré	par	sans	suivant
moyennant	parmi	sauf	sur
nonobstant	pendant	selon	vers
outre	pour	sous	

Ces prépositions marquent différents rapports :

1° Rapports de *lieu*, de *but*, de *tendance*; exemples : *Être chez un ami. Étudier pour son instruction. Aller à Rome.*

2° Rapport d'*origine*, de *propriété* : *Les fils de Jacob. Le livre de Pierre.*

3° Rapport d'*ordre*, de *rang* : *La nouvelle est arrivée avant le courrier. Marchez devant moi.*

4° Rapport d'*étendue*, de *temps* : *Depuis la création jusqu'au déluge. Pendant la guerre.*

5° Rapports d'*union*, de *conformité* : *Partir avec son ami. Se conduire selon la raison.*

6° Rapport d'*exception*, de *séparation* : *Tout est perdu,* hors *l'honneur. Les soldats sans les officiers.*

7° Rapport d'*opposition* : *Plaider contre quelqu'un. Il a fait cela nonobstant mes représentations.*

8° Rapport de *moyen*, etc. : *Fléchir par ses prières. J'espère, moyennant la grâce de Dieu.*

REMARQUE. La même préposition peut exprimer divers rapports. Dans les exemples : J'ai passé *par* Rome; j'ai obtenu ma grâce *par* votre entremise, la préposition *par* exprime un rapport de *lieu* et un rapport de *moyen.*

156. — REMARQUES. I. On appelle *locutions prépositives* des prépositions composées en général :

1° D'un nom et des prépositions *à, de, en, par,* etc., comme : *à la place de, à cause de, à force de, à l'égard de, en raison de, en dépit de, par rapport à,* etc.

2° D'un adverbe et de la préposition *de,* comme : *auprès de, autour de, loin de.*

II. On met un accent grave sur la préposition *à,* pour la distinguer de la troisième personne du singulier du verbe *avoir : Il a une maison à Paris.* On met aussi un accent grave sur la préposition *dès,* pour la distinguer de l'article contracté *des.*

III. Il y a des prépositions, telles que : *avant, après, derrière, devant,* qui s'emploient comme adverbes lorsqu'elles n'ont pas de complément. Ex. : *Vous irez devant et moi derrière.*

IV. Les participes ou adjectifs *attendu, vu, concernant, touchant, durant, suivant, excepté, supposé, passé,* sont con-

sidérés comme des prépositions lorsqu'ils sont devant un nom.
Alors :

Attendu et *vu*	signifient	*A cause de*
Concernant et *touchant*..		*Sur* ou *de*
Durant . . . . . , ...		*Pendant*
Suivant		*Selon*
Excepté		*Hormis*
Supposé		*Dans la supposition de*
Passé.		*Après*.

Exemples : *Nous n'avons pu partir,* **attendu** *le mauvais temps. Vous lui direz deux mots* **touchant** *cette affaire.*

Y compris, non compris et *ci-joint*, devant un nom, sont aussi des locutions prépositives.

V. Le mot *sauf* n'est employé comme préposition que devant un nom : **Sauf** *erreur,* **sauf** *votre approbation.* Il est adjectif quand il signifie *sauvé, en bon état,* et il fait au féminin *sauve : La vie sauve.*

VI. On considère comme étant de véritables prépositions les mots *voici, voilà,* contractions de *vois ici, vois là.*

CHAPITRE IX

LA CONJONCTION.

157. — La *conjonction* est un mot qui sert à joindre ensemble, soit les mots, soit les phrases et les membres de phrase.

La conjonction joint : 1° un sujet à un sujet ; exemple : *Pierre* **et** *Paul sont obéissants,* la conjonction *et* joint le sujet *Paul* au sujet *Pierre.*

2° Un adjectif à un adjectif : *Dieu est juste* **et** *bon.*

3° Un complément à un complément : *Appelez Pierre* **ou** *Paul.*

4° Un verbe à un verbe, ou un membre de phrase à un autre : *Je crois* **que** *vous pleurez. Nous irons nous promener,* **si** *vous avez le temps.* La conjonction *que* joint le membre de phrase *vous pleurez* au membre de phrase *je crois,* et la conjonction *si* joint *vous avez le temps* à *nous irons nous promener.*

158. — Voici les principales conjonctions :

Et	Car	Lorsque	Soit (répété). Ex. :
Que	Or	Comme	Soit *mon père*,
Ni	Donc	Sinon	soit *ma mère*.
Mais	Ou	Quoique	
Si	Quand	Cependant	

159. — REMARQUES. I. On appelle locution conjonctive toute réunion de mots qui est employée comme conjonction ; exemples : *afin que, ainsi que, dès que, de peur que, parce que, tandis que, ou bien, d'ailleurs,* etc.

II. Nous avons vu que le mot *que* est pronom conjonctif quand il peut se remplacer par *lequel, laquelle,* ou par *quelle chose?* et qu'il est adverbe quand il signifie *combien* : il est conjonction lorsqu'il sert à joindre deux verbes ou deux membres de phrase, comme dans *je crois **que** vous pleurez.*

III. La conjonction *ou* signifie *ou bien : Appelez Pierre* **ou** *Paul;* il ne faut pas la confondre avec l'adverbe *où,* qui prend un accent grave.

IV. Le mot *si* est adverbe quand il signifie *à tel point, tellement, aussi;* lorsqu'il n'est pas employé dans ce sens, il est conjonction.

CHAPITRE X

L'INTERJECTION.

160. — *L'interjection* est un mot qui exprime les sentiments vifs et subits de l'âme : c'est une sorte de cri de *joie*, de *douleur*, etc. Exemples :

> Pour exprimer la joie : *Ah! bon!*
>   la douleur : *Ah! Ha! Hélas!*
>   la crainte : *Hai! Hé!*
>   l'admiration : *Oh! ô! eh!*
>   l'aversion : *Fi! Fi donc!*
> Pour appeler : *Holà! Hé!*
> Pour encourager : *Ça! Allons!*
> Pour faire taire : *Chut!*

161. — Il faut ajouter à cette liste beaucoup de noms qui s'emploient quelquefois comme interjections, tels que *paix!*

silence! peste! courage! ciel! miséricorde! et que l'on peut désigner sous le nom d'*exclamations.*

On peut aussi considérer comme interjections un certain nombre de mots qui tiennent lieu d'une phrase entière, tels que *oui, non, bonjour, bonsoir, adieu.*

CHAPITRE XI

DE L'ORTHOGRAPHE.

162. — L'orthographe est l'art et la manière d'écrire les mots d'une langue correctement, selon l'usage établi. (*Acad.*)

On distingue l'orthographe *de règles* et l'orthographe *d'usage.* La première consiste dans l'observation de certaines règles relatives à la forme des mots, telles que les règles de la formation du pluriel des noms et des adjectifs ; celles de la terminaison des verbes, de l'accord de l'adjectif, du verbe, du participe, etc.

L'orthographe d'usage n'est soumise à aucune règle grammaticale ; elle a pour fondement principal l'étymologie, c'est-à-dire l'origine du mot, et les lois de la dérivation. Ainsi l'on écrit *homme* par une *h*, *femme* par *em*, parce que ces mots viennent des mots latins *homo, femina.* Pour les personnes qui ne savent ni le grec ni le latin, le meilleur moyen d'apprendre l'orthographe d'usage, c'est de faire des lectures fréquentes et de s'exercer souvent à copier les pages d'un livre. Voici néanmoins quelques remarques qui ne sont pas dépourvues d'utilité.

163. — Les consonnes finales d'un très-grand nombre de mots sont indiquées par les dérivés de ces mots. Ainsi :

Accord	a pour dérivé	accorder
Amas	—	— amasser
Bord	—	— border
Champ	—	— champêtre
Chant	—	— chanter
Début	—	— débuter
Dispos	—	— disposer
Drap	—	— draper
Eclat	—	— éclater

Faim	— —	famine
Fin	— —	finir
Fusil	— —	fusiller
Galop	— —	galoper
Plomb	— —	plomber
Rang	— —	ranger
Repos	— —	reposer
Sang	— —	sanguinaire
Tapis	— —	tapisser

Il y a quelques exceptions; ainsi l'on écrit *abri*, *absous*, *dissous*, *dépôt*, *entrepôt*, *intérêt*, *relais*, quoique ces mots aient pour dérivés *abriter*, *absoute*, *dissoute*, *déposer*, *entreposer*, *intéresser*, *relayer*.

164. — Dans les noms, la finale qui se prononce *eur* s'écrit par ces trois lettres : *ardeur*, *bonheur*, *peur*. Sont exceptés les noms *beurre*, *demeure*, *heure*, *leurre*, la *majeure* et la *mineure*, termes de logique ; *chantepleure*, sorte d'entonnoir ; *feurre*, paille ; *Eure*, rivière ; *Soleure*, ville de Suisse, et autres noms propres. Dans ces mots l'*e* muet final se fait sentir devant une consonne.

165. — Les noms féminins dont la terminaison se prononce *té* n'ajoutent point d'*e* muet à cette terminaison s'ils dérivent d'un adjectif ; exemples ; *ancienneté*, d'*ancien* ; *docilité*, de *docile* ; *dureté*, de *dur*.

Cette terminaison s'écrit *tée*, par un *e* muet, si le nom dérive d'un verbe ; exemples : *dictée*, de *dicter* ; *montée*, de *monter* ; *portée*, de *porter*. Beaucoup d'autres noms féminins en *ée* dérivent aussi d'un verbe : *arrivée*, d'*arriver* ; *entrée*, d'*entrer*.

166. — Les finales *xion* et *ction* se prononcent de la même manière : mais on n'écrit par *xion* que les mots *annexion*, *complexion*, *connexion*, *flexion*, *fluxion*, *génuflexion*, *inflexion*, *préfixion*, *réflexion*. Dans tous les autres mots, cette finale s'écrit *ction* : *action*, *effraction*, *fiction*, *jonction*, *perfection*, *sanction*, etc.

REMARQUE. Dans *mixtion* le *t* se prononce fort comme dans *mixture*.

167. — On écrit par *en* et non par *an* la finale *ension* ou *ention* des noms : *dissension*, *appréhension*, *attention*, *détention*. Il n'y a d'excepté qu'*expansion*.

168. — La terminaison qui se prononce *man*, s'écrit *ment* 1° dans les noms qui dérivent d'un verbe : *contentement*, de *contenter*; *sentiment*, de *sentir*; 2° dans les adverbes : *proprement*, *sagement*, *prudemment*, etc.

169. — La terminaison des mots suivants s'écrit *ent* lorsque ces mots sont employés comme noms ou comme adjectifs; elle s'écrit *ant*, lorsque ces mots sont participes présents ou adjectifs verbaux.

Noms ou *adjectifs*.	Participes présents ou *adjectifs verbaux*.
adhérent, *adj.*	adhérant
un affluent, *nom.*	affluant
différent, *adj.*	différant
excellent, *adj.*	excellant
un expédient, *nom.*	expédiant
compétent, *adj.*	compétant (1)
négligent, *adj.*	négligeant
un précédent, *nom.*	précédant
un président, *nom.*	présidant
le résident, *nom.*	résidant
violent, *adj.*	violant

170. — La terminaison *eindre* s'écrit de cette manière, par un *e* avant l'*i*, dans la plupart des verbes : *peindre*, *éteindre*. Les seuls verbes où elle s'écrit en *aindre*, par un *a*, sont *craindre*, *contraindre* et *plaindre*.

171. — La terminaison *endre* des verbes s'écrit de cette manière, par un *e* : *attendre*, *vendre*, *descendre*. Dans les noms qui dérivent de ces verbes le son *an* s'écrit aussi par un *e* : *attente*, *vente*, *descente*.

Les deux verbes *épandre* et *répandre* font exception.

172. — Les verbes terminés par *quer*, comme *fabriquer*, *appliquer*, conservent les lettres *qu* dans toute leur conjugaison; mais, en général, dans les noms et les adjectifs qui en dérivent *qu* se change en *c* : *fabrication*, *fabricant*, *application*, *applicable*.

On écrit cependant par *qu*, les mots *attaquable*, *choquant*,

---

(1) *Compétant* est le participe présent de *compéter*, terme de jurisprudence, qui signifie appartenir en vertu de certain droit, ou être de la compétence : *Ce qui lui peut compéter et appartenir dans la succession de son père.* (ACAD.) *Cette affaire ne compète point à tel tribunal.* (ID.)

critiquable, croquant, immanquable, manquant, marquant, re-marquable et *risquable*, quoiqu'ils dérivent d'un verbe en *quer*.

173. — Les voyelles nasales *an, in, on, un*, s'écrivent par une *m* devant *b, m* et *p* : *ambitieux, embarras, emmener, impiété, combat, compagnon, humble*.

Sont exceptés *bonbon, bonbonnière, embonpoint, néan-moins* et la terminaison *inmes* des verbes : nous *vînmes*.

174. — On peut remarquer encore que dans les mots fran-çais la lettre *j* n'est jamais placée devant un *i* ou un *y*; ainsi l'on écrit *gibet, agile, gymnastique* par un *g* et non par un *j*. Le *j* ne peut être suivi d'un *i* ou d'un *y* que par l'élision du pronom *je* devant un verbe : *j'invite*; ou devant l'adverbe *y* : *j'y vais*.

RÉDUPLICATION DES CONSONNES.

175. — **B, D** et **G** ne se doublent que dans les mots sui-vants : *abbé, gibbosité, rabbin, sabbat; — addition, adduc-teur, reddition; — agglomérer, agglutiner, aggraver, sug-gérer* et dans leurs dérivés : *abbaye, additionner, agglomération*, etc.

176. — **C** se double dans un très-grand nombre de mots commençant par *ac* ou *oc* : *accomplir, accumuler, occasion, occident*, etc. Cependant on écrit par un seul *c* : *acabit, acadé-mie, acariâtre, acacia, acajou, ocre, oculaire, oculiste*, etc.

177. — Les autres consonnes se doublent en général dans les mots qui commencent par

af : *affliction*. Excepté *afin, Afrique*.

ef : *effacer*. Excepté *éfaufiler*.

dif : *difficulté*.

of : *offre*.

suf : *suffrage*.

souf : *souffrance*. Excepté *soufre, soufrer*.

il : *illustre*. Excepté *île, ilot, ilote, ilotisme, Iliade, Ilion* ou *Ilium*.

col : *colloque, collaborateur*. Excepté *colère, colique, co-lombe, colonne, colonie, coloris, colosse, col-porter, colure*, etc., etc.

com : commerce. Excepté *coma*, *comédie*, *comestible*, *co-mice*, *comité*, *comète*, *comique* et leurs dérivés.

im : imminent. Excepté *image*, *imaginer*, *iman*, *imiter* et leurs dérivés *imagination*, *imitation*, etc.

cor : correction. Excepté *corail*, *coreligionnaire*, *coriace*, *coriandre*, *Corinthe*, *corollaire*, *corolle*, *co-rymbe*, *coryphée*, *coryza*, leurs dérivés et quelques termes scientifiques.

ir : irrégulier. Excepté *irascible*, *iris*, *ironie*, *Iroquois* et leurs dérivés.

at : attribuer. Excepté *atelier*, *athée*, *atermoyer*, *atome*, *atonie*, *atout*, *atrabilaire*, *atroce* et leurs dérivés.

178. — On double la consonne *s* dans le corps des mots lorsque cette lettre a le son dur entre deux voyelles : *assaisonner*, *assassinat*, *dissyllabe*. Excepté dans *désuétude*, *entre-sol*, *havre-sac*, *monosyllabe*, *parasol*, *polysyllabe*, *polysynodie*, *préséance*, *présupposer*, *soubresaut*, *tournesol*, *vraisemblable*, *vraisemblance* (1).

179. — On ne double jamais la consonne :

1° Après un *e* muet : *reconduire*, *semer*.

2° Après une voyelle nasale : *enfant*, *intensité*.

3° Après les voyelles surmontées d'un accent : *âme*, *blême*, *arène*. Excepté *châssis*, *châsse* (boîte à reliques) et ses dérivés *enchâsser*, *enchâssure*.

4° Et on la double rarement entre deux voyelles semblables : *maladie*, *honorée*.

Les exceptions

affable
imminent
illicite } sont comprises dans le § **177**.
illisible, etc.

Sonnons
Donnons } suivent l'orthographe de *donner*, *sonner*.

---

(1) On a essayé d'établir quelques autres règles sur la réduplication des consonnes ; mais les exceptions qui les accompagnent sont tellement nombreuses, que ces prétendues règles ne sont d'aucune utilité.

EMPLOI DES MAJUSCULES.

180. — La première lettre d'un mot doit être majuscule dans les cas suivants :

1° Lorsque le mot est un nom propre : *Paul, Henri, Paris, la France, la Seine;*

2° Au commencement d'une phrase après un point, et aussi au commencement de chaque vers. Exemples : *L'ambition avilit l'homme et le dégrade. Que de bassesses pour parvenir !* (Massillon.)

> Travaillez, prenez de la peine ;
> C'est le fonds qui manque le moins. (*La Fontaine.*)

3° Après deux points suivis d'un discours direct ou d'une citation : *Pythagore a dit :* « *Mon ami est un autre moi-même.* »

REMARQUES. I. On écrit par une majuscule le nom *Dieu* et tous les noms qui ont le même sens, tels que *le Créateur, la Providence, le Seigneur,* parce que ces noms sont considérés comme des noms propres. Dans *le Tout-Puissant, la Sainte-Trinité,* il y a une double majuscule. Dans tout autre sens les mots *créateur, tout-puissant, providence, seigneur,* s'écrivent par une petite lettre. Le mot *dieu* s'écrit aussi par un petit *d* lorsqu'il s'agit des divinités de païens.

II. Les noms propres de peuples, tels que *les Grecs, les Romains, un Français, un Anglais,* s'écrivent par une majuscule. Mais ces mêmes mots s'écrivent par une petite lettre lorsqu'ils sont employés comme adjectifs; ainsi on écrit : *un historien grec, l'empire romain, cette dame est française.*

III. Les noms des planètes s'écrivent aussi par une majuscule : *Jupiter, Mercure, la Terre, la Lune;* il en est de même du mot *Soleil,* lorsque l'astre de ce nom est considéré comme centre du système planétaire : mais on écrit par une lettre minuscule *la terre, le soleil, la lune;* lorsque les corps nommés par ces mots sont considérés en particulier et non comme parties intégrantes de l'Univers : *Il a fait le tour de la terre. La lune est à son premier quartier. Le soleil est chaud.*

> Au delà de leur cours, et loin dans cet espace
> Sont des soleils sans nombre, etc. (*La Henriade.*)

IV. On écrit aussi par une majuscule l'*Univers*, le *Monde*, pour désigner l'ensemble de la création ; dans tout autre cas, on écrit ces mots par une lettre minuscule : *C'est un homme qui a parcouru l'univers*, c'est-à-dire *le globe terrestre. Les cinq parties du monde*, c'est-à-dire *de la terre.*

V. Les poëtes personnifient quelquefois des êtres moraux, c'est-à-dire des qualités, des vices, des attributs, tels que *l'amitié, la mollesse, la discorde.* Ces mots dans ce cas s'écrivent par une majuscule. Exemples :

> Noble et tendre Amitié, je te chante en mes vers. (*Ducis.*)
> La Mollesse à ce bruit se réveille, se trouble. (*Boileau.*)
> La Discorde, à l'aspect d'un calme qui l'offense,
> Fait siffler ses serpents, s'excite à la vengeance. (*Id.*)

EMPLOI DES SIGNES ORTHOGRAPHIQUES.

181. — Les signes orthographiques sont les *accents*, le *tréma*, l'*apostrophe*, la *cédille*, le *trait d'union*, le *trait de séparation*, les *guillemets* et la *parenthèse.* Nous connaissons déjà la plupart de ces signes (12 à 16) ; il nous reste quelques observations à faire sur leur emploi dans l'écriture (1).

ACCENTS.

182. — Dans la terminaison *ége*, le premier *é* prend un accent aigu et non un accent grave : *collége, j'abrége.* Il en est de même des formes interrogatives *aimé-je, dussé-je* (140 et 141).

183. — Nous avons dit (153 et 156) que l'on met un accent grave sur l'adverbe *où* et sur la préposition *à* ; on en met aussi un sur les prépositions *dés, voilà* ; sur les adverbes *là, déjà, de çà, de là, çà et là, par là,* et sur les interjections *çà! holà!*

184. — L'accent circonflexe se met : 1° sur la plupart des voyelles longues qui résultent d'une contraction, comme *âge*, que l'on écrivait autrefois *aage* ; ou à la suite desquelles on a

---

(1) Il ne sera point question ici de la cédille, nous n'avons rien à ajouter à ce que nous en avons dit au paragraphe 15.

supprimé une lettre : *apôtre, épitre, tête, fête,* que nos pères écrivaient *apôstre, épistre, teste, feste.*

2° Sur les *adjectifs* terminés en *ême : même, extrême.* Excepté cependant les adjectifs numéraux ordinaux : *deuxième, troisième,* etc.

Nota. L'Académie écrit par un accent grave les *noms* en *ème :* *anathème, crème, problème, thème.* Elle n'excepte que *baptême, carême,* le saint *chrême,* qui s'écrivaient autrefois *baptesme, caresme, chresme* et le mot *poëme,* qui prend un tréma.

3° Sur l'*i* des verbes en *aître* et en *oître,* toutes les fois que cet *i* est suivi d'un *t : il paraît, nous connaîtrons, vous croîtrez.*

4° Sur l'*û* des adjectifs *mûr* et *sûr,* signifiant *assuré, certain,* ainsi que des participes passés, *dû, redû, mû* et *crû,* mais seulement lorsque ces participes sont au masculin singulier.

5° Sur l'*ô* des pronoms possessifs le *nôtre,* le *vôtre* (66).

6° Dans les terminaisons des verbes, à la première et à la deuxième personne du pluriel du passé défini : *nous aimâmes, vous reçûtes;* et à la troisième personne du singulier de l'imparfait du subjonctif : *qu'il aimât, qu'il finît.*

TRÉMA.

185. — Le tréma se met :

1° Sur l'*e* muet de la terminaison *gue,* lorsque cette terminaison se prononce *gu-e,* en détachant l'*e* muet, et non comme dans *fatigue.* Exemples : *ciguë,* nom commun; *aiguë, ambiguë, contiguë, exiguë,* féminins des adjectifs *aigu, ambigu, contigu, exigu; j'arguë, tu arguës, il arguë,* formes du verbe *arguer.*

2° Sur l'*ë* des mots *poëme, poëte* (Acad.); quant aux dérivés *poësie, poëtique,* la prononciation exige un accent aigu sur l'*é,* car cet *é* est fermé.

3° Sur l'*i* des mots *aïeul, bisaïeul, trisaïeul, baïonnette, païen,* qui s'écrit aussi *payen.*

APOSTROPHE.

186. — L'élision de l'article n'a pas lieu devant les mots *oui, un,* désignant le chiffre 1, *onze,* soit le chiffre 11, soit le *quantième, onzième, ouate, uhlan, yacht, yatagan, yole, yucca* : on dit *le oui et le non, le un de ce nombre est mal fait, le onze du mois, le onzième, de la ouate, le uhlan, le yacht, le yatagan, la yole, le yucca.* (Acad.) (1)

187. — Les pronoms *le, la,* s'élident lorsqu'ils précédent le verbe, et ne s'élident pas lorsqu'ils le suivent : *Je l'ai porté, portez-le en haut.*

188. — L'*e* muet des pronoms *me, te,* employés pour *moi, toi,* se remplace par une apostrophe devant le mot *en,* mais seulement lorsque ce mot est pronom signifiant *de cela, de ces choses,* comme dans : *Vous avez beaucoup de fleurs, donnez-m'en quelques-unes.* On dit aussi et l'on écrit : *va-t'en,* pour *va-te (toi) en; assure-t'en,* pour *assure-te (toi) en.* Mais on dit *Traitez-moi en ami. Mets-toi en garde contre lui.*

189. — On supprime l'*e* de l'adjectif féminin *grande* et on le remplace par une apostrophe dans les noms composés *grand'mère, grand'tante, grand'messe, grand'route* (on dit aussi la *grande messe,* la *grande route*), ainsi que dans les locutions *à grand'peine, faire grand'chère, c'est grand'pitié, avoir grand'peur, ce n'est pas grand'chose* (2).

190. — Les mots *lorsque, puisque, quoique* ne s'élident que devant *il, ils, elle, elles, un, une, on;* exemples : *Lorsqu'il écrit, puisqu'on vous en prie, quoiqu'on l'eût maltraité* (3).

191. — *Quelque* ne s'élide que devant *un, une* : *Quelqu'un, quelqu'une;* il faut donc écrire : *Adressez-vous à quelque autre,* et non pas à *quelqu'autre.*

192. — La préposition *entre* ne s'élide que dans les mots composés l'*entr'acte,* s'*entr'aider,* etc. C'est donc un tort

---

(1) L'Académie ajoute : « On dit aussi dans la conversation familière : *Il n'en est resté qu'onze.* Quelques-uns disent encore L'*onzième.* » Au mot *ouate,* qui, dit-elle, se prononce *ouète,* elle donne les exemples *une couverture d'ouate, une jupe doublée d'ouate* (sans aspiration) ; *acheter de la ouate* (avec aspiration) ; et elle fait remarquer que quelques-uns écrivent *de l'ouate.*
(2) On disait aussi autrefois, en style de barreau, la *grand'chambre,* la *grand'salle du Palais.*
(3) L'Académie donne aussi cet exemple : *Puisqu'ainsi est, je ne conteste plus.*

d'écrire *entr'eux*, *entr'elles*; il faut écrire *entre eux*, *entre elles*.

193. — *Jusque* s'élide seulement devant *à*, *au*, *aux*, *ici* : *jusqu'à ce soir*, *jusqu'ici*, etc. ; *presque* seulement dans *presqu'île*, et la conjonction *si* seulement devant les pronoms *il*, *ils* : *S'ils veut*, *s'il veulent*.

194. — La préposition *contre* ne s'élide jamais : *contre-ordre*, *contre elle*.

TRAIT D'UNION.

195. — Le trait d'union se place :

1° Entre les parties d'un nom composé ou d'un nom propre, *chef-d'œuvre*, *tête-à-tête*, *Clermont-Ferrand*. Excepté les noms propres qui commencent par l'article : *la Fontaine*, *la Ferté*, *la Bruyère* (1).

2° Entre les parties d'un adjectif numéral, qui sont chacune moindres que cent; exemples : *dix-neuf*, *vingt-six*, *quatre-vingt-huit*. Mais on écrit, sans trait d'union, *deux cents*, *quatre mille huit cent quatorze*, ainsi que les parties du nombre qui sont unies par *et* : *quarante et un*.

3° On réunit par un trait d'union le verbe et l'un des pronoms personnels *je*, *moi*, *tu*, *toi*, *il*, *elle*, *nous*, etc., les pronoms *ce*, *on* et le mot *y*, lorsque ces mots viennent après le verbe et en sont le sujet ou le complément. Exemples: *Viendrai-je? Attendez-moi. Qu'est-ce? Que veut-on? Venez-y.*

REMARQUES. I. Si après le verbe il y a deux de ces mots qui en soient le complément, ils doivent être précédés chacun d'un trait d'union : *donnez-le-moi*. Mais on écrira *viendrez-vous me voir?* parce que le pronom *me* n'est point complément du verbe *viendrez*, mais du verbe *voir*.

II. On place entre deux traits d'union le *t* euphonique qui précède le pronom sujet *il*, *elle*, ou *on* : *A-t-il fini? Viendra-t-elle? M'a-t-on appelé?*

4° On met aussi le trait d'union après le mot *très* : *Cet*

---

(1) C'est là la véritable orthographe française. Voyez les éditions du XVIIe siècle. Cependant aujourd'hui l'usage paraît prévaloir d'écrire par une majuscule dans ces sortes de noms propres, et l'article et le nom.

homme est très-savant (Acad.); entre le pronom personnel et le mot même : lui-même, nous-mêmes; entre les particules ci, là, da et les mots auxquels on les joint : celui-ci, celle-là, cette femme-là, ci-joint, oui-da (1).

TRAIT DE SÉPARATION.

196. — Le trait de séparation, un peu plus grand que le trait d'union, s'emploie dans les dialogues pour distinguer les paroles de chaque interlocuteur. En voici un exemple tiré de la fable La Grenouille qui veut se faire aussi grosse que le Bœuf.

> Disant regardez bien, ma sœur,
> Est-ce assez, dites-moi; n'y suis-je point encore? —
> Nenni. — M'y voici donc? — Point du tout. — M'y voilà? —
> — Vous n'en approchez point.

GUILLEMETS.

197. — On appelle ainsi un signe composé de deux espèces de virgules, et qui se met au commencement et à la fin d'une citation textuelle. Exemple : M. de Turenne eut à peine tourné son cheval qu'il aperçut Saint-Hilaire, le chapeau à la main, qui lui dit : « Monsieur, jetez les yeux sur cette batterie que je viens de faire placer là. » (Mme de Sévigné.)

PARENTHÈSE.

198. — La parenthèse est une phrase qui forme un sens séparé au milieu d'une autre phrase; par extension on appelle parenthèses deux sortes de crochets ( ) entre lesquels on renferme la phrase qui est insérée dans une autre. L'exemple suivant est emprunté à la fable de la Fontaine qui a pour titre le Vieillard et ses enfants.

> Mes chers enfants, dit-il (à ses fils il parlait),
> Voyez si vous romprez ces dards liés ensemble.

(1) L'Académie écrit avec deux traits d'union l'adverbe sur-le-champ; et sans traits d'union les adverbes tout à fait, tout à coup. Longtemps s'écrit en un seul mot.

DEUXIÈME PARTIE

SYNTAXE

199. — La *syntaxe* est la partie de la grammaire qui traite de la construction ou arrangement des mots, des propositions et des phrases. On entend aussi par *syntaxe* les règles mêmes de la construction et de l'accord des mots.

200. — La phrase est un assemblage de mots formant un sens complet ; elle renferme nécessairement une ou plusieurs propositions.

CHAPITRE PREMIER

DE L'ANALYSE LOGIQUE ET DES FIGURES DE GRAMMAIRE

ANALYSE LOGIQUE.

PROPOSITION ET SES DIFFÉRENTES PARTIES.

201. — La *proposition* est l'expression d'un jugement.

Juger, c'est affirmer la manière d'être, c'est-à-dire la qualité, l'état ou l'action d'une ou de plusieurs personnes, d'une ou de plusieurs choses.

Dieu est grand, j'affirme que la manière d'être ou la qualité *grand* est celle de Dieu ; c'est là un jugement qui, dès que je l'exprime, prend le nom de *proposition*.

202. — Dans toute proposition, il y a trois parties essentielles : le *sujet*, le *verbe* et l'*attribut*.

203. — Le *sujet* est le mot qui désigne la personne ou la chose, les personnes ou les choses dont on affirme la manière d'être. *Dieu* est le sujet de la proposition *Dieu est grand*.

204. — Le sujet est sous-entendu devant un verbe à l'impératif, exemples : *Travaille* ; c'est-à-dire, toi, *sois travaillant*. *Travaillez* ; c'est-à-dire, vous, *soyez travaillant*. On dit alors qu'il y a *ellipse* du sujet.

205. — L'*attribut* est la partie de la proposition qui exprime la manière d'être du sujet. Dans la proposition *Dieu est grand*, le mot *grand* est l'attribut du sujet *Dieu*.

206. — Le *verbe* est la partie de la proposition qui réunit l'attribut au sujet, en affirmant que cet attribut convient au sujet actuellement, dans un temps passé ou dans l'avenir.

Dans la proposition *Dieu est grand*, le verbe *est* réunit l'attribut *grand* au sujet *Dieu*, et affirme en outre que la manière d'être *grand* convient à *Dieu*.

207. — Nous avons vu (75) qu'il n'y a réellement qu'un seul verbe, le verbe essentiel *être*, et que tous les autres verbes, tels que *jouer, finir, lire*, sont des verbes attributifs, formés du verbe *être* et d'un attribut : *être jouant, être finissant, être lisant*. Ainsi, *le soleil nous éclaire*, est pour *le soleil est éclairant nous*. Le verbe *est* réunit l'attribut *éclairant nous* au sujet *soleil*, et affirme en outre que l'action *d'éclairer* convient au soleil.

208. — Remarque. Le verbe *être* est quelquefois employé lui-même comme verbe attributif lorsqu'il signifie *exister*. Ainsi, quand on dit : *Dieu est, la lumière fut*, c'est comme s'il y avait *Dieu existe, la lumière exista*; dans ces deux exemples le verbe *être* est attributif.

Quelquefois aussi l'attribut est implicitement contenu dans le verbe *être*; ainsi : *Mon livre est sur la table*, équivaut à *mon livre est* placé *sur la table* : l'attribut *placé* est implicitement contenu dans le verbe *est*.

209. — Remarques. I. Il y a dans une phrase autant de propositions qu'il y a de verbes à un mode personnel, c'est-à-dire à tout autre mode qu'à l'infinitif ou au participe. Ainsi dans cette phrase : *Je suis venu, j'ai vu, j'ai vaincu*, il y a trois propositions; car les trois verbes *suis venu, ai vu, ai vaincu*, ont chacun un sujet, le pronom *je*.

II. Lorsque la proposition est négative, comme celle-ci : *Vous n'êtes point patient*, la négation tombe réellement sur l'attribut et non sur le verbe. En effet, on peut exprimer la même pensée de cette manière : *Vous êtes impatient*, et l'on a une proposition dont l'attribut *impatient* est évidemment formé de la négation et du premier attribut réunis.

Il suit de là que le verbe affirme toujours, même dans une proposition négative, et qu'en faisant l'analyse, il faut réunir la négation à l'attribut. Ainsi la proposition : *Je ne parle pas,* doit s'analyser de cette manière : *Je,* sujet ; *suis,* verbe ; *ne parlant pas* ou *non parlant,* attribut.

SUJET SIMPLE, SUJET MULTIPLE ; ATTRIBUT SIMPLE, ATTRIBUT MULTIPLE.

210. — Le sujet est *simple* ou il est *multiple.*

211. — Lorsque dans une proposition il n'y a qu'un seul sujet, soit au singulier, soit au pluriel, on dit que ce sujet est *simple.* Exemples : *La terre tourne; la terre,* sujet simple. — *Les Romains conquirent la Gaule ; les Romains,* sujet simple. — *L'amour des richesses empêche d'être heureux; l'amour des richesses,* sujet simple.

212. — Si le sujet est double, triple, etc. ; c'est-à-dire, s'il y a plusieurs sujets particuliers pour le même verbe, on dit que ce sujet est multiple. Exemple : *Henri et Charles jouent; Henri et Charles,* sujet multiple. — *Les lettres, les sciences et les arts furent cultivés; les lettres, les sciences et les arts,* sujet multiple.

213. — Dans ce cas la proposition est aussi *multiple,* c'est-à-dire qu'il y a réellement autant de propositions que de sujets particuliers. C'est comme si l'on disait *Henri joue* et *Charles joue; les lettres furent cultivées, les sciences furent cultivées, les arts furent cultivés* (1).

214. — De même, l'attribut est *simple* ou *multiple.*

215. — Si dans une proposition il n'y a qu'un seul attribut; en d'autres termes, si l'on n'exprime qu'une seule manière d'être, on dit que l'attribut est *simple.* Exemples : *Dieu est grand; grand,* attribut simple. — *Les Romains conquirent la Gaule,* c'est-à-dire furent *conquérant la Gaule; conquérant la Gaule,* attribut simple.

216. — L'attribut est *multiple* lorsqu'il est double, triple,

---

(1) Cependant il y a des propositions qui sont simples quoique le sujet soit multiple. Ce sont celles, par exemple, où il y a un verbe réciproque, c'est-à-dire un verbe exprimant une action qui demande un double agent; un double sujet : *Henri et Charles se battent.*

etc. ; en d'autres termes, lorsque plusieurs manières d'être sont exprimées. Exemples : *Dieu est juste et bon* ; *juste et bon*, attribut multiple. — *Henri IV assiégea Paris et nourrit les Parisiens en proie à la famine* ; *assiégeant et nourrissant*, etc., attribut multiple.

217. — Lorsque l'attribut est multiple, la proposition l'est aussi : *Dieu est juste et bon* ; c'est comme si l'on disait *Dieu est juste, Dieu est bon.*

SUJET COMPLEXE, SUJET INCOMPLEXE ; ATTRIBUT COMPLEXE, ATTRIBUT INCOMPLEXE.

218. — Le sujet est *complexe*, lorsqu'il renferme un ou plusieurs *compléments* (1), c'est-à-dire un ou plusieurs mots qui se rattachent au mot principal et qui en complètent le sens. Exemples :

Mon *livre est égaré.* Le sujet est *mon livre* ; *livre*, mot principal du sujet, a pour complément l'adjectif possessif *mon*, qui fait connaître de quel livre je parle ; le sujet *mon livre* est donc complexe.

L'œuvre **de la création** *est magnifique.* La signification du mot principal *l'œuvre* est complétée par les mots *de la création* ; le sujet *l'œuvre de la création* est complexe.

Le péché, **détesté de Dieu,** *souille l'âme.* Les mots *détesté de Dieu* se rapportent au mot principal *le péché*, dont ils complètent le sens en présentant le péché comme une chose que Dieu a en horreur ; le sujet est donc complexe.

219. — Si le sujet n'a pas de complément, on dit qu'il est *incomplexe.* Exemple : **Henri** *est paresseux.*

220. — De même l'attribut est *complexe*, lorsqu'il renferme des mots qui complètent la signification du mot principal. Exemples :

Charles est arrivé **hier soir.** L'attribut est *arrivé hier soir* ; les mots *hier soir* complètent le sens du mot principal *arrivé*, en faisant connaître l'époque où Charles est arrivé ; cet attri-

---

(1) Le sens du mot *complément* dans l'analyse logique est, comme on le voit, très-général. Nous avons vu plus haut (132) qu'il se prend aussi dans un sens plus particulier, dans le sens de *régime* ; ainsi l'on dit *complément direct, complément indirect,* pour *régime direct, régime indirect.*

but est complexe, et les mots *hier soir* sont un complément de l'attribut.

Henri a écrit **à son père**. Les mots *à son père* complètent le sens d'*écrivant*, mot principal de l'attribut : l'attribut est donc complexe.

Les Romains conquirent **la Gaule**. *La Gaule*, complément de *conquérant* ; l'attribut est donc complexe.

221. — Si l'attribut n'a pas de complément, on dit qu'il est *incomplexe*; exemple : *La terre est ronde.*

221 *bis.* — *Remarque.* Lorsque le sujet ou l'attribut sont complexes, il est nécessaire de le dire, en faisant l'analyse, puisque l'on doit ensuite désigner leurs compléments; mais s'ils n'ont pas de compléments, il est parfaitement inutile de faire remarquer qu'ils sont incomplexes.

COMPLÉMENTS DU SUJET, COMPLÉMENTS DE L'ATTRIBUT.

222. — Les compléments du sujet sont le plus souvent *déterminatifs* ou *explicatifs*.

223. — Le complément du sujet est *déterminatif*, lorsqu'il détermine, qu'il fixe, qu'il précise bien la signification du mot principal du sujet, en faisant connaître de qui ou de quoi l'on parle.

Exemple : **Mon** *livre est égaré* ; l'adjectif possessif *mon* est un complément déterminatif du sujet *livre*, car il fixe le sens de ce mot, en faisant connaître que je parle d'un livre qui m'appartient.

L'œuvre **de la création** *est magnifique*. Le complément *de la création* est déterminatif, car il fait connaître de quelle œuvre on parle.

224. — REMARQUE. On reconnaît facilement que le complément est déterminatif en ce qu'il ne peut être retranché. En effet, si on le retranchait, le sens de la proposition ne serait plus clair ou serait absurde; si je disais : *Livre est égaré*, *l'œuvre est magnifique*, on ne saurait ni de quel livre, ni de quelle œuvre je parle.

225. — Le complément du sujet est *explicatif* ou *qualificatif*, lorsqu'il exprime simplement une qualification du mot principal du sujet, sans en déterminer ni en restreindre la signification.

Exemple : ¡*Le péché,* détesté de **Dieu,** *souille l'âme.* Le complément *détesté de Dieu* ne détermine pas le sens du mot *péché,* puisque l'on parle de tout péché en général ; il exprime simplement une qualification de ce mot : c'est un complément qualificatif ou explicatif du sujet.

226. — REMARQUE. Le complément explicatif peut se retrancher, sans que la proposition cesse d'être claire ou devienne absurde ; on peut très-bien dire : *Le péché souille l'âme.* C'est pour marquer qu'il n'est pas indispensable, que le complément explicatif est ordinairement placé entre deux virgules (1).

226 *bis.* — Outre ces deux sortes de compléments, le sujet peut en avoir qui, sans être *déterminatifs,* ne peuvent cependant être retranchés, et diffèrent par là des compléments *explicatifs ;* tels sont les mots *chaque, seul, même, tout, plusieurs,* etc. Ainsi quand je dis : Chaque élève *récitera sa leçon,* je ne désigne pas spécialement tel ou tel élève, Charles pas plus que Paul ; l'adjectif *chaque* ne détermine donc pas le sens du sujet *élève ;* il lui donne au contraire un sens général, indéfini ; ce mot *chaque* n'est pas non plus un complément explicatif, et ne saurait être retranché de la phrase. On pourrait l'appeler complément *général* ou *indéfini ;* mais il est inutile d'entrer dans tous ces détails : on dira donc simplement que les mots tels que *chaque, seul, même,* etc., sont des compléments du sujet, sans en désigner l'espèce. (Voir nos Leçons graduées d'analyse logique, 28 et 29.)

227. — Les compléments des verbes sont en réalité des compléments de l'attribut.

Nous avons vu, §§ 131-132 et 133, qu'il y a trois sortes de compléments du verbe : le complément *direct,* le complément *indirect* et le complément *circonstanciel.*

228. — COMPLÉMENT DIRECT. — Quand je dis : *J'aime* **Dieu,** pour *je suis aimant* **Dieu,** *Dieu,* complément direct du verbe *j'aime,* est complément direct de l'attribut *aimant,* compris dans *j'aime.* — *Les Romains conquirent* la **Gaule,** pour *furent conquérant ;* la **Gaule,** complément direct du verbe *conquirent,* est complément direct de l'attribut *conquérant,* compris dans le verbe *conquirent.*

229. — COMPLÉMENT INDIRECT. — Quand je dis : *Il a donné des vêtements* **aux pauvres,** pour *il a été donnant des vête-*

_____

(1) Il n'est point placé entre deux virgules, lorsqu'il ne consiste qu'en un seul mot, comme dans cet exemple : *Le jeune vainqueur s'efforça de rompre ces intrépides combattants.* (BOSSUET.)

ments *aux pauvres*; le mot *aux pauvres*, complément indirect du verbe *il a donné*, est complément indirect de l'attribut *donnant*, compris dans *il a donné*. — *Je reviens* **de Rome**, *je vais* **à Paris**, pour *je suis revenant* **de Rome**, *je suis allant* **à Paris**; les mots *de Rome, à Paris*, compléments indirects des verbes *je reviens, je vais*, le sont des attributs *revenant, allant*.

230. — Compléments circonstanciels. — Dans les exemples: *Remettons cette affaire* **à demain**, pour *soyons remettant cette affaire à demain*; les mots *à demain*, complément circonstanciel de temps du verbe *remettons*, le sont de l'attribut *remettant*. *Il a agi* **avec prudence** ou **prudemment**, pour *il a été agissant*, etc.; les mots *avec prudence* ou *prudemment*, complément circonstanciel de manière du verbe *il a agi*, le sont de l'attribut *agissant*.

231. — Remarques. 1° L'attribut peut avoir un complément déterminatif; c'est-à-dire qui détermine le sens de cet attribut; exemple: *Je suis le propriétaire de cette maison*; *de cette maison*, complément déterminatif de l'attribut *le propriétaire*.

2° La phrase ou la proposition renferme quelquefois des compléments de complément. Par exemple: *Écoutez les conseils des personnes qui ont plus d'expérience que vous*; le complément-direct *les conseils* a pour complément déterminatif *des personnes qui ont plus d'expérience que vous*.

DIFFÉRENTES ESPÈCES DE PROPOSITIONS.

232. — Les mêmes rapports qui existent entre les différentes parties d'une proposition, peuvent exister entre les propositions elles-mêmes. En effet, une proposition peut servir de complément à une autre proposition ou à l'une de ses parties; nous en verrons bientôt des exemples.

233. — Les propositions, considérées sous le point de vue des rapports qui les unissent, sont les unes *principales*, les autres *complétives* ou *secondaires*.

Les propositions complétives ou secondaires se divisent en *subordonnées* et *incidentes*.

PROPOSITION PRINCIPALE ET PROPOSITION SUBORDONNÉE.

234. — La proposition *principale* est celle qui énonce ce que l'on veut principalement exprimer.

La proposition principale a un sens complet par elle-même, comme quand on dit : *Dieu est grand* ; ou bien elle est accompagnée d'une ou de plusieurs propositions secondaires qui en complètent le sens ; exemple : *Je crois que la vertu seule rend les hommes heureux.* Dans cette dernière phrase, le sens de la proposition principale *je crois* est complété par la proposition complétive ou secondaire *que la vertu seule rend les hommes heureux.*

235. — REMARQUE. Plusieurs propositions principales peuvent se trouver à la suite l'une de l'autre, dans la même phrase ; on dit alors qu'elles sont *coordonnées* ou *juxta-posées.*

Elles sont *coordonnées* lorsqu'elles sont unies entre elles par les conjonctions *et, ou, ni, mais, car, or, donc.* — Exemple : *Recherchez la société des bons et fuyez celle des méchants,* **car** *celui qui s'expose au danger y périra.*

Elles sont *juxta-posées* lorsqu'elles sont placées l'une à côté de l'autre sans être liées ensemble par une conjonction, et qu'elles forment chacune séparément un sens complet. Exemple :

> *L'arbre tient bon, le roseau plie ;*
> *Le vent redouble ses efforts.* (LA FONTAINE.)

236. — La proposition *subordonnée* est celle qui se rattache à la principale pour en compléter le sens, comme complément direct ou comme complément circonstanciel. La proposition subordonnée commence par les conjonctions *que, si* (conditionnel), ou par la plupart des locutions conjonctives dans lesquelles entre le *que.* Exemple :

Je crois que Dieu est saint. La proposition principale est *je crois,* la subordonnée est *que Dieu est saint* ; et cette proposition forme le complément direct de la première.

Ce livre est toujours sur le bureau, afin qu'on puisse le consulter. (Acad.) La principale est *ce livre est toujours sur le bureau* ; la seconde proposition, *afin qu'on puisse le con-*

sulter, est subordonnée à la première, comme complément circonstanciel.

Si vous voulez fortifier votre mémoire, exercez-la. La proposition principale est *exercez-la*; cette proposition a pour complément circonstanciel la proposition surbordonnée *si vous voulez fortifier votre mémoire*.

237. — REMARQUES. I. La proposition principale est quelquefois sous-entendue devant la subordonnée; exemple : *Qu'on appelle mon fils* (Racine); c'est-à-dire, *je veux* ou *j'ordonne* qu'on appelle mon fils.

II. Plusieurs propositions peuvent être subordonnées à la même proposition principale; exemple : *Je crois fermement que l'âme est immortelle, que Dieu récompensera les bons et qu'il punira les méchants.* La principale est *je crois*; les trois autres propositions lui sont subordonnées.

III. Une proposition peut être subordonnée à une autre subordonnée, exemple : *Je désire que vous partiez promptement, pour que vous reveniez plus tôt.* (Acad.) *Je désire*, proposition principale. — Je désire quoi? *que vous partiez promptement*, proposition subordonnée à *je désire*. — Pourquoi devez-vous partir promptement? *Pour que vous reveniez plus tôt*, proposition subordonnée à la proposition *que vous partiez promptement*.

IV. La proposition principale peut se trouver placée entre deux propositions qui lui sont subordonnées; exemple : *Pour que le méchant fût heureux, il faudrait qu'il oubliât qu'il existe un Dieu.* — La proposition principale *il faudrait* est placée entre les deux subordonnées *pour que le méchant fût heureux*, et *qu'il oubliât qu'il existe un Dieu.*

PROPOSITIONS INCIDENTES.

238. — Les propositions incidentes sont celles qui se rattachent à une autre proposition, comme complément déterminatif ou explicatif d'un mot de cette proposition. Exemples : L'écolier *qui aura bien fait son devoir* sera récompensé.

Celui *qui met un frein à la fureur des flots,*
Sait aussi des méchants arrêter les complots. (*Racine.*)

5.

Les deux propositions, *qui aura bien fait son devoir*, et *qui met un frein à la fureur des flots*, sont des incidentes, parce qu'elles servent de compléments déterminatifs aux mots *écolier* et *celui*, sujets des deux propositions principales.

239. — Les propositions incidentes commencent par l'un des pronoms conjonctifs *qui, que, dont, lequel, auquel*, etc., précédés quelquefois d'une préposition, ou bien par les mots *où, d'où*, etc., qui équivalent à un pronom conjonctif.

240. — La proposition incidente est *déterminative*, si elle forme un complément déterminatif, comme dans les exemples ci-dessus; elle est incidente *explicative*, si elle forme un complément explicatif; exemple : *La Grèce*, que les Perses ne purent subjuguer, *fut soumise par les Romains*.

241. — On voit, par ce qui précède, que la proposition incidente déterminative ne peut être retranchée de la proposition principale, sans que le sens de cette proposition soit dénaturé ou impossible; tandis que l'incidente explicative peut être supprimée, sans que la proposition principale cesse d'être claire ou devienne absurde. Ainsi l'on pourrait énoncer seulement la proposition principale : *La Grèce fut soumise par les Romains*; mais dans l'exemple : *L'écolier qui aura bien fait son devoir sera récompensé*, la suppression de l'incidente déterminative *qui aura bien fait son devoir*, dénaturerait le sens de la proposition principale.

Et dans les vers de Racine :

> Celui qui met un frein à la fureur des flots,
> Sait aussi des méchants arrêter les complots.

l'incidente déterminative *qui met un frein à la fureur des flots* ne saurait être retranchée, car on ne comprendrait plus alors le sens de la principale *Celui sait aussi des méchants arrêter les complots*.

242. — REMARQUES. I. Tout complément déterminatif ou explicatif dans lequel on fait entrer un verbe avec un sujet, devient une proposition incidente. Soit, par exemple, cette phrase : *Alexandre, vainqueur de tant de rois et de peuples, succomba à la colère*; le sujet *Alexandre* a pour complément

explicatif *vainqueur de tant de rois et de peuples*, et ce complément deviendra une incidente explicative si je dis : *Alexandre*, qui fut *vainqueur de tant de rois, succomba à la colère.*

II. Les propositions subordonnées peuvent, comme les principales, renfermer des propositions incidentes ; exemple :

> Le vent redouble ses efforts
> Et fait si bien qu'il déracine
> Celui *de qui la tête au ciel était voisine,*
> *Et dont les pieds touchaient à l'empire des morts.* (LA FONTAINE.)

A la subordonnée *qu'il déracine celui* se rattachent les deux incidentes qui la suivent et qui déterminent le sens du complément direct *celui*.

III. Une incidente peut se rattacher aussi à une autre incidente; exemple : *Nous interrogeons en vain cette science par laquelle nous observons ce qui se passe en nous.* L'incidente *qui se passe en nous* détermine le sens du mot *ce*, complément direct de la première incidente déterminative *par laquelle nous observons.*

MODÈLE D'ANALYSE LOGIQUE.

« Nous arrivâmes à une espèce de cirque très-vaste, environné d'une épaisse forêt : le milieu du cirque était une arène préparée pour les combattants ; elle était bordée par un grand amphithéâtre d'un gazon frais, sur lequel était assis et rangé un peuple innombrable. » (*Fénelon.*)

Cette phrase renferme quatre propositions, savoir : trois principales juxta-posées et une incidente explicative : les principales juxta-posées sont : la 1re, *nous arrivâmes à une espèce de cirque très-vaste, environné d'une épaisse forêt*; la 2e, *le milieu du cirque était une arène préparée pour les combattants*; la 3e, *elle était bordée par un grand amphithéâtre d'un gazon frais.* L'incidente explicative est *sur lequel était assis et rangé un peuple innombrable.*

1. *Nous arrivâmes à une espèce de cirque très-vaste, environné d'une épaisse forêt.* Proposition principale. *Nous*, sujet simple; *arrivâmes* (fûmes arrivant), fûmes, verbe; *arrivant à*

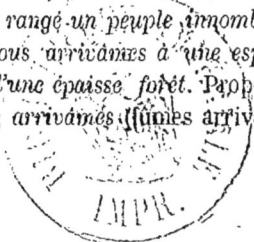

une espèce de cirque environné d'une épaisse forêt, attribut simple et complexe; *arrivant*, mot principal de l'attribut; *à une espèce de cirque*, complément indirect d'*arrivant*; *environné d'une épaisse forêt*, complément de *cirque*.

2. *Le milieu du cirque était une arène préparée pour les combattants.* Proposition principale, juxta-posée à la précédente. *Le milieu du cirque*, sujet simple et complexe; *du cirque*, complément déterminatif du sujet; *était*, verbe; *une arène préparée pour les combattants*, attribut simple et complexe; *arène*, mot principal de l'attribut; *préparée pour les combattants*, complément déterminatif d'*arène*.

3. *Elle était bordée par un grand amphithéâtre d'un gazon frais.* Proposition principale, juxta-posée à la précédente. — *Elle*, sujet simple; *était*, verbe; *bordée par un grand amphithéâtre, etc.*, attribut simple et complexe; *bordée*, mot principal de l'attribut; *par un grand amphithéâtre de gazon frais sur lequel, etc.*, complément indirect de *bordée*.

4. *Sur lequel était assis et rangé un peuple innombrable.* Proposition incidente explicative. — *Un peuple innombrable*, sujet simple et complexe; *innombrable*, complément du sujet; *était*, verbe; *assis et rangé*, attribut multiple et complexe; *sur lequel*, complém. circonstanciel de lieu, qui par sa nature de pronom conjonctif sert à lier cette proposition incidente au mot *gazon*, dont elle dépend.

« Quand nous arrivâmes, on nous reçut avec honneur; car les Crétois sont les peuples du monde qui exercent le plus noblement et avec le plus de religion l'hospitalité. » (*Fénelon.*)

Cette phrase renferme quatre propositions : une proposition principale, *on nous reçut avec honneur*; une incidente subordonnée, *quand nous arrivâmes*; une principale coordonnée, *car les Crétois sont les peuples du monde*, renfermant une incidente déterminative, *qui exercent le plus noblement et avec le plus de religion l'hospitalité.*

1. *On nous reçut avec honneur.* Proposition principale. — *On*, sujet simple; *reçut*, pour *fut recevant*, *fut*, verbe; *rece-*

vant nous avec honneur, attribut simple et complexe ; *recevant*, mot principal de l'attribut ; *nous*, complément direct de *recevant* ; *avec honneur*, complément circonstanciel de manière.

2. *Quand nous arrivâmes.* Proposition subordonnée servant de complément circonstanciel à la principale *on nous reçut.* — *Nous*, sujet simple ; *arrivâmes* (fûmes arrivant), *fûmes*, verbe ; *arrivant*, attribut simple.

3. *Car les Crétois sont les peuples du monde qui exercent le plus noblement et avec le plus de religion l'hospitalité.* Proposition principale coordonnée à la première. — *Les Crétois*, sujet simple ; *sont*, verbe ; *les peuples du monde, etc.*, attribut simple et complexe ; *les peuples*, mot principal de l'attribut ; *qui exercent, etc.*, complément déterminatif de *les peuples*.

4. *Qui exercent le plus noblement et avec le plus de religion l'hospitalité.* Proposition incidente déterminative. — *Qui*, sujet simple ; *exercent* (sont exerçant), *sont*, verbe ; *exerçant le plus noblement, etc.*, attribut simple et complexe ; *exerçant*, mot principal de l'attribut ; *l'hospitalité*, complément direct de *exerçant* ; *le plus noblement et avec le plus de religion*, compléments circonstanciels.

———————

« On nous fit asseoir, et on nous invita à combattre. » (*Fénelon.*)

Cette phrase renferme deux propositions principales coordonnées entre elles.

1. *On nous fit asseoir.* Proposition principale. — *On*, sujet simple ; *fit asseoir* (fut faisant asseoir), *fut*, verbe ; *faisant asseoir*, attribut simple et complexe ; *nous*, complément direct de *faisant asseoir*.

2. *Et on nous invita à combattre.* Proposition principale, coordonnée à la précédente. — *On*, sujet simple ; *invita* (fut invitant), *fut*, verbe ; *invitant nous à combattre*, attribut simple et complexe ; *invitant*, mot principal de l'attribut ; *nous*, complément direct de *invitant* ; *à combattre*, complément indirect.

« Mentor s'en excusa sur son âge, et Hazaël, sur sa faible santé. » (*Id.*)

Cette phrase renferme deux propositions principales coordonnées entre elles.

1. *Mentor s'en excusa sur son âge.* Proposition principale. — *Mentor*, sujet simple ; *excusa* (fut excusant), *fut*, verbe ; *excusant soi sur son âge*, attribut simple et complexe ; *excusant*, mot principal de l'attribut ; *se*, complément direct de *excusant* ; *en* (de cela), complément indirect ; *sur son âge*, complément circonstanciel de motif.

2. *Et Hazaël (s'en excusa) sur sa faible santé.* Proposition principale. — *Hazaël*, sujet simple ; *fut*, verbe ; *excusant soi sur sa faible santé*, attribut simple et complexe ; *excusant*, mot principal de l'attribut ; *se*, complément direct de *excusant* ; *en* (de cela), complément indirect : *sur sa faible santé*, complément circonstanciel de motif.

FIGURES DE GRAMMAIRE ET GALLICISMES.

243. — On appelle *figures de grammaire* ou *figures de syntaxe* certaines tournures, certaines façons de parler, qui s'écartent de l'ordre logique ou de la construction ordinaire. Ces figures sont l'*inversion*, le *pléonasme*, l'*ellipse* et la *syllepse*.

DE L'INVERSION.

244. — Il y a *inversion* lorsque les mots de la phrase ne suivent pas l'ordre logique de la proposition. Par exemple, dans cette phrase : *que voulez-vous ?* il y a inversion du sujet *vous* et du complément direct *que* : l'ordre logique serait *vous voulez que* ou *quoi ?*

Cette figure est fréquente en poésie et dans le style élevé ; voici quelques exemples :

Dans le temple des Juifs un instinct m'a poussée. (*Racine.*)

Au lieu de *un instinct m'a poussée dans le temple des Juifs.*

La voix de l'Univers à ce Dieu me rappelle. (*Racine* fils.)

Au lieu de *la voix de l'Univers me rappelle à ce Dieu.*

Ainsi de la vertu les lois sont éternelles. (*Racine* fils.)

Pour *ainsi les lois de la vertu sont éternelles.*

245. — L'inversion est souvent commandée par l'usage, telle est celle-ci : *que voulez-vous?* mais souvent aussi on n'emploie cette figure, surtout en poésie, que pour donner à la phrase de l'énergie, de la hardiesse, de la grâce ou de la clarté.

Au lieu du vers de Corneille :

A vaincre sans péril on triomphe sans gloire.

si l'on disait par exemple : *On triomphe sans gloire à vaincre sans péril,* la phrase serait lourde et languissante; l'inversion lui donne un tour plus vif, plus énergique.

246. — La prose, surtout dans le style simple, n'admet guère que les inversions imposées par l'usage et celles qui sont indispensables pour la clarté de la phrase, ou qui rendent l'expression plus vive, plus élégante. Il faut donc se garder de faire des inversions que rien n'autorise, comme celle-ci, que nous avons trouvée dans un écrit publié de nos jours : *D'admirer ce spectacle je ne pouvais me lasser.*

DU PLÉONASME.

247. — Le *pléonasme* consiste dans l'emploi de mots qui paraissent superflus pour le sens, mais qui peuvent donner à la phrase plus de grâce ou plus de force. (*Acad.*)

Exemples :

Eh! que m'a fait *à moi,* cette Troie où je cours? (*Racine.*)
Mais enfin je l'ai vu, *vu de mes yeux,* vous dis-je. (*La Fontaine.*)

Les mots *à moi* et *vu de mes yeux* forment des pléonasmes dans ces deux vers : ils ne sont pas nécessaires au sens, et l'on pourrait parfaitement bien les retrancher; mais alors l'expression perdrait toute son énergie. C'est aussi pour donner plus de force à l'expression que l'on dit : *Je l'ai entendu de mes propres oreilles. Il lui appartient bien,* à lui, *de parler ainsi.*

248. — Le pléonasme, comme le dit fort bien l'Académie, est vicieux lorsqu'il n'ajoute rien à la force ou à la grâce du discours. Tels sont les pléonasmes suivants :

Cicéron avait étendu les bornes *et* les limites *de l'éloquence.*

(Voiture.) — Les mots *bornes* et *limites* expriment absolument la même idée ; l'un des deux est de trop.

On a pris des engagements réciproques de part et d'autre. — Il faut dire *on a pris des engagements réciproques*, ou bien *on a pris des engagements de part et d'autre.*

Vous n'auriez eu seulement qu'à vous montrer. — *Ne que* exprime la même idée que *seulement.* Dites : *Vous n'auriez eu qu'à vous montrer.*

J'ai été forcé malgré moi. — Quand on est forcé à quelque chose, c'est toujours malgré soi ; il faut donc dire simplement : *j'ai été forcé.*

On dit très-bien *monter en haut* (Acad.); *montez là-haut* (Molière); *qu'on ne laisse monter aucune âme là-haut* (Racine); on dit aussi *descendre en bas.* Si ce sont là des pléonasmes, ils sont parfaitement autorisés par l'usage.

DE L'ELLIPSE.

249. — L'*ellipse* est, comme nous l'avons vu (204 et 208), le retranchement d'une ou de plusieurs parties de la proposition.

En voici quelques exemples :

> Nul bien sans mal, nul plaisir sans mélange. (*La Fontaine.*)

c'est-à-dire, *nul bien* n'est *sans mal, nul plaisir* n'est *sans mélange.*

Le feu sortait de ses yeux et l'écume de sa bouche (Fénelon); c'est-à-dire, *et l'écume* sortait *de sa bouche.*

Quand partez-vous? — *Demain;* c'est-à-dire, *je pars demain.*

250. — L'ellipse rend le discours vif et rapide ; mais ce ne doit pas être aux dépens de la clarté.

Ainsi dans ce vers de Corneille :

> L'amour n'est qu'un plaisir, et l'honneur un devoir.

l'ellipse est vicieuse, parce que grammaticalement la négation de la première partie du vers retombe aussi sur la seconde, tandis que le sens est : *L'amour n'est qu'un plaisir, et l'honneur est un devoir.*

Mais ce vers de Molière :

Eh bien! vous le pouvez, et prendre votre temps

et celui de Racine :

Je t'aimais inconstant, qu'aurais-je fait fidèle?

renferment de ces ellipses hardies, si fréquentes au théâtre et dans la conversation, qui paraissent d'abord obscures, mais qui ne le sont réellement pas, parce que la manière de prononcer le vers aide à en comprendre facilement le sens.

DE LA SYLLEPSE.

251. — La *syllepse* est la figure qui consiste à mettre les mots en rapport, non avec d'autres mots suivant les règles de la grammaire, mais avec la pensée elle-même.

Bossuet a dit : *Quand* le peuple *hébreu entra dans la Terre promise, tout y célébrait leurs ancêtres.* L'adjectif possessif *leurs* ne s'emploie d'ordinaire qu'avec relation à un nom du pluriel, et il est ici relatif au nom *peuple,* qui est au singulier; d'après la grammaire il faudrait donc dire *tout y célébrait* ses *ancêtres.* Mais le nom collectif *peuple* éveille une idée de pluralité; le *peuple hébreu* ce sont *les Juifs, les Hébreux,* et cette idée, qui est dans l'esprit de Bossuet, amène l'emploi de *leurs* au lieu de *ses* qu'exigerait la grammaire : c'est là une syllepse.

La phrase de Bossuet renferme une syllepse de *nombre;* on trouve aussi, mais plus rarement, des syllepses de *genre,* comme dans cette phrase de La Bruyère : *Les* personnes *d'esprit ont en* eux *les semences de tous les sentiments,* au lieu de *ont en elles.*

GALLICISMES.

252. — Les figures grammaticales rendent raison de plusieurs règles importantes et d'un grand nombre de locutions particulières à la langue française, que l'on appelle *gallicismes.* Nous n'en donnerons ici que quelques exemples, en renvoyant à nos traités d'analyse grammaticale et d'analyse logique, où l'on trouvera les plus importants.

Il ne fait que sortir. Ce gallicisme résulte d'une ellipse; la construction pleine est, *il ne fait* rien autre *que sortir.*

Qui sont ces messieurs? — *Ce sont nos amis.* Il y a inversion dans la demande ; l'ordre direct serait *ces messieurs sont qui?* La réponse renferme une syllepse ; l'accord du verbe *sont* se fait, non avec le sujet grammatical *ce*, mais avec le sujet logique *nos amis.* Il faut remarquer que cette syllepse n'a lieu que devant une troisième personne du pluriel, car on dit toujours *c'est vous, c'est nous.*

C'est une affaire où il y va du salut de l'État. Dans ce gallicisme, le mot *y* semble former pléonasme avec *où*; mais, comme le fait observer Dumarsais, *il y va, il y a, il en est,* sont des espèces de locutions composées dont on ne peut rien retrancher.

Prenez-moi ce flambeau. (Acad.) *Je vous le traiterai comme il le mérite.* (id.) Ici les mots *moi* et *vous* ne sont aucunement nécessaires au sens de la phrase; ils ne font pas néanmoins pléonasme, puisqu'ils n'expriment point une idée déjà exprimée. L'emploi de ces mots, qu'on appelle *explétifs*, peut s'expliquer par une ellipse ; de cette manière : *Prenez, croyez-moi, ce flambeau; je vous* assure que je *le traiterai comme il le mérite.*

CHAPITRE II

DU NOM OU SUBSTANTIF

GENRE DE QUELQUES NOMS.

253. — **AIDE** signifiant *secours, assistance,* est du féminin, *aide* **prompte** (Acad.); mais lorsque ce mot désigne des personnes, il est des deux genres : masculin, s'il s'agit *d'un* homme; féminin, s'il s'agit d'une femme : *J'ai besoin d'un aide.* (Acad.) *Cette sage-femme est l'une de ses aides.* (Id.)

254. — **AIGLE**, oiseau, est du masculin : **Un** *aigle* **grand** *et* **fort** (1). Employé dans le sens d'enseigne militaire, de de-

---

(1) La Fontaine et Buffon ont fait *aigle* du féminin pour désigner l'oiseau femelle ; l'Académie n'admet pas cette distinction.

vise, d'armoiries, il est du féminin : *Les aigles* **romaines**. (Acad.)

Aigle est en outre du masculin : 1° au figuré pour signifier un homme de génie ou d'un talent supérieur : *Cet homme-là est* **un** *aigle* (Acad.) ; 2° comme nom d'un pupitre d'église et d'une sorte de papier : *Du* **grand** *aigle* (Id.) ; 3° comme terme de décoration d'un ordre de chevalerie : *Le* **grand** *aigle de la Légion d'honneur* ; *il a été décoré du* **grand** *aigle*.

255. — **AMOUR** est du masculin au pluriel aussi bien qu'au singulier. Cependant, dans le sens de grand attachement, vive passion, on peut le faire du féminin au pluriel, et même au singulier en poésie (Acad.) : *De* **fatales** *amours* (1).

Amour, nom d'une divinité fabuleuse, et *amour-propre* sont du masculin.

256. — **AUTOMNE** est des deux genres ; mais le masculin est préférable : **Un bel** *automne* (Acad.), **un** *automne* **pluvieux**.

257. — **CHOSE**. Après *quelque chose* signifiant *une certaine chose* (2), l'adjectif qui suit se met au masculin : *Il m'a dit* quelque chose *de* **fâcheux** (Acad.) ; c'est-à-dire, il m'a dit *une certaine chose* de (ce qui est) *fâcheux* ; dans ce cas l'expression *quelque chose* ne forme en quelque sorte qu'un seul mot. Mais si *quelque chose* signifie *quelle que soit la chose*, alors cette expression forme deux mots, l'adjectif *quelque* et le nom *chose*, qui est du féminin. Exemple : Quelque chose *que je lui aie* **dite**, *je n'ai pu le convaincre* (Acad.) ; c'est-à-dire, *quelle que soit la chose* que je lui aie **dite**, etc.

258. — **COUPLE** est du féminin lorsqu'il signifie simplement le nombre deux (3) : **Une** couple *d'œufs* ; **une** couple *de chapons* (Acad.) ; et quand il désigne le lien dont on attache

---

(1)   Cette Esther, l'innocence et la sagesse même,
        Que je croyais du ciel les plus *chères* amours.   (*Racine.*)

(2) En latin *aliquid*.

(3) Dans ce sens il ne se dit jamais de choses qui vont ordinairement ensemble, comme les souliers, les bas, les gants, etc. ; on dit alors **une** paire. (ACAD.)

deux chiens de chasse : *Où est la couple de ces chiens ?* (Acad.)

Couple est du masculin lorsqu'il désigne : 1° deux personnes unies en mariage, ou, en parlant des animaux, le mâle et la femelle : **Un heureux** couple (Acad.) ; **un** couple *de pigeons* (Id.) ; 2° deux êtres animés, unis par la volonté, par un sentiment ou par toute autre cause qui les rend propres à agir de concert : **Un** couple *d'amis* ; **un** couple *de fripons* ; **un beau** couple *de chiens.* (Acad.)

259. — **DÉLICE** et **ORGUE** sont du masculin au singulier et du féminin au pluriel : **Un grand** *délice, de* **grandes** *délices* ; **un bon** *orgue, de* **bonnes** *orgues.*

REMARQUE. Quelques écrivains, approuvés par la plupart des grammairiens, ont fait ces mots du masculin au pluriel, après l'expression *un de :* Un de *mes plus* **grands** *délices ; c'est* un des *plus* **beaux** *orgues.* L'Académie n'a point parlé de ce cas ; sans trouver absolument mauvaise cette manière de s'exprimer, nous pensons qu'il est beaucoup mieux de l'éviter.

260. — **ENFANT** est du masculin quand il désigne un petit garçon et lorsqu'il est employé dans un sens général : **Un bel** *enfant. Pleurer comme* **un** *enfant.* (Acad.) Il est du féminin s'il désigne plus particulièrement une jeune fille : *Voilà* **une belle** *enfant.* (Acad.)

261. — **EXEMPLE** est toujours du masculin, même lorsqu'il signifie modèle d'écriture : *Cela est d'un* **bon** *exemple,* (Acad.) **Un bel** *exemple d'écriture anglaise.* (Id.)

262. — **FOUDRE** est du féminin dans le sens propre et en général aussi dans le sens figuré : **La** *foudre sillonne les nues.* (Acad.) *Le prince est en colère et* **la** *foudre est prés de tomber.* (Id.)

En poésie et dans le style élevé on le fait aussi du masculin : *Être frappé* **du** *foudre ; le foudre* **vengeur.** (Acad.)

Ce mot est encore du masculin : 1° dans les expressions figurées : **Un** *foudre de guerre,* **un** *foudre d'éloquence,* c'est-à-dire, un grand général, un grand orateur ; 2° lorsqu'il désigne la représentation de la foudre par une espèce de fuseau, du milieu duquel partent plusieurs petits dards en zigzag : *Une aigle tenant* **un** *foudre dans ses serres.* (Acad.)

263. — **HYMNE** n'est du féminin que lorsqu'il signifie un chant d'église en latin : **Une belle** *hymne.* (Acad.) Dans toute autre acception, comme lorsqu'il se dit d'un chant guerrier, d'un cantique, d'une sorte de poëme en l'honneur des héros ou des divinités du paganisme, il est du masculin : **Un** *hymne* **entraînant.** *Seigneur,* **quels** *hymnes* sont *dignes de vous* ? (Acad.)

264. — **ŒUVRE** est du féminin : *L'œuvre de la création* *fut* **accomplie** *en six jours.* (Acad.) Cependant on le fait quelquefois du masculin, mais seulement au singulier, dans le style élevé, pour signifier une entreprise méritoire ou très-importante, ou bien le produit d'une intelligence supérieure : **Un** *si* **grand** *œuvre* ; **ce saint** *œuvre* ; **un** *œuvre de génie.* (Acad.)

Il est encore du masculin : **1°** lorsqu'il désigne un recueil de toutes les estampes d'un même graveur, ou les ouvrages d'un compositeur de musique : *Avoir* **tout** *l'œuvre d'Albert Durer.* (Acad.) **Le second** *œuvre de Mozart* ; **2°** dans l'expression **le grand** *œuvre,* qui signifie la pierre philosophale.

Dans ces deux derniers cas le mot *œuvre* ne s'emploie qu'au singulier.

265. — **ORGE** est du féminin : *De* **belle** *orge.* (Acad.) Ce mot n'est masculin que dans les expressions *orge perlé, orge mondé.* (Acad.)

266. — **PAQUE**, fête des Juifs, est du féminin : **La** *Pâque des Juifs.* (Acad.) — *Pâque* ou mieux *Pâques,* fête des chrétiens, est du masculin, et s'emploie sans article : *Quand Pâques sera* **passé** ; *à Pâques* **prochain.** (Acad.)

Il est du féminin et ne se dit jamais qu'au pluriel, dans *faire de* **bonnes** *Pâques, Pâques* **fleuries,** *Pâques* **closes.** (Acad.)

267. — **PÉRIODE** est du féminin lorsqu'il est employé : **1°** comme terme de chronologie pour exprimer un nombre déterminé d'années, un espace de temps d'une date fixe à une autre : **La** *période du moyen âge* ; **2°** comme terme d'astronomie, de grammaire, de médecine : **La** *période solaire.*

(Acad.) **Une** *période à deux membres.* (Id.) *La maladie est arrivée à sa dernière période.*

Période est du masculin : 1° lorsqu'il exprime un espace de temps indéterminé : *Dans* le **dernier** *période de sa vie* (Acad.) ; 2° quand il signifie le plus haut point, le dernier degré : *Démosthène et Cicéron ont porté l'éloquence à son plus* **haut** *période.* (Acad.)

268. — **PLEURS** est du masculin et du pluriel : *Des pleurs* **touchants.** (Acad.) Dans le style élevé, il se dit quelquefois au singulier : *C'est là qu'il y aura* **un pleur** *éternel.* (Acad.)

269. — **TÉMOIN** est toujours du masculin même lorsqu'il se dit d'une femme : *Elle est témoin de ce qui s'est passé, elle en est* **un bon** *témoin.* (Acad.) De même, en justice, le président du tribunal dit, en parlant d'une femme appelée en témoignage : *Faites approcher* **le** *témoin.*

REMARQUE. Ce mot ne varie point, lorsqu'il est employé sans article ni déterminatif, au commencement d'une phrase, ainsi que dans l'expression *à témoin* ; exemples : **Témoin** *les blessures dont il est encore couvert.* (Acad.) *Je vous prends tous à* **témoin.** (Id.)

Mais on dirait, en faisant accorder : *Vous m'êtes tous* **témoins** *que...* (Acad.), parce que, dans ce cas, le mot *témoin* n'est point pris adverbialement.

Voir *Compl.* 8.

GENRE DU NOM *GENS.*

270. — **GENS** est un nom pluriel et désigne toujours des personnes. Les mots qui se rapportent à ce nom sont du masculin, qu'ils soient placés avant ou après lui ; exemples : **Heureux** *sont les gens qui savent être* **modérés** *dans leurs désirs !* **Quels** *sont ces gens ?* **Tous** *les* gens *de bien,* **Tous** *les* **honnêtes** gens. *Les* **premiers braves** gens (1).

271. — EXCEPTION. Les adjectifs qui n'ont pas la même terminaison pour le masculin et pour le féminin, tels que *bon, quel,* se mettent au féminin, s'ils sont placés *immédiatement*

---

(1) *Gens* est le pluriel du substantif féminin *gent : La gent qui porte le turban.* (ACAD). Ainsi *gens* est du féminin ; mais comme il exprime l'idée d'une pluralité de personnes, abstraction faite du genre, l'accord de l'adjectif se fait par syllepse avec l'idée et non avec le mot.

avant le mot *gens*; exemples : *J'aime ces* **bonnes** gens. **Quelles** gens *êtes-vous?*

Lorsqu'à ce premier adjectif il s'en joint un ou plusieurs autres, placés avant le mot *gens*, ils se mettent aussi au féminin : **Heureuses** *sont les* **vieilles** gens *qui ont bien vécu.*

272. — REMARQUE. Lorsque le mot *gens* s'emploie pour désigner une profession, tous les adjectifs qui s'y rapportent sont du masculin, même ceux qui le précèdent immédiatement : **Certains** *gens d'affaires.* (Acad.)

273. — Racine a dit : *Il y a là plus de trente mille hommes, tous gens bien faits;* on trouve aussi dans le Dictionnaire de l'Académie ces deux phrases : **Tous** gens *bien connus,* gens *d'esprit et de mérite.* Mais il faut remarquer que dans ces sortes d'appositions le mot *tous* ne se rapporte pas au mot *gens,* mais au mot qui précède : le sens véritable est *tous* sont *gens bien faits, tous* étaient *gens bien connus* (1).

PLURIEL DES NOMS *AIEUL, CIEL, ŒIL.*

274. — **AIEUL,** dans le sens d'*ancêtres,* a pour pluriel *aïeux : Les Gaulois et les Francs sont nos* **aïeux.** Il fait *aïeuls* pour désigner le grand-père paternel et le grand-père maternel : *Il a encore ses deux* **aïeuls.**

275. — **CIEL,** pluriel *cieux : Notre Père, qui êtes aux* **cieux.** Il fait *ciels* en termes de peinture : *Ce peintre fait bien les* **ciels** (Acad.); ainsi que dans *ciels de lit* et dans *ciels de carrière.*

REMARQUE. La plus grande partie des grammairiens sont d'avis que le pluriel est encore *ciels* lorsque ce mot signifie climats : c'est aussi notre opinion : *L'Italie est sous un des plus beaux* **ciels** *de l'Europe.* L'Académie ne se prononce pas sur cette question et ne donne que des exemples du singulier, du mot *ciel* employé dans ce sens.

276. — **ŒIL,** pluriel *yeux . J'ai mal aux* **yeux.**

Il fait au pluriel *œils* dans *œils-de-bœuf,* sortes de fenêtres rondes ou ovales, ainsi que dans les noms de certaines plantes ou de certaines pierres précieuses, tels que *œils-de-chat, œils-de-serpent,* etc. Mais il faut dire : les *yeux* de la soupe,

---

(1) La Fontaine a dit : *Toutes gens d'esprit scélérat* (liv. VIII, fable 22), et *tous gens sont ainsi faits* (liv. VI, fable 11); mais les licences poétiques ne sauraient faire autorité en grammaire.

du bouillon, du pain, du fromage (Acad.), et en termes de jardinage : *Tailler à deux* yeux, *à trois* yeux. (Acad.)

PLURIEL DES NOMS PROPRES.

277. — Les noms propres ne prennent point la marque du pluriel, s'ils désignent véritablement des personnes ainsi nommées. Exemples : *Les deux* **Corneille** *étaient frères. Connaissez-vous les messieurs* **Dupré**? *Les* **Corneille**, *les* **Molière**, *les* **Racine**, *les* **La Fontaine**, *ont illustré le siècle de Louis XIV.*

278. — Les noms propres deviennent des noms communs, lorsqu'ils désignent, non pas des personnes ainsi nommées, mais des personnes qui leur ressemblent par leurs qualités, leurs talents, etc. Dans ce cas, ils prennent la marque du pluriel, Exemple : *Les* **Corneilles**, *les* **Molières**, *les* **Racines** *sont rares*; c'est-à-dire, les poëtes semblables à Corneille, à Molière, à Racine.

279. — REMARQUES. I. On dit, avec le signe du pluriel, *les* Pharaons d'*Égypte*, l'*ère des* Césars, *la famille des* Scipions, *le siècle des* Antonins, *le trône des* Stuarts, *la famille des* Bourbons, *des* Condés, *des* Guises, etc., parce qu'alors chacun de ces noms est pris dans un sens collectif et qu'on ne songe pas aux individus, de même que pour les noms de peuples, de nations, tels que les *Italiens*, les *Allemands*, les *Bourguignons*; tandis que dans les exemples *les deux* **Corneille**, *les deux* **Scipion**, on pense plutôt aux individus compris sous la dénomination collective.

On écrit aussi, à l'imitation du latin : *Les Gracques, les Horaces et les Curiaces.*

II. Les noms propres de pays, de contrées, prennent aussi le signe du pluriel, quand il y a pluralité dans l'idée : *Les Locrides, les Gaules, les deux Amériques, les Guyanes, les deux Guinées, le roi de toutes les Espagnes.*

III. Les noms propres d'écrivains, d'imprimeurs, de peintres, de graveurs, etc., prennent aussi le signe du pluriel, s'il y a pluralité dans l'idée, lorsque ces noms sont employés pour désigner des livres, des tableaux, des gravures, etc. Exemples : *Des* Virgiles (des œuvres de Virgile), *des* Elzévirs (des éditions d'Elzévir), des Raphaëls, *des* Poussins (des tableaux de Raphaël, de Poussin), *des* Rembrandts (des gravures de Rembrandt).

IV. Mais tout nom propre qui est le titre même d'un livre, rejette le signe du pluriel : *J'ai acheté deux Télémaque et trois Robinson Crusoé*; c'est-à-dire, deux *exemplaires de* Télémaque *et trois exemplaires de* Robinson.

PLURIEL DES MOTS INVARIABLES PRIS SUBSTANTIVEMENT.

280. — Les mots invariables de leur nature et qui sont employés accidentellement comme substantifs, ne prennent point le signe du pluriel ; exemples : *Vos* **pourquoi** *ne finissent pas.* (Acad.) *Il a toujours des* **si**, *des* **mais**. (Id.) *Trois* **un** *de suite font cent onze.* (Id.)

REMARQUE. Les infinitifs et les prépositions qui sont passés à l'état de substantifs prennent une *s* au pluriel : *Les* diners, *les* pouvoirs, *les* rires, *les* devants. (*Acad.*)

PLURIEL DES NOMS DÉRIVÉS DES LANGUES ÉTRANGÈRES.

281. — Les noms que nous avons empruntés à d'autres langues sont tout à fait français et prennent le signe du pluriel, lorsqu'ils ont cessé d'être soumis aux règles de la langue de laquelle ils sont tirés, et qu'ils ont perdu leur forme et leur prononciation étrangère, ou bien lorsque cette forme et cette prononciation ont leurs analogues dans notre langue.

282. — En conséquence, on écrira au pluriel, avec l'Académie :

Des altos	Des folios	Des quolibets
— accessits (1)	— imbroglios	— récépissés
— biftecks	— ladys	— reliquats
— bravos	— macaronis	— spécimens.
— budgets	— opéras	— tilburys
— dominos	— panoramas	— torys
— duos	— pensums	— trios
— factotums	— placets	— zéros
— factums	— quidams (2)	

Ainsi que les noms suivants, dont le pluriel n'est pas indiqué par l'Académie (3) :

Des agendas	Des fraters	Des pianos
— bénédicités	— magisters	— rectos
— concertos	— mémentos	— versos
— débets	— muséums	— ténors
— dioramas	— oratorios	— tibias

---

(1) L'Académie écrit des *accessit* et autorise le pluriel des *accessits*.
(2) On prononce *kidan* ; le féminin est *kidane*. (Acad.)
(3) Tous ces mots, en effet, ont la physionomie française ou sont analogues à quelques-uns des mots de la première liste : ainsi *concerto* a la prononciation française ; en italien on dit *contcherto* ; il est d'ailleurs dans l'analogie de *duo* et de *trio. Débets* a pour analogue *placets; dioramas, panoramas; bénédicités; mémentos* et *muséums,* avec un accent aigu sur l'*é*, ont une orthographe française ; de plus *muséums* a pour analogue *pensums,* etc.

2ᵉ Partie : Grammaire.   6

Enfin, de l'avis des meilleurs grammairiens et contrairement à l'opinion de l'Académie, on doit aussi écrire avec une *s* au pluriel (1) :

Des alinéas	Des duplicatas	Des lazzis
— apartés	— erratas	— quiproquos
— concettis	— exéats	— quatuors
— déficits	— impromptus	— solos

283. — Au contraire, il faudra écrire sans *s* :

1° Des carbonari	Des quintetit
— ciceroni (2)	— sestetti
— dilettanti	— soprani
— lazzaroni	

Parce que nous disons au singulier, comme les italiens : un *carbonaro*, un *cicerone*, un *dilettante*, un *lazzarone*, un *quintetto*, un *sestetto*, un *soprano*.

2° Les mots latins qui indiquent des prières de l'Église, tels que des *pater*, des *ave* (3), des *amen*, des *credo*, des *confiteor*, des *magnificat*, des *requiem*, etc.

3° Les locutions composées de deux ou de plusieurs mots étrangers, tels que les *aqua-tinta*, des *auto-da-fé*, des *Ecce homo*, des *et cœtera*, des *ex-voto*, des *fac simile*, des *in-folio*,

(1) *Alinéa, aparté, exéat* et *déficit*, avec un accent aigu, ont une orthographe française : en latin ou en italien, la forme serait *a linéa, a parte, exeat, deficit.* Si l'on écrit, comme l'Académie, *exeat*, sans accent, le pluriel sera nécessairement *des exeat* mais rien ne justifie le pluriel *des deficit*, car ce mot que l'Académie écrit avec un accent aigu, a pour analogue *accessit* et *prétérit.* — Les Italiens disent au singulier *concetto* (contchetto), *lazzo*, et au pluriel *concetti, lazzi;* nous disons, nous, au singulier un *concetti*, un *lazzi*, comme au pluriel, et nous prononçons à la manière française : ces mots ne sont donc plus italiens. — Nous disons au singulier un *duplicata*, un *errata;* si nous parlions latin, le singulier serait *duplicatum, erratum;* d'ailleurs ces mots ont pour analogue *opéra*, dont le singulier latin est *opera* (de *opera, œ*); pourquoi ne prendraient-ils pas comme lui une *s* au pluriel? — *Impromptu* et *quiproquo* ont la forme française tout aussi bien que *quolibet* et *factotum* ; la forme latine serait *in promptu, qui pro quo :* ils doivent donc, comme les mots *quolibet, factotum* et tant d'autres mots tirés du latin, être soumis aux règles de la langue française. — Enfin le pluriel *des solos* est tout à fait dans l'analogie de *duos* et de *trios;* le pluriel *des quatuors* y est aussi, et la prononciation de ce dernier est tout aussi française que celle des mots *quadrupède, quadrige*, qui prennent une *s* au pluriel.

(2) Suivant l'Académie, le pluriel de *cicerone* serait *des cicerone.* Si cela était, il faudrait mettre un accent aigu sur chacun des deux *é*, et écrire au pluriel des *cicéronés;* car *des cicerone* est une forme qui n'est ni italienne ni française.

(3) L'Académie écrit *avé*, avec un accent aigu : dès lors le mot étant français, il faudrait écrire au pluriel *des avés*, et non *des ave*, comme le fait l'Académie.

des *in-octavo*, des *mezzo termine*, des *nota bene* (et par extension des *nota*) des *post-scriptum*, et en général tous
les mots qui ont conservé leur forme ou leur prononciation
étrangère, comme *exequatur* et *veto*. (Voyez *Complém.* 9.)

PLURIEL DES NOMS COMPOSÉS.

284. — RÈGLE GÉNÉRALE. Dans les noms composés de deux
ou de plusieurs parties unies par un trait d'union, il n'y a que
le nom et l'adjectif qui puissent prendre la marque du pluriel ;
tout autre mot, verbe, adverbe, préposition, reste invariable.

1° Si le nom composé est formé de deux noms ou d'un nom
et d'un adjectif, les deux parties prennent la marque du pluriel : *Une reine-marguerite, des reines-marguerites ; une
basse-cour, des basses-cours ; un beau-père, des beaux-
pères.*

Cependant si les deux noms sont unis par une préposition,
le premier seul prend la marque du pluriel : *Un chef-d'œuvre,
des chefs-d'œuvre ; un arc-en-ciel, des arcs-en-ciel* (1) ; *un pot-
de-vin, de pots-de-vin.*

2° Quand le nom composé est formé d'un nom et d'un
verbe, ou d'un adverbe, ou d'une préposition, le nom seul
prend la marque du pluriel : *Un avant-coureur, des avant-
coureurs ; un passe-port, des passe-ports.* (Acad.)

3° Si dans le mot composé il n'entre ni nom, ni adjectif,
aucune des parties ne prend la marque du pluriel ; exemples :
*Un passe-partout, des passe-partout ; un ouï-dire, des ouï-
dire.*

285. — REMARQUES. I. Il y a beaucoup d'exceptions indiquées par le sens du nom composé. Ainsi l'on écrit : *Un hôtel-
Dieu, des hôtels-Dieu,* c'est-à-dire, *des hôtels de Dieu.* De
même l'on écrit, tant au singulier qu'au pluriel (2) :

---

(1) On prononce *arkanciel*, même au pluriel. (ACAD.)
(2) Nous marquons d'un astérisque les mots composés sur l'orthographe desquels l'Académie est en désaccord avec tous les grammairiens, et
nous pourrions ajouter avec elle-même. Ainsi, quoiqu'elle écrive un *porte-
clefs*, un *serre-papiers*, un *gobe-mouches*, elle écrit un *chasse-mouche*, un
couvre-pied, un *essuie-main*, un *brèche-dent*, sans indiquer le pluriel de ces
mots et un *coupe-jarret*, des *coupe-jarrets* ; un *cure-dent*, des *cure-dents*.
Cependant elle donne les définitions suivantes : *Chasse-mouche*, petit balai

Un *ou* des *appui-main* (des baguettes servant *d'appui à la main* qui tient le pinceau).

—   — *abat-jour* (tout objet qui abat, qui rabat *le jour*, la lumière).

—   — * *brèche-dents* (personne qui a une brèche dans *les dents*).

—   — *casse-cou* (lieu où on risque de se casser *le cou*).

—   — *contre-poison* (remède contre *le poison*).

—   — * *chasse-mouches* (instrum. pour chasser *les mouches*).

—   — *coq-à-l'âne* (discours sans suite où l'on saute du *coq à l'âne*).

—   — *coupe-gorge* (lieu dangereux où l'on coupe *la gorge*).

—   — * *coupe-jarrets* (brigand qui coupe *les jarrets*).

—   — * *couvre-pieds* (couverture qui couvre *le pieds*).

—   — *crève-cœur* (chagrin qui crève *le cœur*).

—   — ' *cure-dents* (pour curer *les dents*).

—   — * *essuie-mains* (linge pour essuyer *les mains*).

—   — *gagne-pain* (des métiers, des outils, etc., pour gagner son *pain*).

—   — *gobe-mouches* (oiseau qui se nourrit de *mouches*, et figurément un homme qui croit toutes les nouvelles que l'on débite).

—   — *pied-à-terre* (logement où l'on ne vient qu'en passant, où l'on ne pose en quelque sorte que *le pied à terre*).

—   — *porte-clefs* (valet de prison qui porte *les clefs*).

—   — *porte-drapeau* (officier qui porte *le drapeau*).

—   — *porte-montre* (coussinet ou petit meuble sur lequel on place *sa montre*) (1).

—   — *porte-mouchettes* (plateau où l'on met *les mouchettes*).

—   — *pot-au-feu* (quantité de viande destinée à être mise dans *le pot*) (2).

—   — *serre-papiers* (pour serrer *les papiers*).

—   — *serre-tête* (pour serrer *la tête*).

—   — *tête-à-tête* (entretien où l'on est *tête* contre *tête*, c'est-à-dire *seul à seul*).

—   — *va-nu-pieds* (homme qui *va* étant *nu* par *les pieds*, c'est-à-dire, homme misérable).

II. Le mot *garde* entre dans les noms composés comme

---

avec lequel on chasse *les mouches; couvre-pied,* sorte de petite couverture pour *les pieds; essuie-main,* linge pour essuyer *les mains; cure-dent,* petit instrument dont on cure *les dents.* Quant à *coupe-jarrets* et *brèche-dents,* le sens exige évidemment que les noms *jarrets* et *dents* s'écrivent dans tous les cas au pluriel.

(1) On écrit un *porte-montres,* des *porte-montres* lorsqu'il s'agit de petites armoires vitrées où les horlogers exposent *des montres.* (Acad.)

(2) On voit pourquoi le mot *pot* reste invariable; c'est que quand on dit des *pot-au-feu,* il ne s'agit pas de plusieurs pots, mais des morceaux de viande que l'on met dans le *pot :* c'est donc avec raison que l'Académie écrit *des pot-au-feu.*

nom ou comme verbe : il est nom et variable, s'il désigne une personne, un *gardien* ; il est verbe et ne varie pas, si le nom composé désigne une chose. On écrira donc : Un *garde-champêtre*, des *gardes-champêtres* ; un *garde-chasse*, des *gardes-chasse* (c'est-à-dire des *gardiens de la chasse*), et un *garde-manger*, des *garde-manger* (lieu où l'on garde le manger) ; un *garde-fous*, des *garde-fous* (1).

III. Tout mot qui ne s'emploie jamais seul, entre dans un nom composé en qualité d'adjectif, et par conséquent suit la règle d'accord ; exemples : Un *loup-garou*, des *loups-garous* ; un *loup-cervier*, des *loups-cerviers* ; une *pie-grièche*, des *pies-grièches*.

IV. Les mots **grand'mère**, **grand'messe** et autres dans lesquels l'adjectif féminin *grande* perd l'*e* muet, sont considérés comme mots simples : en conséquence on écrit au pluriel des *grand'mères*, des *grand'messes*. Il en est de même d'*entr'acte*, pluriel *entr'actes*.

V. Beaucoup de mots composés, qui s'écrivaient autrefois en deux parties unies par un trait d'union, s'écrivent aujourd'hui comme les mots simples, et ne prennent qu'à la fin le signe du pluriel. Tels sont les mots suivants, tirés du Dictionnaire de l'Académie :

Singulier.	Pluriel.	Singulier.	Pluriel.
Becfigue	Becfigues	Portecrayon	Portecrayons
Chèvrefeuille	Chèvrefeuilles	Portefeuille	Portefeuilles
Contredanse	Contredanses	Portemanteau	Portemanteaux
Contrefaçon	Contrefaçons	Pourboire	Pourboires
Contrevent	Contrevents	Pourparler	Pourparlers
Porteballe	Porteballes	Tournebroche	Tournebroches

VI. On disait autrefois un *chevau-léger*, des *chevau-légers*, en parlant de certaine cavalerie légère qui faisait partie de la maison du roi : l'usage a consacré cette bizarrerie.

---

(1) Un *garde-fous* est le parapet d'un pont, ou une barrière que l'on met au bord d'un quai, d'une terrasse, pour empêcher que *les fous*, les étourdis ne tombent. La manière de voir de l'Académie diffère encore ici de celle des grammairiens ; elle écrit un *garde-fou*, des *garde-fous*.

PLURIEL DES NOMS, COMPLÉMENTS D'UNE PRÉPOSITION.

286. — L'emploi d'un nom au singulier ou au pluriel après la préposition *de* ou toute autre préposition, dépend uniquement de la pensée. Il n'y a donc réellement point d'autre règle générale à établir que celle-ci : *Dans les cas douteux, il faut traduire l'idée par d'autres mots, qui, suivant le sens, amèneront le singulier ou le pluriel.* Voici néanmoins quelques principes établis par les grammairiens :

287. — On écrit au singulier le nom précédé d'une préposition, si ce nom est employé dans un sens général, indéfini, pour déterminer la classe, l'espèce du nom précédent, sans idée de pluralité. Exemples : *Des visages d'homme, des peaux d'agneau, des vertus de chrétien.*

Dans ce cas, le second nom a véritablement fonction d'adjectif; c'est comme si l'on disait : *des visages humains, des peaux agnelines* (1), *des vertus chrétiennes.*

288. — Mais on écrira avec le pluriel : *Combien de têtes d'hommes coupables ont échappé à la justice! Un troupeau d'agneaux; une assemblée de chrétiens;* parce que dans ces phrases le sens est individuel et éveille une idée de pluralité : il s'agit de plusieurs hommes coupables, le troupeau est composé de plusieurs agneaux, l'assemblée est formée de plusieurs chrétiens.

289. — Quand le nom précédé d'une préposition désigne la matière dont est composée une chose, on l'écrit au singulier, si la matière composante a perdu entièrement sa forme primitive et ne présente plus les objet distincts; dans les cas contraires on le met au pluriel. Exemples :

De la gelée de *groseille*. (ACAD.)	Confiture de *groseilles* de Bar (2).
De la fécule de *pomme de terre* (3).	Ragoût de *pommes de terre*.
Du sucre de *pomme*. (ACAD.)	Compote de *pommes*. (ACAD.)
De l'huile d'*olive* (ID.)	Un baril d'*olives*. (Id.)

---

(1) Comme on dit *laine agneline*, c'est-à-dire, laine d'agneau. (Acad.)
(2) Dans cette sorte de confiture les groseilles sont laissées entières.
(3) L'Académie écrit *fécule de pommes de terre*, contrairement à l'avis de tous les grammairiens.

Toutefois ce principe est loin d'être absolu : dans beaucoup de cas, le sens exige ou permet l'emploi du pluriel ; c'est ainsi que l'Académie écrit *sirop de groseilles, de mûres, de limons,* c'est-à-dire, sirop fait avec des groseilles, des mûres, des limons ; *marmelade d'abricots, de pommes, de prunes, de pêches,* faite avec des abricots, des pommes, etc. ; *pâtes d'amandes, gâteau d'amandes,* fait avec des amandes.

290. — De même, en consultant le sens, on verra qu'il faut écrire :

Marchand de *vin* (qui vend du vin en général). — Marchand de *vins fins* (qui vend des vins fins).
Marchand de *plume* pour lits (qui vend de la plume). — Marchand de *plumes* à écrire (qui vend des plumes).
Marchand de *poisson, de beurre* (qui vend du poisson en général, du beurre). — Marchand de *harengs, de pommes* (qui vend des harengs, des pommes).
Fabrique de *porcelaine* (où l'on fait de la porcelaine). — Fabrique de *joujoux* (qui produit des joujoux).
Un fruit à *noyau* (qui a un noyau). — Un fruit à *pépins* (qui a des pépins).
Un sac de *blé* (qui contient du blé. — Un sac de *lentilles* (qui contient des lentilles).
Un paquet de *linge* (qui contient du linge). — Un paquet de *serviettes* (qui contient des serviettes).
Un maître de *musique* (qui enseigne la musique). — Un maître de *langues* (qui enseigne les langues).
Un bouquet de *giroflée* (fait avec de la giroflée. — Un bouquet de *roses* (fait avec des roses).
Un pot de *basilic* (qui contient du basilic). — Un pot d'*œillets* (qui contient des œillets).
Un peintre rempli de *talent* (qui a un grand talent comme peintre.) — Une jeune personne remplie de *talents* (qui possède plusieurs talents).

CHAPITRE III

DE L'ARTICLE.

EMPLOI ET RÉPÉTITION DE L'ARTICLE.

291. — L'article précède les noms communs pris dans un sens déterminé (36 et 37) ; exemple : **Le** marbre *de Carrare est fort beau.*

292. — Si le nom commun est pris dans un sens indéter-

miné, il n'est point précédé de l'article : *Cette table a un des-sus de marbre.* (Voyez *Complém.* 10.)

293. — L'article se répète :

1° Avant chaque nom employé comme sujet ou comme complément : **Les** soldats *et* **les** officiers *firent leur devoir*; *j'ai parcouru tous* **les** bourgs *et* **les** villages *du canton.*

2° Avant deux adjectifs unis par l'une des conjonctions *et*, *ou*, lorsque ces adjectifs se rapportent à des personnes ou à des choses différentes, mais désignées par un seul nom ; exemples : L'histoire *ancienne et* **la** *moderne*; le *premier et* le *second* étage, le *grand et* le *petit* appartement (1).

REMARQUE. Les bons écrivains n'ont pas toujours suivi cette règle ; ainsi Buffon a dit, sans répéter l'article, mais en laissant le nom au singulier : **La** *première et seconde* enfance ; et Pascal : L'église *grecque et latine*. D'autres ont mis le nom au pluriel, les adjectifs étant au singulier : **Les** couleurs *rouge et bleue* (B. de Saint-Pierre) ; **Les** langues *grecque et latine*. (Villemain, Préface du Dictionnaire de l'Académie.) Les exceptions à cette règle sont encore plus fréquentes quand le nom et les adjectifs sont au pluriel. Ainsi Bossuet a dit : **Les** lois *divines et humaines ;* et Montesquieu : Les historiens *anciens et modernes*. Cet usage est si commun, qu'on ne peut regarder ces manières de parler comme vicieuses que quand il y a de l'obscurité. Ainsi il n'y a point d'obscurité dans l'exemple : *Les lois divines et humaines ;* nous sentons très-bien que Bossuet a voulu dire *les lois divines et les lois humaines*, et non pas *les lois qui sont à la fois divines et humaines* (2).

294. — La répétition de l'article n'a pas lieu :

1° Lorsque le second nom n'est que l'explication du premier; exemple : **Les** joues *ou* côtés *de la tête du condor sont couverts d'un duvet noir*. (Buffon.)

2° Lorsque les adjectifs qualifient la même personne ou la même chose; exemples : **La** *singulière et curieuse* histoire

---

(1) On peut dire aussi, en répétant le nom : *L'histoire ancienne et l'his-toire moderne*, construction qui nous paraît préférable ; et en changeant la place du nom dans les deux derniers exemples : *Le premier étage et le se-cond, le grand appartement et le petit.*

(2) Il y a des cas où l'application de la règle est indispensable; ainsi, comme l'a très-bien fait observer M. A. Lemaire, il y a une différence de sens dans ces deux phrases : *Le style simple et sublime ; le style simple et le sublime*. La première phrase ne désigne qu'une seule sorte de style : la seconde en désigne deux. La règle doit donc être suivie toutes les fois que la clarté du langage l'exige, puisqu'il y a des cas où l'omission de l'article change entièrement le sens de la phrase.

que voilà! J'ai *loué* le *grand et bel* appartement *du premier.*

Cependant, même dans ce cas, on peut répéter l'article
lorsque la phrase est exclamative; mais alors les adjectifs ne
doivent pas être unis par la conjonction *et*; exemples : **La** *curieuse,* l'*étonnante* histoire *que vous me racontez là!* Le
grand, le *superbe* appartement *que voilà!*

295. — Ces règles sur la répétition ou la non répétition de
l'article s'appliquent aux adjectifs déterminatifs *mon, ton,
son,* etc., *ce, cette, ces.* Exemples : **Mon** *grand et* **mon** *petit*
appartement; **ces** soldats *et* **ces** officiers; **ses** joues *ou* côtés
de la tête sont couverts, etc.; **cette** *singulière et curieuse*
histoire. (Voyez *Complém.* 11.)

ELLIPSE DE L'ARTICLE.

296. — On fait souvent ellipse de l'article :

1º Dans les phrases proverbiales ou qui expriment une sen-
tence; exemples : Pauvreté *n'est pas* vice. (*Acad.*) *Plus fait*
douceur *que* violence. (La Fontaine.)

2º Dans les énumérations rapides : Vieillards, femmes, enfants, *accouraient vers le temple.* (de Fontanes.)

3º Devant les noms en apostrophe, c'est-à-dire désignant les
personnes ou les objets auxquels on s'adresse, l'article s'omet
toujours; exemple : Chrétiens, *qu'une triste cérémonie ras-
semble en ces lieux.* (Fléchier.)

> *Fleurs charmantes!* par vous la nature est plus belle. (*Delille.*)

297. — REMARQUES. I. L'ellipse de l'article suffit quelquefois pour donner un autre sens à la phrase. Ainsi, *entendre la
raillerie,* c'est avoir la facilité, le talent de bien railler; *entendre raillerie,* c'est ne point s'offenser des railleries dont
on est l'objet. (*Acad.*) De même *un fils de fermier,* c'est le
fils d'un fermier quelconque; *un fils du fermier,* c'est le fils
du fermier dont il s'agit ou de notre fermier.

II. La présence ou l'absence de l'article modifie quelquefois
d'une manière notable le sens de la phrase; ainsi, *toute route
sera entretenue aux frais de l'État,* c'est-à-dire, toute route,

quelle qu'elle soit ; *toute la route sera entretenue*, etc.,
c'est-à-dire, la route tout entière.

ARTICLE AVANT LES NOMS PRIS DANS UN SENS PARTITIF ET DANS LES PHRASES NÉGATIVES.

298. — On emploie *du, de la, des* avant les noms pris dans
un sens *partitif*, c'est-à-dire désignant une partie de la totalité. Dans ce cas, *du, de la, des*, équivalent à *une partie de,
quelque, quelques.* Exemples : *Donnez-moi* du *pain*; c'est-à-
dire, une certaine quantité de pain, une partie du pain entier.
Il a des *plumes* (*quelques* plumes). *Il y avait* des *hommes et*
des *enfants* (*quelques* hommes et *quelques* enfants).

Mais *du, de la, des* n'expriment point un sens partitif
dans : *La parole* du *maître, le tour* de la *terre, je viens*
des *extrémités de la Bretagne.*

299. — Si le nom pris dans un sens partitif est précédé d'un
adjectif, on met *de* et non *du, de la, des* devant cet adjectif,
Exemples : *J'ai mangé* de *bon pain*, et non pas *du* bon pain.
Il a de *bonnes plumes*, et non pas *des* bonnes plumes.

300. — EXCEPTIONS. On emploie *du, de le, de la, des*, avant
l'adjectif :

1° Lorsque cet adjectif est partie intégrante d'un nom composé, comme *petits-pois, petit-maître, beau-père, basse-
cour*, ou quand il est tellement lié au nom par le sens, qu'il
ne forme avec ce nom qu'une seule expression, comme *jeunes
gens, honnêtes gens, grand homme, bon mot*. Exemples :
Voulez-vous des *petits-pois? Ce sont* des *honnêtes gens*, des
jeunes gens fort honnêtes (1).

2° Toutes les fois que le nom pris dans un sens partitif est
suivi d'un complément déterminatif : *Avez-vous encore* de
l'*excellent pain que vous nous avez fait manger hier?* Dans

_____

(1) C'est par la même raison que l'on dit : *Voilà* du *grand et* du *petit
papier, choisissez. Voilà* de la *belle musique. C'est là* de la *vraie poésie*, et
que Buffon a pu dire : *Comme la peau de l'âne est très-dure et très-élas-
tique, on en fait* du *gros parchemin.* Dans ces expressions *grand papier,
petit papier, belle musique, vraie poésie, gros parchemin*, l'adjectif est tellement uni au substantif que l'esprit les considère comme ne faisant ensemble qu'un seul mot.

ce cas, c'est la préposition *de* qui a le sens partitif, et l'article indique que le substantif est pris dans un sens déterminé.

REMARQUE. Le complément déterminatif est quelquefois sous-entendu, et dans ce cas l'omission de l'article pourrait donner un sens tout différent à la phrase ; quand je dis : *Donnez-nous* du *meilleur vin*, je sous-entends *que vous ayez*. Si je disais : *Donnez-nous de meilleur vin*, cela voudrait dire *meilleur que celui que vous nous avez déjà donné*.

301. — Les noms pris dans un sens partitif et employés comme compléments d'un verbe accompagné d'une négation, prennent ou rejettent l'article, suivant le sens de la phrase. En général ils ne prennent que la préposition *de* lorsque le sens est indéterminé, et ils prennent la préposition *de* avec l'article lorsque le sens est déterminé.

302. — Ils rejettent l'article et sont précédés de la préposition *de* seulement, lorsque la phrase est absolument négative, parce qu'alors le substantif qui suit la préposition *de* est pris dans un sens indéterminé. Dans ce cas, la préposition *de* peut se remplacer par *aucun, aucune*. Exemples : *Je n'ai pas d'argent* (aucun argent). *Ne vous reste-t-il point d'ami, point de santé, point de fortune?* (aucun ami, aucune santé, aucune fortune). *Je ne vous ferai point de reproches* (aucun reproche). *Ces gens-là n'ont pas de sentiments* (aucun sentiment). *Il ne doit point donner de préceptes* (aucun précepte).

303. — Ils prennent l'article après la préposition *de* lorsque, sous la forme négative, la phrase a un sens affirmatif. Exemples : *Je n'ai pas de l'argent pour le dépenser inutilement*; c'est-à-dire, *j'ai de l'argent*, mais ce n'est pas pour, etc. *De quoi vous plaignez-vous; n'avez-vous pas des amis, de la santé, de la fortune?* c'est-à-dire, *vous qui avez des amis, de la santé, de la fortune.*

Le sens est encore affirmatif dans les phrases suivantes :

> Je ne vous ferai point *des* reproches frivoles. (*Racine.*)
> Madame, je n'ai point *des* sentiments si bas. (*Id.*)

Il ne doit point donner des préceptes, il doit les faire trouver. (J.-J. R., *Émile.*)

C'est ce que l'on reconnaît en tournant ces phrases par

autre, autrement que : je vous ferai des reproches *autres que* des reproches frivoles ; j'ai des sentiments *autres que* des sentiments si bas ; il doit faire *autrement que* de donner des préceptes, il doit les faire trouver (1). (Voy. *complém.* 11 *bis.*)

304. — Les noms pris dans un sens partitif rejettent aussi l'article, lorsqu'ils sont compléments d'un collectif partitif ou d'un adverbe de quantité, à moins cependant qu'ils ne soient suivis d'un complément déterminatif.

Ainsi l'on dira : *Un petit nombre de soldats les mirent en déroute. Il me reste peu de fleurs.* Mais il faut dire, à cause du complément déterminatif qui suit le nom : *Un petit nombre des soldats blessés dans l'action purent recevoir des secours. Il me reste peu des fleurs que vous m'avez données.*

REMARQUE. — Les locutions *la plupart, le plus grand nombre* et l'adverbe *bien*, veulent toujours l'article : *C'est l'avis de la plupart des juges.* (Acad.) *Bien des hommes se trompent.* (Id.) Cependant, comme le fait remarquer l'Académie, on dit *bien d'autres* et non *bien des autres.*

ARTICLE DEVANT PLUS, MOINS ET MIEUX.

305. — Devant *plus, moins* et *mieux*, l'article s'accorde en genre et quelquefois aussi en nombre avec le complément, exprimé ou sous-entendu, du superlatif relatif (2) lorsqu'il y a deux termes de comparaison : exemples : *La rose est la plus belle des fleurs; voici des fleurs, la rose est la plus belle; la leçon de géographie me parait la moins facile de toutes; ces sauvages sont les plus abrutis des hommes;* ici nous comparons la rose aux autres fleurs, la leçon de géographie aux autres leçons, les sauvages aux autres hommes.

---

(1) Voilà pourquoi l'on dit aussi : *Je ne demande pas du vin, je demande de l'eau,* c'est-à-dire, je demande *autre chose* que du vin. On dirait au contraire sans article, parce que le sens est absolument négatif : *Je ne bois pas de vin,* (jamais de vin, d'aucun vin.)

(2) Outre le superlatif dont nous avons parlé au § 51 « *La rose est une* TRÈS-BELLE *fleur* » et qu'on peut appeler *superlatif absolu*, parce qu'il exprime la qualité sans aucun rapport aux autres fleurs, plusieurs grammairiens reconnaissent encore une autre espèce de superlatif, comme dans l'exemple. *La rose est* LA PLUS BELLE *des fleurs*, que l'on appelle *superlatif relatif*, parce qu'il exprime la qualité par rapport aux autres fleurs. Il est facile de voir que le superlatif relatif n'est au fond qu'un comparatif de supériorité ou d'infériorité : le mot *relatif* indique lui-même qu'il y a comparaison.

306. — Mais s'il ne s'agit que d'un seul objet, et que la comparaison se fasse entre les différents degrés de quelqu'une de ses qualités, alors l'article reste invariable ; exemple : *C'est le matin que cette fleur est* le plus *belle* ; c'est-à-dire, *belle au plus haut degré. Cet enfant sait toujours bien sa leçon, même quand elle est* le moins *facile* ; c'est-à-dire, *facile au plus bas degré* ou le moins possible.

Dans ces exemples, il ne s'agit que d'une fleur, que d'une leçon, et ce sont les divers degrés de beauté de la fleur, les divers degrés de facilité de la leçon que l'on compare entre eux,

307. — L'article est encore invariable lorsque *le plus, le mieux, le moins*, modifient un verbe ou un adverbe ; exemples : *C'est la fleur que j'aime* le *mieux* ; c'est-à-dire, que j'aime *au plus haut degré. De toutes ses filles, c'est celle qu'elle aime* le plus *tendrement.*

CHAPITRE IV

DE L'ADJECTIF QUALIFICATIF.

EMPLOI ET ACCORD DE L'ADJECTIF.

308. — L'adjectif qualifie une personne ou une chose ; il doit donc se rapporter à un mot qui, dans la phrase, désigne cette personne ou cette chose. En conséquence on ne dira pas : *Vain et orgueilleux, il est rare qu'on accepte les conseils d'autrui,* car les adjectifs *vain* et *orgueilleux* ne se rapportent à aucun mot ; il faut dire : *Quand on est vain et orgueilleux, il est rare qu'on accepte les conseils d'autrui.*

309. — Le rapport de l'adjectif avec le nom qu'il qualifie ne doit donner lieu à aucune équivoque. C'est mal s'exprimer que de dire : *Heureux ou malheureux, vous devez rester fidèle à vos amis* ; car on ne sait si les adjectifs *heureux* et *malheureux* se rapportent à *vous* ou à *vos amis*. Il faudra dire, suivant la pensée qu'on voudra exprimer : *Que vous soyez heureux ou malheureux, vous devez rester fidèle à vos amis* ; ou bien : *Qu'ils soient heureux ou malheureux, vous devez rester fidèle à vos amis.*

REMARQUE. Ces observations conviennent également aux partici--ï: pes passés et aux adjectifs verbaux (1).

310. — Tout adjectif s'accorde en genre et en nombre avec le nom auquel il se rapporte : *Le bon père, la bonne mère* (46). .(

Quand un adjectif se rapporte à deux noms du singulier et du même genre, on met cet adjectif au pluriel et au genre des deux noms : *Le père et le fils vertueux; la mère et la fille vertueuses;* et si les deux noms sont de différents genres, on met l'adjectif au pluriel masculin : *Mon père et ma mère sont contents* (47).

311. — REMARQUE. I. Si l'adjectif qui se rapporte à deux noms de différents genres n'a pas la même terminaison au féminin qu'au masculin, on évite de le placer immédiate-ment après le nom féminin. Ainsi il serait contraire à l'eu-phonie de dire : *Ce musicien joue avec un goût et une ha-bileté* **parfaits**; il faut dire : *avec une habileté et un goût* **parfaits**. Mais on dira très-bien : *avec un goût et une habi-leté* **extraordinaires**, parce que l'adjectif *extraordinaire* a la même terminaison au féminin qu'au masculin.

II. Il peut arriver que l'adjectif ne qualifie que le dernier des deux noms unis par la conjonction *et*; dans ce cas, il est évident qu'il ne doit s'accorder qu'avec ce dernier nom; exemple : *De leurs dépouilles élevez de magnifiques trophées à la gloire de la* religion *et de la* nation française. (Anquetil.)

312. — L'adjectif placé à la suite de plusieurs noms ne s'accorde qu'avec le dernier :

1° Quand ces noms sont synonymes, c'est-à-dire ont à peu près la même signification; exemples : *César avait un cou-rage, une* intrépidité **extraordinaire**. — *Toute sa vie n'a été qu'un* travail, *qu'une* occupation **continuelle**. (Massillon.)

Dans ce cas, l'emploi de la conjonction *et* serait une faute;

---

(1) Il faut se mettre en garde contre l'application trop rigoureuse de cette double règle, parce qu'elle supprimerait certaines hardiesses de langage qui sont de grandes beautés dans l'éloquence et dans la poésie. Ainsi Ra-cine en parlant de la nourrice de Joas a dit, sans qu'il y ait obscurité dans le sens du vers :

Qui devant les bourreaux s'était jetée en vain,
Et faible, le tenait renversé sur son sein.

ainsi il ne faudrait pas dire : *César avait un courage et une in-*
trépidité extraordinaire.

2° Quelquefois aussi dans les énumérations et surtout en
poésie :

Mais le fer, le bandeau, la flamme est toute prête, (*Racine.* Iphigénie.)

313. — Après deux noms qui sont séparés par la conjonction *ou*, l'adjectif s'accorde avec le dernier :

1° S'il ne qualifie réellement que ce dernier, ou s'il y a exclusion nécessaire du premier ; exemples : *On construit ces*
petits piliers en fonte **ou** *en* pierre **très-dure.** *Je vous don-*
nerai un livre **ou** *une* image **coloriée.**

2° Quand le second nom figure comme explication du premier : *Nous voici arrivés à la* syntaxe **ou** étude **raisonnée**
des règles de la grammaire.

314. — Mais si l'adjectif qualifie nécessairement chacun des
deux noms séparés par la conjonction *ou*, l'accord de cet adjectif est de rigueur : *Les Samoïèdes se nourrissent de* chair
ou *de* poisson **crus.** (*Buffon.*)

Le sens de la phrase peut même être tout à fait différent si
l'adjectif ne s'accorde qu'avec le dernier nom. *On demande un*
homme **ou** *une* femme **âgés,** c'est-à-dire un homme *âgé,* ou
une femme *âgée.* Si l'on écrit *on demande un* homme **ou** une
femme **âgée,** cela signifiera que l'on veut, pour occuper l'emploi, un homme, quel que soit son âge, ou, à défaut, une
femme *âgée.* (Boniface.) — (Voyez *Complém.* 13.)

ADJECTIFS INVARIABLES.

315. — Tout adjectif employé adverbialement pour modi-
fier un verbe, est invariable ; exemples : *Ces livres coûtent* **cher,**
Il m'a vendu **cher** *sa protection.* (Acad.) *Trancher* **net** *la*
difficulté (Id.) ; c'est-à-dire, trancher *nettement,* tout d'un
coup.

316. — Les adjectifs **DEMI** et **NU** ne varient pas lorsqu'ils sont placés devant le nom : *Pendant une* demi-*heure, il est*
resté nu-*pieds.*

Ils s'accordent avec le nom, lorsqu'ils sont placés après lui

Je vous ai attendu une heure et demie. *Il marchait pieds-nus.*

317. — REMARQUES. I. L'adjectif *demi* placé après le nom s'accorde en genre avec ce nom, mais il reste toujours au singulier : *Il est trois heures et* demie ; c'est-à-dire, trois heures, plus *une demie.*

II. Le mot *demie* employé comme nom est du féminin et prend la marque du pluriel : *Une demie, deux demies. Cette horloge sonne les* demies.

III. L'adjectif *nu*, quoique placé devant le nom, s'accorde avec lui, s'il est précédé de l'article : *La* nue *propriété* ; c'est-à-dire, la propriété sans les revenus.

318. — Les adjectifs ou participes **EXCEPTÉ**, **SUPPOSÉ**, **COMPRIS**, **PASSÉ**, **VU** et **ATTENDU**, placés devant un nom, sont employés comme prépositions (156, remarque IV), et par conséquent ne varient pas : Excepté *ces enfants* ; supposé *cette chose* ; *non* compris *l'artillerie* ; passé *six heures* ; vu *la difficulté de réussir* ; attendu *les événements.* (Acad.)

Ces adjectifs s'accordent avec le nom, lorsqu'ils sont placés après lui : *Ces enfants* exceptés ; *cette chose* supposée; *l'artillerie non* comprise ; *six heures* passées ; *les objets* vus *de loin* ; *les personnes* attendues.

319. — **CI-JOINT** et **CI-INCLUS** restent invariables quand le nom qui suit est employé sans article ou sans adjectif déterminatif, ou lorsque, précédant un nom qui a l'article, ils commencent la phrase : *Vous trouverez* ci-joint *copie de sa lettre*, ci-inclus *copie du contrat.* (Acad.) Ci-joint *l'expédition du jugement.* (Id.) Ces mots sont alors employés adverbialement.

Dans tout autre cas, comme aussi lorsqu'ils sont placés après le nom, ils s'accordent : *Vous trouverez* ci-jointe *la copie, une copie du traité.* (Acad.) *Les pièces* ci-jointes. (id.) *Vous trouverez* ci-incluse la *copie du contrat.* (Id.)

320. — L'adjectif **FEU**, signifiant *défunt*, précède toujours le nom auquel il se rapporte ; il ne varie pas, s'il n'est point placé immédiatement avant le nom, et s'accorde avec ce nom, si rien ne l'en sépare. Exemples : Feu *ma tante, ma* feue *tante.* (Voyez *Complém.* 14.)

MOTS DÉSIGNANT LA COULEUR.

321. — On désigne la couleur des objets par des adjectifs, tels que *blanc, vert, bleu, châtain,* ou par des noms, comme *aurore, marron, orange,* etc. Dans le premier cas l'adjectif s'accorde avec le nom : *Des robes* blanches, *des châles* verts, *des habits* bleus, *des cheveux* châtains.

Mais si le mot qui désigne la couleur est un nom, il ne varie pas, parce qu'on sous-entend les mots *de la couleur de* : *Des rubans* aurore (de la couleur de l'aurore) ; *des étoffes* orange (de la couleur de l'orange).

REMARQUE. Le mot *rose* est adjectif lorsqu'il désigne la couleur des objets : *Des chapeaux* roses.

322. — Lorsque deux adjectifs sont réunis pour désigner la couleur, tous deux restent invariables, parce que le premier est alors employé substantivement : *Des cheveux* châtain clair (Acad.) ; c'est-à-dire, d'*un* châtain clair. *Des étoffes* rose tendre (d'*un* rose tendre) (1).

ADJECTIFS COMPOSÉS.

323. — Chacune des deux parties d'une expression qualificative prend l'accord, lorsque ces parties sont deux adjectifs ou un adjectif et un participe unis par un trait d'union. Exemples : *Des oranges* aigres-douces. (Acad.) *Aveugles-nés, protecteurs-nés. Sous la loi de Moïse on offrait à Dieu les enfants* premiers-nés. (Acad.)

EXCEPTIONS. 1° *Mort* et *nouveau* sont invariables dans *mort-né, nouveau-né* ; exemples : *Deux enfants* mort-nés. *Une brebis* mort-née ; *des enfants* nouveau-nés, *une fille* nouveau-née. (Acad.) Évidemment *nouveau* est mis ici pour *nouvellement*, c'est un adverbe (2).

2° *Mi, demi* et *semi* restent invariables dans les adjectifs composés : *Les opinions ont été* mi-parties. (Acad.) *Ils étaient* demi-morts. *Des fleurs* semi-doubles.

---

(1) L'Académie écrit *des cheveux clair-bruns,* avec un trait d'union ; elle considère sans doute le mot *clair* comme employé adverbialement dans cette expression (*clairement bruns*).

(2) L'adjectif *court* est aussi employé comme adverbe dans *court vêtue* : *Légère et* court *vêtue, elle allait à grands pas.* (LA FONTAINE.)

REMARQUE. L'adjectif *frais* est employé adverbialement devant un qualificatif comme dans cette phrase : *Appartement tout* frais *décoré* (Acad.); c'est-à-dire, *tout* fraîchement *décoré.* Cependant, par euphonie, ce mot varie devant un adjectif ou un participe féminin. *Une fleur* fraîche *éclose ; des roses* fraîches *cueillies.* (Acad.)

Il en est de même de l'adjectif *tout* dans *tout-puissant : Elle est* toute-puissante. (Acad.) Mais au pluriel masculin, *tout* ne varie pas ; *Ils sont* tout-puissants. (Id,) Voyez *Tout*, parag. 346.

ADJECTIFS EN *ABLE*, DÉRIVANT D'UN VERBE.

324. — Les adjectifs terminés en *able* et dérivant d'un verbe, tels que *pardonnable, impardonnable, contestable*, etc., ne peuvent qualifier une personne ou une chose, qu'autant que les verbes dont ces adjectifs dérivent prennent pour complément direct un nom de personne ou un nom de chose.

Ainsi l'on dira très-bien *une faute pardonnable, un fait contestable*, parce que l'on dit *pardonner une faute, contester un fait*; mais c'est mal s'exprimer que de dire : *Mon ami, vous n'êtes point pardonnable*, ou *vous êtes impardonnable*, parce que l'on ne pardonne pas *quelqu'un*, mais *à quelqu'un.*

REMARQUES. I. L'Académie dit *consoler les affligés* et *consoler la douleur, l'affliction de quelqu'un*; au mot *inconsolable*, elle donne l'exemple : *douleur inconsolable.* Ainsi cette expression est fort bonne, quoiqu'on ait prétendu le contraire, et le bon usage l'a parfaitement sanctionnée ; mais on ne dit guère *douleur consolable.*

II. *Déplorable* se dit très-bien des personnes, en poésie et dans le style soutenu, comme le fait remarquer l'Académie, qui donne les exemples *Famille déplorable ; déplorable victime de la tyrannie.* C'est donc à tort que quelques puristes blâment ce vers de Racine :

Vous voyez devant vous un prince *déplorable* (1).

PLACE DES ADJECTIFS.

325. — Nous avons vu (48) que les adjectifs se placent avant ou après le substantif, et que l'usage est le seul guide à cet égard. Il n'est guère possible en effet d'établir des règles fixes sur la place que doivent occuper les adjectifs; c'est le plus souvent une question d'oreille et de goût; et en cela on apprend plus et mieux par la lecture des bons auteurs que par des règles nombreuses et qui sont loin d'être absolues.

---

(1) Corneille a dit aussi : *Des vaincus la* déplorable *sœur,* et beaucoup d'autres poëtes ont imité Corneille et Racine.

326. — C'est encore l'usage qui apprend les différents sens d'un nom, selon que certains adjectifs le suivent ou le précèdent. Ainsi :

Un homme grand, c'est un homme de haute taille.
Un grand homme — un homme de grand génie.
Un homme pauvre — un indigent.
Un pauvre homme — un homme sans mérite ou incapable.
Un homme brave — un homme courageux.
Un brave homme — un homme de bien, de probité.
Un homme bon — un homme charitable, bienveillant.
Un bon homme — un homme simple, faible, crédule.
Un homme honnête — un homme poli.
Un honnête homme — un homme qui a de la probité.
Air mauvais — air méchant.
Mauvais air — extérieur ignoble, maintien gauche.

CHAPITRE V

DES ADJECTIFS DÉTERMINATIFS ET DES ADJECTIFS INDÉFINIS.

327. — Les adjectifs numéraux ordinaux s'accordent, conformément à la règle générale des adjectifs, en genre et en nombre avec le nom auquel ils se rapportent : *Les* premières *pensées ne sont pas toujours les meilleures.* (Acad.) *Les* troisièmes *loges.*

Employés substantivement, ils prennent une *s* au pluriel : *Les* premiers *seront les* derniers.

328. — Les adjectifs numéraux cardinaux, au contraire, ne varient point, même lorsqu'ils sont employés substantivement ; exemples : *Je suis le geôlier, le valet des* Onze. (B. de Saint-Pierre.) *La commission des* Neuf *n'en continuait pas moins ses travaux.* (M. Thiers.)

329. — Cependant les adjectifs numéraux **VINGT** et **CENT** varient dans certains cas. Ils prennent une *s* au pluriel, lorsqu'ils sont précédés d'un autre adjectif numéral qui les multiplie, comme dans *quatre-vingts francs, six cents francs;* c'est-à-dire, quatre vingtaines de francs, six centaines de francs, ou quatre fois vingt francs, six fois cent francs.

A moins cependant qu'ils ne soient suivis d'un autre adjectif numéral, comme dans *quatre*-vingt-*un*, *quatre*-vingt-*deux*, *six* cent *douze* (1).

330. — *Vingt* et *cent* ne prennent point la marque du pluriel, si l'adjectif numéral qui les précède ne les multiplie pas. Exemples : *Cent* vingt *hommes* (cent plus vingt); *mille* cent *ans avant* (mille plus cent).

331. — Ils sont encore invariables lorsqu'ils sont employés à la place des adjectifs numéraux ordinaux : *Page* quatre-vingt; *l'an* six cent; c'est-à-dire, page *quatre-vingtième*, l'an six centième.

332. — L'adjectif numéral **MILLE** est toujours invariable : *Quatre* mille *hommes*. Mais le mot *mille*, mesure de chemin, est un nom et prend une *s* au pluriel : *Trois* milles *d'Angleterre font une lieue*.

333. — REMARQUES. I. L'Académie fait observer que dans la date *ordinaire* des années, quand l'adjectif numéral *mille* est suivi d'un ou de plusieurs autres nombres, on met **ordinairement** *mil*. Ainsi, on écrit *l'an mil sept cent*, pour *l'an mille sept cent*. Comme l'adverbe *ordinairement* ne signifie pas *nécessairement*, et que dès lors la décision de l'Académie est entièrement facultative, nous croyons que l'on peut fort bien écrire *l'an mille sept cent*, *l'an mille huit cent cinquante-trois* (2).

II. Les mots *million*, *billion*, *milliard*, *trillion*, sont des noms et prennent toujours une *s* au pluriel : *Quatre* millions ; *deux* milliards.

ADJECTIFS POSSESSIFS (3).

334. — On emploie l'article et non l'adjectif possessif *mon*, *ton*, *son*, etc., lorsque le sens de la phrase indique suffisamment le rapport de possession, comme dans ces phrases : *J'ai mal au pied. Le lion a la figure imposante, le regard assuré, la démarche fière.* (Buffon.)

335. — Mais si le rapport de possession n'est pas suffisamment marqué par le sens général de la phrase, ou bien si l'on

---

(1) On disait aussi autrefois *six-vingts* (six fois vingt), c'est à dire, *cent vingt*. On dit encore l'hospice des *Quinze-Vingts*, c'est-à-dire, des quinze fois vingt aveugles ou des trois cents aveugles.

(2) Remarquez que les grammairiens reconnaissent tous qu'il faut écrire *l'an mille*, et que pour les dates antérieures à l'ère chrétienne, il ne faut jamais écrire *mil* : *L'an deux mille cinq cent de la création.*

(3) Voir, pour la répétition de l'adjectif possessif, le paragraphe 295.

veut, en insistant sur l'idée de possession, donner plus de force au discours, on emploie l'adjectif possessif; exemples :

> L'ours boucha *sa* narine,
> Il se fût bien passé de faire cette mine. (*La Fontaine.*)

L'extérieur du lion ne dément point ses *grandes qualités intérieures.* (Buffon.) Dans ces deux phrases l'emploi de l'article rendrait le sens obscur.

> Elle meurtrit *son* sein, arrache *ses* cheveux. (*Delille.*)

On pourrait dire, mais avec moins d'énergie : *Elle se meurtrit* le *sein, s'arrache* les *cheveux.*

336. — REMARQUE. On emploie encore l'adjectif possessif au lieu de l'article, lorsqu'on veut parler d'un mal habituel, de quelque chose de périodique : *J'ai toujours mal à* ma *jambe; il a* sa *migraine;* sa *goutte le retient chez lui.*

337. — On dit en mettant **LEUR** au singulier : Leur *père et* leur *mère,* si les enfants dont on parle sont frères et sœurs ; parce que, dans ce cas, il n'y a qu'un seul père et qu'une seule mère. Autrement il faudrait écrire : *Ces enfants ont perdu* leurs *pères et* leurs *mères,* en mettant *leurs* ainsi que les noms *pères, mères,* au pluriel, parce qu'alors il y aurait plusieurs pères et plusieurs mères.

Un moyen facile de savoir s'il faut mettre *leur* et le nom au singulier ou au pluriel, c'est de remplacer *leur* par l'article, en mettant *d'eux* ou *d'elles* après le nom ; l'adjectif *leur* devra être au singulier ou au pluriel, suivant que l'article et le nom seront eux-mêmes au singulier ou au pluriel. Ainsi j'écrirai : *Pierre et sa sœur se sont retirés dans* **leur** *maison* (dans *la maison* d'eux). *Tous les habitants du village sortirent de* **leurs** *maisons* (*des maisons* d'eux).

Il va sans dire que cette règle s'applique également à *notre* et *votre*. — On dira : *Nous nous sommes enfermés dans notre chambre* ou *dans nos chambres,* selon qu'il s'agira d'une ou de plusieurs chambres.

338. — REMARQUE. *Leur* est toujours du singulier devant certains noms qui s'emploient nécessairement au singulier, comme *santé, conduite.* Exemples : *Ils nous ont donné des nouvelles de* **LEUR** santé (de *la* santé *d'eux*). Je n'approuve

point **leur** conduite (*la conduite d'eux*). On dit de même : *Mes amis, donnez-nous des nouvelles de* **votre** *santé*, et non pas *de vos santés*.

339. — On emploie **SON**, **SA**, **SES**, **LEURS**, pour indiquer ce qui appartient à *une chose*, toutes les fois que le nom de cette chose est exprimé dans la même phrase comme sujet du verbe. Exemple : *Paris a ses agréments*. Les agréments de qui ? *de Paris*, sujet de la phrase dans laquelle on emploie l'adjectif *ses*.

340. — Mais si le nom de chose n'est pas exprimé dans la même phrase comme sujet, on emploie le pronom *en* devant le verbe, et au lieu de *son, sa, ses*, on met l'article. Ainsi en parlant de Paris, on dira : **J'en** *admire* **les** *monuments*; **les** *promenades* **en** *sont belles*; et non pas j'admire *ses* monuments, *ses* promenades sont belles.

341. — Remarque. Cependant quoique le nom de chose ne soit pas sujet de la phrase, on doit mettre *son, sa, ses* dans cette même phrase, et non le pronom *en* : 1° lorsque *son, sa, ses* déterminent le *sujet* d'un verbe *attributif*; ainsi, en parlant de Paris, on dira : **Ses** *promenades* attirent *la foule*, et non pas *les promenades* en *attirent la foule* (1).

2° Lorsque *son, sa, ses* et le nom auquel il se rapporte sont régis par une préposition; exemple : *J'admire la beauté de* **ses** *monuments*. (Voyez *Compléments*, 15.)

ADJECTIFS INDÉFINIS.

342. — **CHAQUE** doit toujours être suivi d'un nom auquel il se rapporte : *Chaque pays a ses coutumes*. (Acad).

Il ne faut donc pas employer cet adjectif avec ellipse du nom et à la place du pronom *chacun*; ainsi, au lieu de dire : *Ces livres coûtent douze francs* chaque, dites : *Ces livres coûtent douze francs* chacun. (*Acad*.)

343. — **MÊME** est adjectif et par conséquent variable, ou adverbe et par conséquent invariable.

Il est adjectif et exprime l'identité ou la ressemblance :

---

(1) Si au lieu d'un verbe attributif il y a le verbe *être*, on fait usage de l'article et du pronom *en* : *Cette affaire est délicate, le succès* en est *douteux* (Ac.)

1° Quand il est *immédiatement* avant un nom ou après un pronom : *Ce sont les* mêmes *personnes, ce sont* elles-mêmes.

2° En général, lorsqu'il est après un seul nom : *Ce sont ces hommes* mêmes *que j'ai vus*; c'est-à-dire, ces hommes *eux-mêmes*.

344. — **MÊME** est adverbe et signifie *aussi, de plus, en outre, encore, jusqu'à* :

1° Lorsqu'il modifie un verbe : *Vous finirez* même *par tomber*; c'est-à-dire, vous irez à la fin *jusqu'à* tomber.

2° Lorsqu'il est placé après plusieurs noms : *Les vieillards, les femmes, les enfants* même *ne furent pas épargnés*; c'est-à-dire, les enfants *aussi*, pas même les enfants.

3° Lorsqu'il se trouve avant ou après un adjectif : *Tout citoyen doit obéir aux lois*, même *injustes* (B. de Saint-Pierre); c'est-à-dire, *encore* qu'elles soient injustes. *Nos méthodes savantes nous cachent les vérités naturelles connues* même *des simples bergers.* (Id.)

345. — Remarque. Il y a plusieurs autres cas où *même* est adverbe. En général, il faut consulter le sens : toutes les fois que ce mot signifie *aussi, de plus, en outre, encore, jusqu'à.* il est adverbe et par conséquent invariable. Ainsi, il peut être adverbe même après un seul nom : *Les plus sages* même. (Acad.) *On ne méprise point un charpentier, au contraire il est bien payé et bien traité ; les bons rameurs* même *ont des récompenses sûres et proportionnées à leurs services* (Fénelon); c'est-à-dire, tous *jusqu'*aux bons rameurs.

346. — **TOUT** est adjectif lorsqu'il exprime l'idée de totalité, et qu'il représente l'objet tout entier, la collection entière, l'ensemble de toutes les parties. Exemples : Tous *les hommes sont mortels. Je connais* toute *l'affaire*, tous *les quartiers de la ville*.

Rome n'est plus dans Rome, elle est *toute* où je suis. (*Corneille.*)

347. — *Tout* est adverbe et dès lors invariable, quand il signifie *tout à fait, entièrement, quoique.* Exemples :

Nos vaisseaux sont *tout* prêts et le vent nous appelle. (*Racine.*)

C'est-à-dire *tout à fait* prêts.

Parlez, nous sommes tout *oreilles* (entièrement oreilles).

Elle est tout *étonnée* (tout à fait étonnée). — Tout *utile qu'elle est, la richesse ne fait pas le bonheur* (quoiqu'elle soit utile, etc.).

348. — EXCEPTION. *Tout*, quoique adverbe, varie par raison d'euphonie devant un adjectif féminin commençant par une consonne ou par une *h* aspirée. Exemples : *Elle est* toute *stupéfaite*, toute *honteuse de la faute qu'elle a commise. Ces fleurs*, toutes *belles qu'elles sont, ne me plaisent point.* (Voyez *Complém.* 16.)

349. — *Tout* devant un nom propre de ville s'écrit au masculin, parce qu'il s'accorde par syllepse avec le mot *peuple*, qui est dans la pensée : Tout *Rome est consterné* (Vertot) ; c'est-à-dire, tout le peuple de Rome.

350. — *Tout* immédiatement suivi de l'adjectif *autre*, ne varie pas, s'il modifie cet adjectif : *C'est* tout autre *chose* (Acad.), c'est-à-dire, c'est une chose *tout à fait* autre, *entièrement* différente.

Mais s'il modifie le nom qui suit l'adjectif *autre*, il est lui-même adjectif et s'accorde avec ce nom : *Demandez-moi* toute *autre* chose (Acad.) ; c'est-à-dire, comme l'interprète l'Académie, demandez-moi toute *chose* autre que celle que vous me demandez.

On voit que dans ce dernier cas on peut placer le nom entre *tout* et *autre ;* on ne le pourrait pas dans le premier cas, ou du moins le sens ne le permettrait point. C'est ainsi que Massillon a écrit : Toute *autre voix que la voix unanime des pasteurs doit lui être suspecte ;* c'est-à-dire toute *voix* autre que la voix unanime, etc. ; tandis que Racine a rendu le mot *tout* invariable dans cette phrase : *Vous ne sauriez croire combien cette maison de Marly est agréable ; la cour y est* tout *autre qu'à Versailles ;* c'est-à-dire, tout à fait autre, entièrement différente : on ne pourrait pas dire, la cour y est toute *cour* autre, etc.

351. — REMARQUE. Devant ou après l'adjectif *un, une,* le mot *tout* est toujours adverbe ; exemple :

Bien vous prend que mon frère ait *tout* une autre humeur. (*Molière*.)

352. — On écrit **QUEL QUE** en deux mots et **QUELQUE** en un seul mot.

On écrit *quel que* en deux mots devant un verbe ; le mot *quel* est alors adjectif et s'accorde avec le sujet. Exemples :

Quels que *soient les humains, il faut vivre avec eux.* (Gresset.) *Il faut donner des raisons,* quelles qu'*elles puissent être.*

353. — On écrit *quelque* en un seul mot devant un nom, un adjectif ou un adverbe ; mais alors *quelque* est ou adjectif et par conséquent variable, ou bien adverbe et invariable.

1º *Quelque* est adjectif quand il précède immédiatement un nom ou bien un adjectif, suivi lui-même d'un nom : *J'ai rencontré* quelques *personnes. Pouvez-vous me prêter* quelques *bons* livres.

Il faut excepter cependant le cas où *quelque,* suivi d'un adjectif et d'un nom, a le sens de *si... que,* car alors il est adverbe et invariable. Exemple : Quelque *bons* musiciens *qu'ils soient, ils ne joueront pas ce morceau à première vue ;* c'est-à-dire, *si* bons musiciens *qu'ils* soient, etc.

2º *Quelque* est adverbe et dès lors invariable devant un adjectif qui n'est pas immédiatement suivi d'un nom, ou bien lorsqu'il modifie un adverbe ; il signifie alors *si... que.* Exemples : Quelque *étourdies qu'elles soient ;* c'est-à-dire, *si* étourdies *qu'elles soient.* Quelque *adroitement qu'ils s'y prennent, ils n'en viendront pas à bout ;* c'est-à-dire, *si* adroitement *qu'ils s'y prennent, etc.*

354. — *Quelque* est encore adverbe dans le sens *d'environ : Nous avons perdu* quelque *trois cents hommes ;* c'est-à-dire, *environ* trois cents hommes.

355. — REMARQUES. I. Il ne faut pas employer *quel* au lieu de *quelque* ; ainsi l'on doit dire : *Nous irons vous voir,* quelque *temps qu'il fasse,* et non quel *temps qu'il fasse.*

II. On disait autrefois *tel qu'il soit* ; aujourd'hui on n'emploie jamais le subjonctif après *tel que* ; en conséquence on ne dirait plus comme Regnard :

> Le plus fin *tel qu'il soit,* en est toujours la dupe.

Mais *le plus fin,* quel qu'il soit, etc.

356. — **AUCUN et NUL,** signifiant *pas un, point de,* excluent l'idée de pluralité. Exemples : *Il n'a* aucun *héritier,* nul *ami ;* c'est-à-dire, *pas un* héritier, *pas un* ami. *Parmi tant de livres, je n'en ai* aucun *de relié.* (Acad.) *Il n'y a* nulle *raison à cela ;* c'est-à-dire, *point de* raison.

357. — Mais ces mots prennent nécessairement le nombre pluriel, lorsqu'ils se rapportent à un nom qui ne s'emploie qu'au pluriel, comme *ancêtres, funérailles, gens*, ou qui n'a pas précisément la même signification au pluriel qu'au singulier, comme *troupes, dispositions, préparatifs*, etc. : *On ne lui fit* aucunes *funérailles.* Nulles *gens.* (Acad.) Il n'a fait aucunes *dispositions*, aucuns *préparatifs.* (Id.) Nulles *troupes n'étaient plus aguerries que les siennes.*

358. — REMARQUES. I. *Aucuns* s'emploie au pluriel dans le style naïf ou badin pour *quelques-uns;* exemples : Aucuns *ou* d'aucuns *croiront.* (Acad.)

Phèdre était si succinct, qu'*aucuns* l'en ont blâmé. (*La Fontaine.*)

II. L'adjectif *nul* lorsqu'il signifie sans valeur, sans effet, est adjectif qualificatif, et s'accorde, comme tout adjectif, en genre et en nombre avec le nom qu'il qualifie. Il est placé alors après le nom ou bien il forme l'attribut de la proposition : *Ce sont des conventions* nulles *de plein droit. Toutes ces procédures sont* nulles.

Voyez *Complém.* 17.

CHAPITRE VI

DU PRONOM

EMPLOI DES PRONOMS EN GÉNÉRAL.

359. — Les pronoms ne peuvent en général se rapporter qu'à un nom précédé de l'article ou d'un adjectif déterminatif. Exemples : *Ils nous ont fait* la réponse *que nous désirions, et* la *voici.* Vous les avez *reçus avec* une politesse **qui** *leur a donné de vous une bonne opinion.*

L'emploi du pronom est donc généralement vicieux lorsqu'il est en rapport avec un nom qui n'est précédé ni de l'article, ni d'un adjectif déterminatif, surtout si ce nom forme, avec le verbe ou la préposition qui le précède, l'expression d'une idée unique, comme *faire réponse, faire grâce, faire peur, demander conseil, avec politesse, avec honneur*, etc., qui équivalent aux verbes *répondre, pardonner, effrayer, consulter*, ou aux adverbes *poliment, honorablement.* En conséquence on ne dira pas : *Ils nous ont fait* réponse, *et* la *voici ; vous les avez reçus* avec politesse qui *leur a donné de vous une bonne opinion ;* il faudra dire, en mettant l'adjectif déterminatif *un, une,* devant le nom : *Ils nous ont fait* une réponse, et la *voici ;* et, comme dans l'exemple du paragraphe précédent : *Vous les avez reçus avec* une politesse qui, etc.

REMARQUE. Les poëtes n'ont pas toujours observé cette règle, même lorsqu'il s'agit d'une locution composée qui exprime en quelque sorte une idée unique ; ainsi Racine a dit :

Quand je me fais *justice,* il faut qu'on se *la* fasse.

Mais ce n'est là qu'une licence poétique que la prose ne doit pas imiter.

360. — Le même pronom ne doit pas être répété avec des rapports différents, comme dans cette phrase, blâmée avec raison par Condillac : *Samuel offrit son* holocauste *à* **Dieu,** *et* il *lui fut si agréable, qu'il lança au même moment de grands tonnerres contre les Philistins.* Le vice de cette construction, c'est que le premier *il* rappelle l'idée d'*holocauste* et le second l'idée de *Dieu* ; il faut dire : *Samuel offrit son holocauste à Dieu, et Dieu le trouva si agréable, qu'il lança,* etc.

On dit *qu'on a pris telle ville.* Cette phrase ne vaut rien ; le premier *on* désigne des personnes qui annoncent une nouvelle, le second désigne l'armée qui a pris la ville. Il faut dire ; On dit *que telle ville a été prise.*

361. — REMARQUE. Si l'emploi du pronom donnait lieu à une équivoque, il faudrait répéter le nom dont il rappelle l'idée. Ainsi au lieu de dire : *Hypéride a imité Démosthène en tout ce qu'il a de beau,* dites avec Boileau : *Hypéride a imité* Démosthène en *tout ce que* Démosthène *a de beau,* ou en *tout ce que* celui-ci *a de beau.*

PRONOMS PERSONNELS.

362. — Un pronom personnel employé comme sujet se place ordinairement avant le verbe :

... Le collier dont *je* suis attaché.
De ce que *vous* voyez est peut-être la cause. (*La Fontaine.*)

363. — Il se place après le verbe, et si le temps est composé entre l'auxiliaire et le participe (**141**) :

1° Dans les phrases interrogatives ou exclamatives : *Que voulez-vous ? Viendras-tu ?*

En quel funeste état ces mots m'ont-*ils* laissée !   (*Racine.*)

Puissé-*je* de mes yeux y voir tomber la foudre !   (*Corneille.*)

2° Dans une de ces propositions insérées dans le discours pour marquer que nous rapportons les paroles de quelqu'un ou nos propres paroles :

Êtes-vous satisfait ? — Moi ! dit-*il ;* pourquoi non ? (*La Fontaine.*)

Eh bien ! sage Penthé, Pergame existe-t-elle ?
M'écriai-*je ;* peut-on sauver la citadelle ?   (*Delille.*)

3° Lorsque le verbe est placé après quelqu'une des locutions *à peine, aussi, au moins, du moins, encore, en vain, vainement, peut-être, toujours,* etc. Exemples : A peine *étais*-je *sorti que la pluie commença à tomber. Peut-être viendra-t*-il. (Acad.)

REMARQUE. On peut aussi mettre le sujet avant le verbe, avec la plupart de ces locutions, exemples : A peine le soleil *était* levé qu'on *aperçut l'ennemi.* (Acad.) Peut-être il *viendra.* (Id.)

364. — On peut se dispenser de répéter devant chaque verbe les pronoms personnels employés comme sujets, lorsque les propositions sont unies par les conjonctions *et, ou, ni, mais* :

Je crains Dieu, cher Abner, et n'*ai* point d'autre crainte. (*Racine.*)

365. — Mais si les propositions sont unies par toute autre conjonction, la répétition du pronom sujet est de rigueur : Je *vous le dis, parce que je le crois.*

Elle est aussi de rigueur, même après les conjonctions *et, ou, ni, mais,* lorsque la première proposition est négative et la seconde affirmative : Je n'*écoute rien, et je pars.*

366. — Le pronom personnel employé comme complément soit direct, soit indirect, se place avant le verbe dont il dépend lorsque ce complément est exprimé par un seul mot et que le verbe est à tout autre mode qu'à l'impératif ; exemples : *Il nous regarde.* (Acad.) *Vous me donnez un sage conseil.* (Id.) *Je te le promets.* (Id.)

REMARQUES. I. Lorsque le pronom personnel employé comme complément indirect, est précédé d'une préposition, il se place ordinairement après le verbe : *Je pensais à toi.* (Acad.) *Nous parlions de vous.*

II. Le pronom personnel complément d'un infinitif qui dépend lui-même d'un autre verbe, peut se placer avant ce verbe ou avant l'infinitif :

> Tu trahis mes bienfaits, je *les* veux redoubler. (*Corneille.*)

On pourrait dire aussi *je veux les redoubler ;* la première construction est la plus usitée dans les auteurs du siècle de Louis XIV.

367. — Lorsque le verbe est à l'impératif, le pronom complément suit le verbe, si la proposition est affirmative, et le précède, si elle est négative. *Regardez*-nous. *Ne* nous *regardez pas.*

368. — Cependant, même dans les propositions affirmatives, quand il y a deux impératifs unis par *et* ou bien par *ou*, les poètes placent quelquefois le pronom qui est complément du second verbe, avant ce verbe :

> Polissez-le sans cesse et *le* repolissez. (*Boileau.*)

369. — Si le verbe à l'impératif a deux compléments, l'un direct, l'autre indirect, celui-ci s'énonce le dernier : *Montrez-le-moi. Donnez-le-lui.*

REMARQUE. Avec les pronoms *nous* et *vous*, l'usage a consacré la règle contraire ; on dit : *Montrez*-nous-le, *Servez*-vous-la, *Attachez*-vous-le *à la boutonnière*, et non *montrez*-le-nous, *servez*-la-vous, *attachez*-le-vous.

370. — Mais si la proposition est négative, les deux pronoms se placent avant le verbe, et alors le complément indirect s'énonce toujours le premier : *Ne* me les *montrez pas. Ne* nous les *montrez pas.*

Excepté cependant pour les compléments indirects *lui* et *leur*, qui, dans tous les cas, s'énoncent toujours après l'autre pronom complément : *Ne* le lui *donnez pas. Ne* les leur *montrez pas.*

REMARQUE. Après un verbe à l'impératif, il faut éviter l'emploi des pronoms *moi*, *toi*, *le*, *la*, combinés avec le mot *y*. Il est mieux de dire : *Veuillez m'y mener* ou *je vous prie de m'y mener*, que *menez-y-moi* (1).

---

(1) On ne dit pas : *Attendez-m'y*, *menez-m'y*. Grammaticalement, il ne serait pas incorrect de dire : *Attendez-y-moi*, *menez-y-moi ;* mais on évite

371. — La répétition des pronoms personnels employés comme compléments est de rigueur devant chaque verbe, lorsque ces verbes sont à un temps simple :

> Un fils audacieux insulte à ma ruine,
> Traverse mes desseins, m'outrage, m'assassine. (*Racine.*)

372. — La répétition n'est pas indispensable si les verbes sont à un temps composé, pourvu toutefois que les pronoms personnels soient des compléments de même nature : exemples : *Nos troupes* les *ont surpris et* les *ont battus*, ou les *ont surpris et battus*. Mais il faudrait dire : *Il* m'a *aperçu* et m'a *adressé la parole*, parce que le premier *me* est complément direct, et le second complément indirect.

373. — **Vous** employé pour *tu*, et **nous** pour je ou *moi*, veulent le verbe au pluriel, mais les adjectifs et les participes qui se rapportent à ces pronoms se mettent dans ce cas au singulier. Exemple : *Mon fils*, vous *serez* estimé, *si* vous *êtes* sage. Nous nous *sommes* attaché, *dans cette grammaire, à être* clair *et* précis.

374. — Le pronom **LE**, lorsqu'il tient la place d'un nom ou d'un adjectif pris substantivement, est variable, c'est-à-dire qu'il s'accorde avec ce nom en genre et en nombre. Il signifie alors *lui, elle, eux, elles*. Exemples : *Madame, êtes-vous la malade? Oui, je la suis*; c'est-à-dire, je suis *elle*, la malade. *Messieurs, êtes-vous les amis dont mon frère m'annonce l'arrivée? Oui, nous les sommes*; c'est-à-dire, nous sommes *eux*, les amis annoncés.

375. — Mais le pronom *le* ne varie pas, lorsqu'il rappelle l'idée d'un adjectif ou d'un nom pris soit adjectivement, soit comme nom de qualité exprimant la manière d'être d'un autre nom ou d'un pronom. Il signifie alors *cela*, ou *tel, telle*. Exemples : *Madame, êtes-vous malade? Oui, je le suis*; c'est-à-dire, je suis *cela*, je suis *telle*, malade. *Ces deux villes étaient des*

---

ces façons de parler bizarres. (ACAD., au mot *me*.) Au mot *tu* l'Académie répète cette observation à propos des locutions *mets-y-toi, jettes-y-toi*, et elle donne en outre les formes *mets-t'y, jette-t'y;* mais elle ajoute que cette dernière construction n'est usitée qu'avec un très-petit nombre de verbes, et que l'on ne dirait pas : *Accroche-t'y, réfugie-t'y;* il faut, dit-elle, prendre un autre tour.

places fortes, *et elles ne* le *sont plus* (elles ne sont plus *cela*, des places fortes). *Êtes-vous, oui ou non*, mes amis ? *Oui, nous* le *sommes;* c'est-à-dire, nous sommes *cela*, nous sommes *tels*, vos amis. Dans ces deux derniers exemples les mots *places fortes* et *amis* sont employés comme noms de qualité exprimant la manière d'être du nom *villes* ou du pronom *vous*.

376. — REMARQUE. Le pronom *le* ne varie pas non plus lorsqu'il tient la place d'un verbe ou d'une proposition; dans ce cas il signifie aussi *cela*. Exemples : Il *faut* s'accommoder *à l'humeur des autres autant qu'on* le *peut* (autant qu'on peut faire *cela*, s'accommoder). Si le public a eu quelque indulgence *pour moi, je* le *dois à votre protection* (Condillac); c'est-à-dire, je dois *cela*. (Voyez *Complém.* 18.)

377. — Pour rappeler l'idée d'un nom de chose figurant comme sujet, on emploie ordinairement les pronoms *lui, elle;* mais on peut aussi employer le pronom réfléchi **soi.** Seulement il est d'usage aujourd'hui de n'employer ce pronom qu'au singulier. Ainsi l'on dira bien : *Cette faute entraîne après* soi *les regrets;* mais il faut dire : *Les fautes entraînent après* elles *les regrets.*

378. — En parlant des personnes, on n'emploie guère aujourd'hui le pronom *soi* que lorsqu'il se rapporte à un pronom indéfini, comme *on, personne, quiconque, chacun*, ou à un infinitif. Exemples : On ne *doit jamais parler de* soi. Chacun *songe à* soi. *N'aimer que* soi, *c'est être mauvais citoyen.*

379. — REMARQUE. Il y a deux cas où le pronom *soi* peut s'employer avec rapport à un nom de personne ou à un pronom personnel : 1° lorsqu'il s'agit d'éviter une équivoque; exemple : *Il n'ouvre la bouche que pour répondre; il tousse, il se mouche sous son chapeau, il crache presque sur* soi (La Bruyère) : *sur lui* aurait fait équivoque.

2° Quand on veut donner à la phrase plus de vivacité, plus de clarté, et préciser davantage le rapport du pronom *soi* avec le nom : Idoménée *revenant à* soi, *remercia ses amis.* (Fénélon). Cet emploi du pronom *soi* est assez fréquent dans les bons écrivains des deux derniers siècles.

380. — En général, lorsqu'on parle des animaux ou des choses, il faut se servir des pronoms *en, y*, et non des pro-

noms *lui, elle, eux, elles,* précédés d'une préposition. Dites : *Cet* animal *est méchant, n'en approchez pas,* et non n'approchez pas *de lui. Cette* table *est encore bonne, j'y ferai mettre un pied,* et non je *lui* ferai mettre.

381. — REMARQUE. Le pronom *y* se dit surtout des personnes considérées d'une manière générale, ou désignées vaguement, indirectement ; exemple : *Plus on approfondit* l'homme, *plus on y démêle de faiblesse et de grandeur.* (Marmontel.)

Mais on n'emploie guère aujourd'hui ce pronom pour rappeler l'idée des personnes considérées individuellement et désignées d'une manière précise, si ce n'est avec les verbes *penser, se fier, s'attaquer :* C'est un homme *équivoque, ne vous y fiez pas.* (Acad.) Et l'on dirait très-bien aujourd'hui comme madame de Sévigné : *Quoique je parle beaucoup de vous,* ma fille, *j'y pense encore davantage jour et nuit.*

PRONOMS DÉMONSTRATIFS.

382. — Le pronom **CE** est souvent employé par pléonasme devant le verbe *être,* lorsque la première partie de la proposition, celle qui paraît en être le sujet, en est réellement l'attribut. Exemples : *Son plus grand bonheur,* c'est *de faire des heureux.*

> Le plaisir des bons cœurs, *c'est la reconnaissance.* (*La Harpe.*)

Mais l'emploi du pronom *ce* n'est pas, dans ce cas, obligatoire ; exemples : *Le plus grand ouvrier de la nature* est *le temps.* (Buffon.) *Le premier commandement de la religion* est *d'aimer Dieu.* (B. de Saint-Pierre.)

383. — Lorsque le premier membre de la phrase commence par *ce qui, ce que, ce dont, ce à quoi,* et forme l'attribut de la proposition (1), il est mieux d'employer le pronom *ce* devant le verbe *être,* que de ne pas l'employer ; exemple : **Ce** qui *m'étonne le plus,* c'est *son insolence.* (Acad.)

L'emploi de *ce* est même devenu aujourd'hui obligatoire lorsque le verbe *être* est suivi d'un autre verbe : **Ce** qui *m'étonne le plus,* c'est *que vous ne m'ayez pas prévenu.*

_____

(1) Cette condition est nécessaire ; car on dit : CE *que j'ai de bien est à vous* (Acad.), et il serait impossible de mettre ici le pronom *ce* devant *est,* parce que le premier membre de la phrase est sujet et non attribut.

384. — Si le verbe *être* se trouve entre deux infinitifs, il faut nécessairement le faire précéder du pronom *ce*; exemples : *Lui* donner *des conseils*, c'est perdre *sa peine*. (Acad.) *Ne* citer *qu'une tradition d'un poëte*, c'est *ne* montrer *que l'envers d'une belle étoffe*. (B. de Saint-Pierre.)

Excepté toutefois dans certaines phrases négatives qui ont pour sujet et pour attribut un infinitif : Souffler *n'est pas* jouer. (Acad.)

385. — Lorsque le verbe *être* est précédé, mais non suivi d'un ou de plusieurs infinitifs, l'emploi du pronom *ce* devant ce verbe n'est pas de rigueur : Entreprendre *cela*, c'est *folie*. (Acad.) *Bien écouter et bien répondre est une des plus grandes perfections que l'on puisse avoir dans la conversation.* (La Rochefoucauld.)

386. — C'est une faute de mettre immédiatement après les pronoms **CELUI, CELLE, CEUX, CELLES,** un adjectif ou un participe; ainsi au lieu de dire : *De tous ces moyens n'employez que* ceux raisonnables, ceux approuvés *par la raison*, dites : *N'employez que* ceux **qui** *sont* raisonnables, ceux **qui** *sont* approuvés *par la raison* (1).

387. — **CELUI-CI, CELLE-CI, CELUI-LA, CELLE-LA,** s'emploient de cette manière : *celui-ci, celle-ci*, pour désigner la personne ou la chose nommée la dernière, ou qui est la plus rapprochée : *celui-là, celle-là*, pour la personne ou la chose nommée la première, ou qui est la plus éloignée. Exemple : *Héraclite et Démocrite étaient d'un caractère bien différent*; celui-ci (Démocrite) *riait toujours*; celui-là (Héraclite) *pleurait sans cesse*.

388. — **CECI** désigne une chose plus proche, **CELA** désigne une chose plus éloignée. Exemple : *Je n'aime pas* ceci, *donnez-moi* cela. (Voyez *Complém.* 19.)

---

(1) Cependant cette tournure est usitée dans le style de pratique, et on trouve dans de bons auteurs quelques rares exemples qu'il ne faut pas imiter. Ainsi Voltaire a dit en s'écartant du bon usage :
Le goût de la philosophie n'était pas alors celui dominant.
Et Montesquieu :
On confondait, sous l'action de la loi ancienne, une blessure faite à une bête et celle faite à un esclave.

7.

PRONOMS POSSESSIFS.

389. — Les pronoms possessifs s'emploient d'une manière absolue, comme noms : 1° au singulier, pour désigner ce qui est la propriété de chacun ; 2° au pluriel, pour signifier les parents, les proches, les alliés, les amis, etc. Exemples : *Je ne demande que* le mien. (Acad.) Le tien *et* le mien *engendrent beaucoup de guerres et de procès.* (Id.) *Il est plein d'égards pour moi et pour* les miens. (Id.)

Mais lorsque ces mots sont employés comme pronoms possessifs, ils doivent nécessairement se rapporter à un nom précédemment énoncé : *Il a pris ses livres et* les vôtres. (Acad.) (1)

PRONOMS CONJONCTIFS.

390. — On rapproche ordinairement le pronom conjonctif de son antécédent, afin que le rapport de l'un avec l'autre soit bien établi, et qu'il n'y ait point d'équivoque. Les phrases suivantes, contraires à ce principe, ne valent rien : *Il y avait des choses dans ses paroles qui ne sont pas vraies. On trouve plusieurs marais au milieu de cette plaine, dont l'étendue est considérable.* Il faut dire : *Il y avait dans ses paroles des choses qui ne sont pas vraies. On trouve, au milieu de cette plaine, plusieurs marais dont l'étendue est considérable.*

391. — Mais il n'est pas indispensable de placer le pronom conjonctif immédiatement après son antécédent ; il suffit que leur rapport ne soit point équivoque. Exemple : *Un homme restait seul, qui avait été employé sous le ministère des étrangers.* (Rulhière.)

La *déesse* en entrant, *qui* voit la nappe mise. (*Boileau.*)
Une *fille* en naquit, *que* sa mère a celée. (*Racine.*)
Un *loup* survint à jeun, *qui* cherchait aventure. (*La Fontaine.*)
Un *prince* nous poursuit, *dont* le fatal génie. (*J.-B. Rousseau.*)

392. — Quelquefois même il est difficile ou même impossi-

---

(1) Ce n'est guère que dans le style commercial que l'on se permet des locutions elliptiques telles que celles-ci : *En réponse à la vôtre du 25 ; ou Vous avez dû recevoir la mienne du 10 ;* il serait de bon goût de proscrire, même dans le style commercial, ces tournures barbares.

ble de placer le pronom conjonctif immédiatement après son antécédent ; dans ce cas, si l'emploi des pronoms *qui*, *dont*, *à qui*, etc., donnait lieu à une équivoque, on les remplacerait par *lequel*, *laquelle*, *auquel*, etc. ; ou bien l'on répéterait le nom antécédent, ou en rappellerait l'idée par un pronom personnel, ou enfin l'on prendrait un autre tour. Ainsi au lieu de : *Un homme s'est levé au milieu de l'assemblée* qui *a parlé d'une manière extravagante. Tous les voyageurs ont parlé de la fertilité de ce pays* qui *est extraordinaire*; on dira : *Un homme s'est levé au milieu de l'assemblée,* lequel *a parlé,* etc. (Acad.), ou *et cet* homme *a parlé,* etc. *Tous les voyageurs ont parlé de la fertilité extraordinaire de ce pays.*

393. — **QUI**, précédé d'une préposition, ne peut se dire que des personnes ou des choses personnifiées, comme dans ces exemples : *L'enfant* à qui *tout cède est le plus malheureux. O rochers escarpés! c'est à vous que je me plains, car je n'ai que vous à qui je puisse me plaindre.* (Fénelon.)

Mais il faut dire : *Les sciences* auxquelles *je m'applique,* et non pas *les sciences à qui* (1).

REMARQUE. Les poètes s'écartent de cette règle :

Soutiendrez-vous un faix *sous qui* Rome succombe? (*Racine.*)
Je pardonne à la main *par qui* Dieu m'a frappé. (*Voltaire.*)
Il a brisé la lance et l'épée homicide
Sur qui l'impiété fondait son ferme appui. (*J.-B. Rousseau.*)

394. — On évite aujourd'hui l'emploi des pronoms *que* et *qui*, subordonnés les uns aux autres. Ainsi l'on ne dirait plus : *C'est une affaire* qu'on a cru qui *serait grave*; ni avec La Bruyère : *Il n'y a qu'une affliction* qui *dure,* qui *est celle* qui *vient de la perte des biens.* Dites : *C'est une affaire qu'on a cru devoir être grave. Il n'y a qu'une affliction qui dure, c'est celle qui vient de la perte des biens.*

REMARQUE. Il faut éviter aussi de trop rapprocher dans la même proposition le pronom *que* de la conjonction *que*. Ainsi

_____

(1) Autrefois on aurait pu dire les sciences *à quoi* je m'applique, aujourd'hui on n'emploie plus le pronom *quoi* comme complément d'une préposition que quand il a pour antécédent un mot indéfini, comme *ce*, *rien*, etc.

il ne serait pas bien de dire : *C'est un procès qu'on a cru qu'on gagnerait;* dites : *C'est un procès qu'on a espéré gagner.*

395. — Il ne faut pas confondre **DONT** et **D'OU** employés comme compléments des verbes qui expriment une idée d'extraction, de sortie. Avec les verbes *descendre, sortir,* on emploie *d'où* lorsqu'on veut exprimer l'action de descendre, de sortir d'un lieu : *Le mur* d'où *il descend; la chambre* d'où *nous sortons;* tandis que l'on emploie *dont* pour exprimer l'idée d'*être né,* d'*être issu;* exemples : *Les héros* dont *elle descend; la famille* dont *elle sort est honorable.*

REMARQUE. On emploie aussi *d'où,* et non pas *dont,* pour exprimer conclusion, déduction. Ainsi l'on dit : *C'est un fait* d'où *je conclus,* et non pas *dont* je conclus; *d'où il suit que,* et non pas *dont* il suit que.

PRONOMS INDÉFINIS.

396. — Le pronom **ON** est du masculin singulier; mais quand il désigne nécessairement une femme, l'adjectif qui s'y rapporte se met au féminin. Exemple : On *n'est pas plus douce que cette dame.*

REMARQUE. L'Académie fait observer que ce pronom s'emploie aussi avec le pluriel *des* et un nom : On *n'est point* des esclaves *pour endurer de si mauvais traitements* (1).

397. — REMARQUE. Entre le pronom *on* et le verbe *être,* ou tout autre verbe commençant par une voyelle, il ne faut pas omettre la négation *ne,* si la phrase doit être négative. Il faut écrire : On n'est *pas toujours heureux,* avec la négation; et, On est *souvent trompé,* sans la négation. Pour reconnaître s'il faut ou non la négation *ne,* il suffit de remplacer *on* par un autre pronom; par exemple : Je ne suis *pas toujours heureux;* Il est *souvent trompé.*

398. — Quelquefois, pour la douceur de la prononciation, on met, dit l'Académie, avant le pronom *on* l'article *le,* dont

---

(1) Mais on n'emploie pas *on* au pluriel avec des adjectifs et sans *des;* l'Académie condamne donc avec raison les phrases suivantes données comme bonnes par quelques grammairiens modernes : *Lorsqu'on s'aime tendrement on n'est pas heureux quand* on *est séparés. Quand* on *est* jeunes, riches *et* jolies *comme vous, mesdames,* etc.

l'e s'élide : *Il faut que* l'on *consente. Si* l'on *nous entendait*
(Acad.) (1).

REMARQUES. I. *L'on* s'emploie au lieu de *on* principalement après
les conjonctions *et, si, ou* et l'adverbe *où;* mais ce principe n'est
pas absolu, comme l'ont prétendu quelques grammairiens de nos
jours. L'Académie elle-même n'a pas cru devoir s'y conformer dans
plusieurs phrases de son Dictionnaire, telles que celles-ci : *On ne
saurait bien composer un remède, si on n'en connaît la dose* (au
mot *dose*)*; Le moment où on arrive* (au mot *débotter*). Montesquieu a dit : « *Et on ne remarque pas qu'il leur fasse faire aucune faute;* » Fénélon : « *Si on les trouve incommodes.* » Nos
meilleurs auteurs sont pleins de phrases semblables. *Si on, et on,
ou on,* ne sont donc pas plus des fautes que *si un, et un, ou un,* etc.

II. Au commencement d'une phrase on emploie peut-être aujour-
d'hui *on,* plus souvent que *l'on;* mais les bons auteurs des derniers
siècles ne se faisaient aucun scrupule de commencer une phrase par
l'on, et certes ce n'est point là une faute. Exemples : *L'on fit pendant notre séjour à Stockholm de grandes réjouissances pour la
naissance d'une princesse.* (REGNARD.) *L'on ne songe qu'à se flatter soi-même.* (FÉNÉLON.)

> *Est-il besoin d'exécuter?*
> *L'on* ne rencontre plus personne. (*La Fontaine.*)
> *L'on* hait avec excès lorsque l'on hait un frère. (*Racine.*)

399. — Le pronom indéfini **PERSONNE** est du masculin
singulier; on dit : *Je ne connais personne d'aussi* heureux
que cette femme. (Acad.) *Personne ne peut-il me dire ce qu'il
est devenu?* (Id.)

Mais *personne,* employé comme nom, est du féminin : *Cette
personne est très-*heureuse.

400. — Le pronom **CHACUN** veut après lui l'adjectif possessif *son, sa, ses,* ou bien l'adjectif *leur.*

Il veut *son, sa, ses :* 1° Lorsqu'il est sujet de la proposition;
exemples : *Chacun des chefs commande à ses troupes.* (Bitaubé.)
Chacun doit parler à son rang. (Vertot.)

2° Dans les phrases où le verbe est accompagné d'un complément direct, et où *chacun* suit ce complément; exemples :

_____

(1) « *On,* comme l'a démontré M. Raynouard dans sa *Grammaire ro-
mane,* est une altération du mot *homme.* Avant de dire *on,* on a dit suc-
cessivement *hom* et *om.* »

> *Bien doit* hom *requerre et prier*
> *Le seint qui si bien puet aidier.*
> (Maistre Wace, Saint-Nicholas, 1132, 3.)

Vous voyez pourquoi l'article peut se combiner avec le mot *on,* qui dans
le principe était un substantif.

Il faut remettre ces livres-là chacun à sa *place.* (Acad.) *Ils apportèrent des offrandes au temple,* chacun *selon* ses *moyens.* (Id.)

401. — Mais on emploie *leur* au lieu de *son, sa, ses,* lorsque *chacun* précède le complément direct; exemples : *Ils ont apporté* chacun leur *offrande.* (Acad.) *Donnez-leur* à chacun leur *part.* (Id.) *Ils ont payé* chacun leur *écot.* (Id.)

Cependant, même dans ce dernier cas, on emploi *son, sa, ses,* lorsque le pronom *chacun* n'est point précédé du nom ou du pronom au pluriel, avec lequel il est en relation : *Donnez à* chacun sa *part.* (Acad.) On dirait de même : *Donnez à chacun d'eux* sa *part,* parce que le mot *chacun* est suivi et non précédé du pronom pluriel *eux* avec lequel il est en relation.

402. — En général, *chacun,* placé entre un verbe intransitif et son complément indirect ou circonstanciel, veut *leur,* si ce complément est indispensable, s'il modifie le sens du verbe en y ajoutant l'expression d'une circonstance nécessaire, comme dans ces phrases : *Il vit Homère et Ésope qui venaient* chacun *de* leur *maison.* (G.-Duvivier.) *Ils s'en allèrent* chacun *de* leur *côté.* (Acad.)

Dans le cas contraire, c'est-à-dire si le verbe intransitif a un sens complet et que le complément de ce verbe ne soit pas indispensable, le pronom *chacun* veut *son, sa, ses;* exemple : *Tous les juges ont opiné,* chacun *selon* ses *lumières.* (Laveaux.)

REMARQUE. Toutes ces règles s'appliquent à l'emploi des pronoms *le, lui,* ou du pluriel *leur* après *chacun : La loi lie tous les hommes,* chacun *en ce qui le concerne.* (Laveaux.) *Ils se rendirent* chacun *au poste qui leur était assigné.* (Id.)

403. — L'UN L'AUTRE, LES UNS LES AUTRES, L'UN A L'AUTRE, L'UN DE L'AUTRE, etc., expriment la réciprocité : *Pierre et Paul se soutenaient* l'un l'autre (l'un soutenait l'autre); *ils ne se nuisaient pas* l'un à l'autre (l'un ne nuisait pas à l'autre).

REMARQUE. Lorsqu'il s'agit de plus de deux personnes ou de plus de deux objets, il faut employer le pluriel *les uns les autres, les uns aux autres,* etc. Exemple : *Ils se succédaient* les uns aux autres. (Acad.) Voy. *Complém.* 20.

404. — **L'UN ET L'AUTRE, LES UNS ET LES AU-
TRES** n'expriment point la réciprocité, mais seulement l'i-
dée de deux ou de plusieurs personnes, de deux ou de plusieurs objets. Exemple : *Pierre et Paul sont sortis* l'un et
l'autre (1).

REMARQUE. On met toujours au singulier le nom qui suit
l'un et l'autre : J'ai parcouru l'une et l'autre région. (Acad.)

405. — **QUICONQUE** n'a pas de pluriel. Pris dans un sens
général, ce mot est du masculin : Quiconque *n'observera pas
cette loi sera* puni. (Acad.)

Il est quelquefois féminin et peut être suivi d'un adjectif
de ce genre, lorsqu'il a rapport à une femme : *Mesdames*, quiconque *de vous sera assez* hardie *pour médire de moi*, etc.
(Acad.)

REMARQUE. *Quiconque* signifie *toute personne* QUI, *quelque personne que ce soit* QUI ; c'est donc une faute que d'employer après
ce mot le pronom *qui* pour en rappeler l'idée. Ainsi ne dites pas :
Quiconque *de vous* qui *fera cela sera puni ;* dites : Quiconque *de
vous fera cela sera puni* (2).

406. — **QUELQU'UN,** suivi d'un adjectif, exige la préposition *de* avant cet adjectif : *Entre les nouvelles qu'il a débi-
tées, il y en a* quelques-unes de vraies. (Acad.) Quand l'adjectif est au singulier, cette locution forme un gallicisme assez
remarquable (3). Exemple : *Y a-t-il parmi vous* quelqu'un de
sage ? (Voy. *Compl.* 21 et 22.)

CHAPITRE VII

DU VERBE.

SUJET.

407. — Tout verbe employé à un mode personnel, autre que

---

(1) Pour l'accord du verbe, voyez § 418.

(2) On trouve dans les écrivains du xvie siècle et dans quelques-uns du
xviie le pronom *il*, employé après *quiconque, celui qui*, pour en rappeler
l'idée : Quiconque *veut donc prier, il doit se mettre dans le cœur cette parole* de J.-C. : *Vous ne pouvez rien faire sans moi.* (Bossuet, Méd. sur
l'Evangile.) Cette tournure se trouve même encore dans Massillon. Quiconque *n'est pas sensible à un plaisir si vrai, si touchant, si digne du cœur,
il n'est pas né grand.* (4e dim.) Mais elle n'est plus usitée aujourd'hui.

(3) On peut s'en convaincre en essayant de traduire cet exemple dans
une autre langue.

l'impératif, doit avoir un sujet exprimé. — Le même sujet peut être commun à plusieurs verbes. Exemple :

> L'*Eternel est* son nom : le *monde est* son ouvrage;
> *Il entend* les soupirs de l'humble qu'*on outrage,*
> *Juge* tous les mortels avec d'égales lois,
> Et du haut de son trône, *interroge* les rois. (*Racine.*)

Le premier verbe *est* a pour sujet l'*Éternel*, le second a pour sujet le *monde*; le pronom *on* est le sujet du verbe *outrage*; enfin les trois verbes *entend*, *juge* et *interroge* ont pour sujet unique et commun le pronom *il*.

Cette phrase : *En quoi Corneille a le mieux réussi*, est *l'expression des grandes pensées*, ne vaut donc rien ; en effet, le verbe *est* n'a point de sujet. Il faut dire : *Ce en quoi Corneille a le mieux réussi, c'est l'expression des grandes pensées.*

Remarque. Cependant il est permis de sous-entendre le sujet *celui* devant le pronom *qui; exemple :* Qui *m'aime me* suive; c'est-à-dire, que *celui qui* m'aime me suive.
Le verbe *aime* a pour sujet *qui*, le verbe *suive* a pour sujet le pronom *celui* sous-entendu.

408. — De même, tout mot figurant comme sujet doit avoir un verbe exprimé ou sous-entendu; exemples :

> Son *regard* est brûlant, *ses pas* désordonnés. (*Delille.*)

Regard est le sujet du verbe *est; pas* est le sujet du verbe *sont* sous-entendu.

> Nul *bien* sans mal, nul *plaisir* sans mélange. (*La Fontaine.*)

Le verbe est ici sous-entendu, et il est facile de le rétablir : Nul bien n'*est* sans mal, nul plaisir n'*est* sans mélange.

Mais ne dites pas : *L'étude est comme l'horizon*, qui *plus on s'élève, plus la vue s'étend au loin*, car le pronom *qui* figure dans cette phrase comme sujet, et il n'est sujet ni d'un verbe exprimé, ni d'un verbe sous-entendu. Il faut simplement supprimer le pronom *qui*, et la phrase sera correcte.

409. — On a vu (140) que le pronom, sujet d'un verbe interrogatif, se place après ce verbe. Souvent, dans ce cas, le nom dont le pronom rappelle l'idée est exprimé d'une manière absolue avant le verbe; exemple :

> *Dieu* laissa-t-*il* jamais ses enfants au besoin ? (*Racine.*)

Quelquefois aussi, dans les phrases exclamatives, le nom est exprimé d'une manière absolue après le verbe :

> *Ils* tombent, *ees palais* que l'art en vain décore ! (*C. Delavigne.*)

Dans tout autre cas on considère aujourd'hui comme une faute l'emploi du pronom *il*, *elle*, pour rappeler un sujet déjà exprimé, comme dans cette phrase de Fontenelle : Licinius *étant venu à Antioche, et se doutant de l'imposture*, il *fit mettre à la torture les prophètes de ce nouveau Jupiter* ; le pronom *il* doit être supprimé (1).

ACCORD DU VERBE AVEC SON SUJET.

410. — Tout verbe s'accorde en nombre et en personne avec son sujet (127) :

> Adieu, *tu peux* partir. *Je demeure* en Epire. (*Racine.*)
> *Qui sert* bien son pays n'*a* pas besoin d'aïeux. (*Voltaire.*)

411. — Comme nous l'avons déjà vu au paragraphe 128, si le sujet est multiple, le verbe se met au pluriel : *Mon frère et ma sœur* lisent ; et lorsque les sujets particuliers qui forment le sujet multiple sont de différentes personnes, on met le verbe à la personne qui a la priorité sur les autres : *Vous et moi*, nous lisons. *Vous et votre frère*, vous lisez.

Exceptions.

412. — Le verbe qui a un sujet multiple s'accorde avec le dernier sujet particulier :

1° Lorsque les sujets particuliers sont à peu près synonymes : *La* douceur, *la* bonté *du grand Henri* a été célébrée de mille louanges. (Pélisson.)

Le second nom n'est alors que la répétition du premier, et n'est employé que pour rendre mieux la même idée ; il n'y a donc réellement qu'un sujet.

2° Lorsque les sujets particuliers forment une gradation dont le dernier terme efface en quelque sorte tous les autres :

---

(1) Quelques bons grammairiens ont pris la défense de cette construction ; les uns y ont vu un pléonasme nécessaire, par la raison que le nom sujet se trouve séparé du verbe par un long complément, et qu'il convient d'en rappeler l'idée. Sans prétendre condamner ce tour, dont nos bons écrivains offrent un assez grand nombre d'exemples, nous croyons devoir prévenir les élèves qu'il n'est plus usité.

Ce sacrifice, votre intérêt, *votre* honneur, Dieu *vous le* commande. (Domergue.)

Dans ce cas, le verbe s'accorde avec le dernier sujet particulier, parce que l'idée exprimée par ce sujet particulier absorbe pour ainsi dire tous les autres.

3° Lorsque l'énumération est résumée par un mot tel que *chacun, aucun, nul, tout, rien*, etc. Exemple :

> Remords, crainte, péril, *rien* ne m'a retenue. (*Racine.*)
> Facteurs, associés, *chacun* lui *fut* fidèle. (*La Fontaine.*)

Remarques sur l'accord du verbe.

413. — Quand deux ou plusieurs sujets particuliers, *de la troisième personne*, sont unis par la conjonction *ou*, le verbe s'accorde avec le dernier, si l'action, si la manière d'être n'est affirmée que de l'un d'eux, à l'exclusion de l'autre ou des autres. Ex. : *Je pense que son* père **ou** *son* oncle **sera** *nommé juge de paix de ce canton*, Cicéron **ou** Démosthène **a** *dit cela.* (Laveaux.)

Si c'est son oncle qui doit être nommé, ce ne sera pas son père; si c'est Démosthène qui a dit cela, ce n'est pas Cicéron; et réciproquement, car on ne nommera qu'un juge de paix, et un seul, soit Démosthène, soit Cicéron, a dû dire cela : il y a donc exclusion nécessaire de l'un d'eux.

La peur **ou** *la misère lui* **a** *fait commettre cette faute*, (Acad.)

Il s'agit ici d'une alternative que l'on pose; la faute a été commise non par l'effet de la misère et de la peur réunies, mais de la peur seule, ou de la misère seule.

414. — Mais si l'action, si la manière d'être est affirmée de tous les sujets particuliers sans qu'il y ait alternative, ni exclusion nécessaire, le verbe se met au pluriel. Exemples : *Le bonheur* **ou** *la* témérité *ont* **pu** *faire des héros; mais la vertu toute seule peut former des grands hommes.* (Massillon.) *La peur* **ou** *le besoin* **font** *tous les mouvements de la souris.* (Buffon.) *La peur* **ou** *la* misère **ont** *fait commettre bien des fautes.* (Acad.)

Il ne s'agit plus ici d'alternative, et la manière d'être est affirmée de chacun des sujets particuliers. Massillon ne pose point une alternative, pas plus que Buffon, pas plus que l'Académie; le premier dit : Le bonheur a pu faire des héros, ou même la témérité a pu en faire, mais, etc.; la pensée de Buffon est celle-ci : La peur ou le besoin, ces deux choses sont la cause de tous les mouvements de la souris. Enfin l'Académie ne prétend pas que c'est la peur ou, qu'à défaut de la peur, c'est la misère qui a fait commettre bien des fautes; mais que ces deux choses, séparément, l'une dans telle circonstance, l'autre dans telle autre, ont fait commettre beaucoup de fautes.

C'est par la même raison, qu'au mot *boire*, l'Académie a écrit : « *Le roi boit!* ou *la reine boit!* Acclamation usitée dans les repas du jour des Rois, lorsque le *roi* ou la *reine* de la fève **boivent** (1). »

REMARQUE. Ces règles ne sont au fond que celles de l'adjectif qui se rapporte à deux noms unis par *ou* (313 et 314).

415. — Dans tous les cas, si les sujets particuliers unis par *ou* sont des pronoms de la première ou de la deuxième personne, on résume ces différents sujets par le pronom pluriel de la personne qui a la priorité, et l'on fait accorder le verbe avec ce pronom. Exemples. Vous **ou** moi **nous** ferons *telle chose.* (Acad.)

> Le roi, l'âne *ou* moi *nous mourrons.* (*La Fontaine.*)

(Voyez *Complém.* 23.)

416. — Les règles sont les mêmes lorsque les sujets particuliers sont joints grammaticalement par la conjonction *ni*. Exemples : *Ni* Pierre **ni** Paul *ne* sera *nommé juge de paix du canton. Ni* M. le duc **ni** M. le comte *ne* sera *nommé à l'ambassade de Rome.* (Boniface.) *Ni* l'un **ni** l'autre *ne* présidera *l'assemblée.*

Mais il faudra dire : *On va faire une promotion d'officiers, ni* Pierre **ni** Paul *ne* seront *nommés; ni* l'un **ni** l'autre *ne* seront *promus.*

> Ni l'or NI la *grandeur* ne nous *rendent heureux.* (*La Fontaine.*)

417. — Le pluriel est de rigueur lorsque l'un des sujets particuliers ou tous sont des pronoms de la première ou de la

---

(1) Si nous donnons ici plusieurs exemples suivis de longues explications, c'est non-seulement pour que l'on saisisse bien l'esprit de la règle, mais aussi pour mieux faire sentir combien est fausse la règle absolue que donne une grammaire fort en usage dans les écoles. Les règles absolues sont commodes sans doute; mais présenter comme telles des règles qui n'ont point ce caractère, c'est propager de fâcheuses erreurs. Ne devrait-on pas apporter dans l'enseignement si important de la grammaire une plus grande réserve ? On n'exposerait pas les élèves à corriger maladroitement des phrases irréprochables tirées de nos chefs-d'œuvre littéraires ; on ne leur inspirerait pas la présomption de se croire meilleurs grammairiens que nos grands écrivains et que l'Académie.

deuxième personne : *Ni* lui *ni* moi *ne* suivrons *ce mauvais conseil.* (Voyez *Complém.* 24 et 25.)

418. — *L'un et l'autre* employé comme sujet veut le verbe au pluriel; exemple : L'une et l'autre **sont bonnes.** (Acad.)

> *L'un et l'autre* à ces mots *ont* levé le poignard. (*Voltaire.*)
> *L'un et l'autre* à mon sens *ont* le cerveau troublé. (*Boileau.*)

(Voyez *Complém.* 26.)

419. — Lorsque deux sujets particuliers sont unis par *comme, ainsi que, aussi bien que, de même que* ou *avec,* le verbe s'accorde avec le premier seulement; exemples : *L'éléphant,* comme *le castor,* aime *la société de ses semblables.* (Buffon.)

> L'homme, *ainsi que* la vigne, *a* besoin de support. (*Dufresnel.*)

Le farouche *Phalante,* avec ses *Lacédémoniens,* fut *surpris de trouver ses entrailles attendries.* (Fénélon.)

> La raison de cette règle, c'est que les conjonctions *comme, ainsi que, aussi bien que, de même que,* expriment une comparaison, et que dès lors le second sujet appartient à un verbe sous-entendu : *L'éléphant aime la société de ses semblables, comme le castor aime celle des siens : l'homme a besoin de support, ainsi que la vigne en a besoin.* Quant à la préposition *avec,* elle exprime une simple idée d'accompagnement : Fénélon ne veut pas dire que Phalante fut surpris de trouver ses entrailles attendries et que les Lacédémoniens le furent aussi; mais que Phalante, qui était accompagné, entouré de ses Lacédémoniens, fut surpris, etc.

420. — Il faut remarquer cependant que quelquefois *ainsi que* et *avec* sont employés dans le sens de la conjonction *et,* le verbe se met alors au pluriel; exemples : *La vérité,* ainsi que *la reconnaissance,* m'obligent *à dire que j'ai été privé de ses bienfaits, en tout ou en partie,* etc. (B. de St-Pierre); c'est-à-dire, la vérité *et* la reconnaissance m'obligent, etc.

> Le Singe *avec* le Léopard
> *Gagnaient* de l'argent à la foire.
> Ils affichaient chacun à part. (*La Fontaine.*)

Cela ne signifie pas le Singe, accompagné du Léopard, gagnait, mais tous les deux gagnaient de l'argent.

421. — Le verbe qui a pour sujet un nom collectif suivi d'un complément s'accorde avec le nom collectif, si ce collec-

tif est général (24). Exemples : La foule *des humains* est *sous la puissance de Dieu.* La pluralité *des opinions* fut *pour lui.* (Acad.) La multitude *des étoiles* étonne *l'imagination.*

422. — Mais si le collectif est pris dans un sens partitif (25), le verbe s'accorde aver le complément de ce collectif : *Une foule de* gens *vous* diront *qu'il n'en est rien.* (Acad.) *Une multitude de* passions divisent *les hommes oisifs dans les villes.* (B. de Saint-Pierre.) *Une partie des* voyageurs furent *blessés.*

423. — REMARQUES. I. Le verbe et l'attribut s'accordent avec le collectif partitif et non avec le complément dans les deux cas suivants :

1º Lorsque c'est spécialement de ce collectif partitif que l'on veut affirmer la manière d'être. Exemples : *Nestor et Philoctète furent avertis* qu'une partie *du camp était déjà* brûlée. (Fénélon.) Ce n'était pas le camp tout entier qui était brûlé, c'était seulement une partie. — Un nombre *de quatre cents soldats* fut formé *des débris du régiment.* Ce ne sont pas les soldats qui sont formés, c'est le nombre. — Une troupe *de fantassins armés à la légère* formait *l'avant-garde ;* c'est-à-dire, une troupe composée de fantassins formait, etc.; c'est cette troupe qui forme l'avant-garde (1).

2º Lorsque le sens du verbe et de l'attribut s'applique plutôt à l'idée exprimée par le collectif partitif qu'à son complément. Exemples : *Une foule de curieux, grossie de tous les gens du quartier,* encombrait *la rue ;* en effet, le propre de la foule c'est d'encombrer. — *Une nuée de traits* obscurcit *l'air et* couvrit *tous les combattants* (Fénélon) ; l'obscurcissement de l'air est l'effet naturel des nuées. On dit au contraire : *Une nuée de* Barbares désolèrent *le pays* (Acad.) ; parce que l'action de *désoler* est parfaitement en rapport avec l'idée de Barbares.

II. De même l'accord se fait avec les expressions fractionnaires *la moitié, le tiers, le quart,* etc., ou avec leur complément, selon que l'attribut affirmé par le verbe, se rapporte à ces expressions ou à leur complément. Exemples :

La moitié des humains *rit* aux dépens de l'autre. (*Destouches.*)

---

(1) Voici quelques exemples analogues : Une partie *de ses économies* fut employée *à...* (ACAD.) ; c'est-à-dire, de ses économies, une partie seulement fut employée *à...* — Un grand nombre *d'hommes* peut *être nuisible à l'Etat* (MARMONTEL) ; c'est-à-dire le nombre excessif, la trop grande population. Si Marmontel avait dit : *Un grand nombre* d'hommes *peuvent être nuisibles à l'Etat* le sens eût été tout autre.

D'adorateurs zélés à peine *un petit nombre*
Ose des premiers temps nous retracer quelque ombre. (*Racine.*)

Le vers permettait d'écrire aussi au pluriel *osent ;* mais il n'y en a qu'un petit nombre qui ose ; c'est là l'idée que Racine a voulu faire ressortir, et par conséquent le singulier rend sa pensée d'une manière plus vraie et plus énergique.

Peut-être la moitié de mes esclaves méritent *la mort.* (Montesquieu.) Le sens du vers de Destouches exige évidemment le rapport
du verbe au sujet grammatical : c'est *la moitié* des humains qui rit
aux dépens de *l'autre moitié.* Dans la phrase de Montesquieu, ce
rapport est moins nécessaire, l'esprit embrasse tout le sujet logique
la moitié de mes esclaves, qui exprime une idée de pluralité et qui
commande l'accord.

« Voltaire a dit : Le tiers *des enfants* est mort *au bout de dix
ans;* parce que, dans cette énonciation, son esprit s'est moins
porté sur les enfants que sur *le tiers,* nombre déterminé qui fixe
l'attention et qui devient par là l'expression dominante. » (Boniface.)

424. — Les collectifs *la plus grande partie de, le plus
grand nombre de, la plupart de,* qui, quoique précédés de
l'article, sont des collectifs partitifs, suivent la même règle
qu'eux. Il en est de même des adverbes de quantité *beaucoup
des, bien de, quantité de, peu de, assez de, combien de,* etc. ;
c'est le complément de ces mots qui est le sujet grammatical
du verbe. Exemples : *La plus grande partie des* voyageurs
s'accordent *à dire que les habitants naturels de Java sont
robustes.* (Buffon.) *La plupart des gens ne font réflexion sur
rien.* (Acad.) *Quantité de personnes sont persuadées de son
mérite.* (Id.) *Peu de gens négligent leurs intérêts.* (Id.) *Bien
des gens se trompent. Combien d'ennemis n'ont pas été vaincus!*

REMARQUES. I. L'accord du verbe se fait avec le complément,
même lorsque ce complément est sous-entendu : La plupart écrivent *ce nom de telle manière.* (Acad.) *Assez de gens méprisent le
bien, mais peu savent le donner.* (La Rochefoucauld.)

II. *La plus grande partie, le plus grand nombre* commandent
l'accord, lorsque ces expressions sont mises en rapport ou en opposition avec leurs corrélatives *la plus petite partie, le plus petit nombre.* Ainsi l'on dit : La plus grande partie *de ces fruits est pour
votre frère,* la plus petite est *pour vous. Le chef des insurgés divisa
ses forces en deux parties inégales :* le plus grand nombre *des re-
belles* fut envoyé *dans les montagnes pour défendre les passages,* le
plus petit nombre resta *pour garder le pays.*

425. — *Plus d'un* veut le verbe au singulier, bien que ce
mot éveille une idée de pluriel : Plus d'un *témoin a déposé.*
(Acad.)

Cependant si le verbe exprime la réciprocité, il se met
au pluriel : Plus d'un *fripon se dupent l'un l'autre.* (Marmontel.)

REMARQUE. Plus d'un répété, plus de deux, plus de trois, etc.; veulent toujours le verbe au pluriel.

> *Plus d'un* brave guerrier, *plus d'un* vieux sénateur,
> *Rappelaient* vos beaux jours. (*Destouches.*)

426. — Le pronom conjonctif *qui* est toujours de la même personne et du même nombre que son antécédent. L'accord du verbe se fait donc avec le sujet *qui*, comme il se ferait avec l'antécédent lui-même, si cet antécédent était le sujet. Exemples : *C'est* moi **qui** *vous en* réponds. (Acad.) *Il n'y a que* toi **qui** puisses *le faire.* (Id.) *C'est* toi **qui** *l'as* nommé. (Racine.)

Telle est la règle générale; mais l'antécédent du pronom conjonctif *qui* n'est pas toujours le pronom personnel qui précède. Pour l'intelligence de cette règle, il est donc nécessaire d'en faire quelques applications. (Voyez aussi *Complém.* 27.)

427. — L'adjectif placé entre le pronom personnel et le pronom *qui* n'est pas considéré comme antécédent du pronom relatif et ne commande jamais l'accord du verbe. Exemples : Nous *sommes* ici plusieurs **qui** nous souvenons *des grands succès que nous eûmes dans la dernière guerre* (Dacier); l'antécédent de *qui* est le pronom *nous* et non l'adjectif *plusieurs.*

> N'accuse point mon sort, c'est *toi seul* QUI *l'as fait.* (*Corneille.*)

428. — Mais si l'adjectif est précédé de l'article ou d'un adjectif déterminatif, il y a ellipse d'un nom, et l'accord du verbe se fait alors régulièrement avec ce nom sous-entendu. Exemples : *Souviens-toi que* je suis le seul **qui** *t'a* déplu (Fénélon); c'est-à-dire, le seul *homme* qui, etc. Vous *êtes* ce paresseux **qui** a *si souvent mérité mes reproches;* c'est-à-dire, vous êtes cet *écolier* paresseux qui, etc.

Cependant, même dans ce cas, le verbe peut s'accorder par syllepse avec le pronom personnel : Vous *êtes* le seul **qui** vous plaigniez *qu'on ne sache à quoi s'en tenir.* (Massillon.) Vous *fûtes* les premiers **qui** élevâtes *de grands théâtres.* (Voltaire.)

429. — Lorsque le nom commun, placé entre le pronom personnel et le pronom *qui*, est précédé de l'article ou d'un adjectif déterminatif, et qu'il désigne non une qualité, mais une personne ou une chose, il est l'antécédent de *qui* et commande l'accord. Exemples : Tu *es* l'homme **qui** *m*'a insulté. Vous *êtes* les deux bons élèves **qui** ont remporté *les premiers prix*.

> Je suis *la Vérité* qu'on invoque toujours,
> Et QUI pourtant n'*a* point d'asile.   (*F. de Neufchâteau.*) (1).

430. — Si le nom commun est employé pour exprimer, non une personne, mais une qualité, c'est le pronom personnel qui est antécédent et qui commande l'accord. Exemples : Nous *sommes* deux religieux *de Saint-Benoît* **qui** voyageons *pour nos affaires*. (Florian.)

> ..... *Je* suis, dit-on, *un orphelin,*
> Entre les bras de Dieu jeté dès ma naissance,
> Et QUI de mes parents n'*eus* jamais connaissance. (*Racine.*)

431. — Le nom propre placé entre le pronom personnel et le pronom *qui*, ne joue point le rôle d'antécédent : *Je suis Diomède, roi d'Étolie*, **qui** blessai *Vénus au siège de Troie.*

Excepté cependant : 1° quand la phrase est négative : *Je ne suis pas Diomède, roi d'Étolie*, **qui** blessa *Vénus au siège de Troie*. Tu n'*es* ni David **qui** tua *Goliath*, ni Judith **qui** immola *Holopherne.*

2° Lorsque le nom propre est précédé de l'adjectif déterminatif *ce, cette* : Je *suis* ce Diomède **qui** blessa *Vénus*, etc. Vous *êtes toujours* ce *modeste* Virgile **qui** eut *tant de peine à se produire à la cour d'Auguste* (Fénelon) ; ou de l'article défini *le, la, les* ; ainsi Thomas Corneille aurait pu dire : *Je ne suis point* le Corneille **qui** a fait *le Cid* ; *je suis* le Corneille **qui** a fait *Ariane.*

432. — Quand le pronom conjonctif *qui* a pour antécédent un nom pluriel précédé de la locution *un de*, le verbe se met au pluriel, si l'attribut est affirmé de toutes les personnes ou de tous les objets désignés par le nom pluriel. Exemple : Un des *plus vieux* lions **qui** sortent *du sommet de l'Atlas s'est*

---

(1) Cependant on trouve dans Bossuet : Vous *êtes* ce *charitable samaritain* QUI AVEZ pitié de tous les blessés. (*Méd. sur l'Évangile*, 95e J.)

élancé sur moi (B. de St-Pierre); c'est-à-dire, de ceux qui sortent, etc.

433. — Mais si l'attribut n'est affirmé que d'une seule personne, ou d'une seule chose, le verbe se met au singulier; Exemples : *Je m'étais retiré depuis plusieurs années dans un des faubourgs de Paris, qui était le moins fréquenté* (B. de Saint-Pierre); c'est-à-dire, lequel faubourg était le moins fréquenté.

Voici, messieurs, une des actions de sa vie, qui est si belle et si extraordinaire, que je ne puis me résoudre à la passer sous silence (Fléchier); c'est-à-dire, laquelle action est si belle, etc. (1).

434. — *Un de ceux qui* veut toujours le verbe au pluriel : *Vous êtes un de ceux qui m'ont poursuivi.*

435. — REMARQUE. Toutes les règles que nous avons vues précédemment (412 à 425) sur l'accord du verbe avec le sujet, trouvent aussi leur application dans le cas où ce sujet est le pronom *qui.* Ainsi l'on dirait : *Remords, crainte, péril, rien qui l'ait retenu. C'est la peur ou la misère qui lui a fait commettre cette faute. C'est vous ou moi qui ferons telle chose. J'ai peut-être la moitié de mes esclaves qui méritent la mort.* (Montesquieu.)

436. — Le pronom *ce* devant le verbe *être* veut ce verbe au singulier, excepté lorsqu'il est suivi d'un sujet de la troisième personne du pluriel. On dit : C'est *moi*, c'est *toi*, c'est *lui*, c'est *nous*, c'est *vous* qui; mais il faut dire : Ce **sont** *eux*, ce **sont** *vos ancêtres qui ont bâti cette maison*, et non c'est *eux*, c'est *vos ancêtres.*

Nous disons qu'après le pronom *ce* le verbe *être* ne se met au pluriel que quand il est suivi d'une troisième personne du pluriel. Cela ne veut pas dire qu'il faille toujours, ni même qu'on puisse toujours, dans ce cas, mettre le verbe au pluriel : cet accord sylleptique, il est vrai, est aujourd'hui le plus ordinaire; mais il y a des circonstances où l'accord du verbe se fait avec son sujet grammatical *ce*. Ainsi,

(1) On trouve dans le *Dictionnaire de l'Académie*, au mot *plus*, cet exemple: *L'astronomie est une des sciences qui fait ou qui font le plus d'honneur à l'esprit humain;* et l'Académie fait observer que le dernier est plus usité. Nous pensons, nous, que ce doit être le seul usité. Le très-petit nombre d'exemples où les écrivains ont mis le singulier au lieu du pluriel, et qui n'ont jamais été expliqués d'une manière bien satisfaisante, ne saurait d'ailleurs infirmer une règle fondée sur le rapport logique des idées.

2me Partie : Grammaire.

437. — Le verbe *être*, quoique suivi d'une troisième personne du pluriel, se met au singulier :

1° Pour éviter certaines formes interrogatives du verbe *être*, qui sont désagréables à l'oreille, telles que *seront-ce*, *ont-ce été*, *fussent-ce*, *furent-ce*. Exemples : Sera-ce vos amis *qui vous tireront d'affaire?* (1) Fût-ce mes propres biens *qu'il fallût sacrifier*. (Acad.)

2° Dans *si ce n'est* employé comme locution conjonctive pour signifier *excepté*, *sinon*. Exemple : Si ce n'est eux, *quels hommes eussent osé l'entreprendre?* (Acad.)

Il va sans dire que quand le mot de la troisième personne du pluriel qui suit le verbe *être* est complément indirect soit de ce verbe, soit du verbe suivant, l'on fait accorder le verbe *être* avec le pronom *ce*, qui est son seul sujet. Exemples : **C'est** aux lecteurs *de toutes les nations de prononcer entre l'un et l'autre* (Voltaire); c'est-à-dire, *ce est aux lecteurs*, etc. **C'est** d'eux *que j'attends tout.* (Voltaire); c'est-à-dire, *j'attends tout d'eux.*

> Cruel, *c'est à ces dieux que vous sacrifiez. (Racine.)*

438. — REMARQUES. I. Le verbe *être* se met ordinairement au singulier lorsqu'il est suivi de plusieurs noms tous au singulier, ou dont le premier au moins est au singulier : C'est l'avarice *et* l'ambition *qui troublent le monde*. (Acad.) C'est la gloire *et les plaisirs qu'il recherche*. (Id.)

Mais le pluriel ne serait pas une faute : *Il appelle à lui quatre courriers qu'il destinait au message*; c'étaient l'âne, le chien, le corbeau *et* le pigeon. (Voltaire.) Le pluriel est même généralement plus usité lorsque la phrase répond à une question : *Quelles sont les cinq parties du monde?* Ce **sont** l'Europe, l'Asie, l'Afrique, l'Amérique et l'Océanie.

II. On dit toujours : C'est quatre heures *qui sonnent;* Ce n'est pas trente francs, c'est vingt francs *que je lui dois;* c'est-à-dire, c'est *la quatrième heure* qui sonne; ce n'est pas *la quantité, la somme* trente francs, c'est *la somme* vingt francs que je lui dois. On voit que ces locutions expriment plutôt une idée d'ordre, de rang, de quantité collective, qu'une pluralité d'objets. Mais on dirait : *Notre promenade a duré quatre heures;* ce **sont** quatre heures *que j'ai passées fort agréablement; Il a donné vingt francs pour les pauvres;* ce sont vingt francs *bien employés;* parce qu'il y a alors

---

(1) On pourrait dire aussi : *Est-ce vos amis qui vous tireront d'affaire?* Quand le second verbe est au futur, l'Académie dit indifféremment *est-ce* et *sera-ce;* voici l'exemple qu'elle donne : *Est-ce ou sera-ce vous qui le ferez?*

ne idée de pluralité : *Ces quatre heures, je les ai passées,* etc.
es vingt francs sont bien employés.
(Voy. *Complém.* 28.)

439. — Le verbe ayant pour sujet deux ou plusieurs infini-
ifs se met au pluriel : Vivre *chez soi, ne régler que soi et sa
'amille, être simple, juste et modeste,* **sont** *des vertus péni-
les parce qu'elles sont obscures* (Fontenelle) ; Promettre *et*
enir **sont** *deux* (Acad.) ; Être *né grand et* vivre *en chrétien
'ont rien d'incompatible (Massillon) ; *Bien dire et bien* pen-
er *ne* **sont** *rien sans bien faire.* (La Chaussée.)

REMARQUE. Le verbe *être* peut se mettre au singulier lors-
jue l'attribut est lui-même du singulier : *Bien écouter et bien
*épondre **est** *une des plus grandes perfections qu'on puisse
voir dans la conversation.* (La Rochefoucauld.)

440. — Dans les deux cas précédents on peut employer le
pronom *ce* devant le verbe *être* : Apprendre *les langues les
lus difficiles, connaître *les livres et les auteurs,* **ç'ont été**
os premiers plaisirs (Fléchier) ; Compâtir *aux erreurs des
iommes, être *indulgent pour leurs faiblesses,* **ce sont** *là les
levoirs de chacun de nous. (de Ségur.)

> *Être* allié de Rome et s'en *faire* un appui,
> C'EST l'unique moyen de régner aujourd'hui. (*Corneille.*)

(Voyez § 384 une tournure où l'emploi du pronom *ce* est nécessaire.)

COMPLÉMENTS DES VERBES.

441. — Plusieurs verbes peuvent avoir un complément
commun, pourvu que ces verbes n'exigent pas un complément
d'une nature différente. Ainsi l'on dira bien : *Ce général*
attaqua *et* prit **la ville** ; parce que les verbes *attaqua* et *prit*
peuvent avoir l'un et l'autre pour complément direct *la ville.*

442. — Mais si les verbes exigent des compléments de nature différente, il faudra donner à chacun d'eux le complément qui lui convient. Ainsi l'on ne dira pas : *Ce général*
attaqua *et* s'empara **de la ville** ; parce que le verbe *attaqua*
ne peut avoir pour complément *de la ville* ; il faudra dire : *Ce
général* attaqua **la ville** *et* s'en empara.

On dira de même : *On le voit tous les jours aller* **à la campagne** et en revenir, et non pas : *On le voit tous les jours* aller *et* revenir **de la campagne.**

443. — REMARQUE. Cette règle s'applique aussi aux adjectifs et aux prépositions. On ne dira donc pas : *Il est* utile *et* chéri **de sa famille** ; parce que l'adjectif *utile* ne peut avoir pour complément *de sa famille* ; on ne dira pas non plus : *Il a parlé* contre *et* en faveur de mon projet ; parce que *de mon projet* ne peut être régi par la préposition *contre*. Il faudra dire : *Il est utile* **à sa famille** *et en est* chéri, ou bien : *Il est* utile *et* cher **à sa famille** ; *Il a parlé* pour *et* contre **mon projet.**

444. — C'est une faute grossière de donner aux verbes des compléments qu'ils ne comportent pas. Ainsi ce serait une tournure barbare que de dire : *Je ne pardonne pas* **les gens** *qui se nuisent* **les uns les autres** ; *non, je ne* **les** *pardonne pas* : car l'on pardonne *aux* personnes et non pas *les* personnes ; et quand des gens se nuisent réciproquement, les uns nuisent *aux* autres ; il faudra donc dire : *Je ne pardonne pas* **aux** *gens qui se nuisent les uns* **aux** *autres* ; *non, je ne* **leur** *pardonne pas* (1).

C'est donc avec raison que l'on a blâmé ce vers de Racine :

> Ne *vous informez* pas *ce* que je deviendrai.

qui renferme une espèce de latinisme contraire à notre langue. Il fallait *ne vous informez pas* de *ce que je deviendrai*, car on s'informe d'une chose.

445. — L'usage actuel veut que les parties diverses d'un complément multiple soient, autant qu'il est possible, toutes des noms, ou des infinitifs, ou des prépositions de même nature. Ainsi l'on ne dirait guère : *Il apprend* la grammaire *et* à dessiner. *Je crois* vos raisons *excellentes et* que vous le persuaderez ; dites : *Il apprend* la grammaire et le dessin ; *Je crois* que vos raisons sont *excellentes et* que vous le persuaderez (2).

---

(1) Dans la conversation, s'il arrive à quelqu'un de demander, par civilité, pardon d'une liberté qu'il a prise, d'une inconvenance qui lui est échappée, on lui répond : *vous êtes tout pardonné*. Hors ce seul cas, le participe *pardonné* ne s'applique point aux personnes. (*Acad.*)

(2) Cette tournure se rencontre assez souvent dans les écrivains du XVIIᵉ siècle. Fénelon dit, en parlant des habitants de la Bétique : *Ces peuples étaient adonnés* à l'agriculture *ou* à conduire des troupeaux.

446. — On ne dit plus aujourd'hui : *C'est* à vous **à qui** *je parle, c'est* de vous **dont** *il s'agit;* dites : *C'est* à vous **que** *je parle,* **c'est** de vous **qu'il** *s'agit.* Le verbe ayant déjà pour complément indirect *à vous* ou *de vous,* ne doit pas en avoir un second *à qui* ou *dont.*

Par la même raison il faut dire : *C'est* là que *je vais, c'est* ici qu'*il demeure,* et non, *c'est* là où *je vais, c'est* ici où *il demeure.*

REMARQUE. On dira très-bien : *C'est* vous **à qui** *je parle, c'est* vous **dont** *il s'agit :* ici, en effet, il n'y a qu'un complément indirect *à qui* ou *dont.*

447. — Lorsqu'un verbe a deux compléments, l'un direct, l'autre indirect et d'égale étendue, le complément direct doit s'énoncer le premier : *En subissant ce joug, la Grèce eût cru assujétir* **la vertu** *à la volupté,* **l'esprit** *au corps, et* **le véritable courage** *à la force insensée.* (Bossuet.)

448. — Si les compléments ne sont pas d'égale étendue, le plus court se place ordinairement le premier : *Apprenez* **aux enfants** *l'amour de Dieu et le respect de leurs parents.* Et cet ordre est quelquefois nécessaire comme dans l'exemple suivant : *L'ambition est un vice qui entraîne* **l'homme** *aux plus honteux excès et souvent à sa perte.* On ne pourrait pas dire : *L'ambition est un vice qui entraîne aux plus honteux excès et souvent à sa perte* **l'homme.**

449. — REMARQUE. Pour éviter une équivoque ou par raison d'euphonie, on est quelquefois obligé de s'écarter de ces règles. Si l'on disait : *Je vous ferai remettre* tous les livres reliés par votre frère, *qui part demain,* il y aurait équivoque ; il faudra dire : *Je vous ferai remettre* par votre frère, *qui part demain,* tous les livres reliés.

450. — En général, les participes passés veulent la préposition *de* avant leur complément indirect, lorsqu'ils expriment un sentiment, un mouvement de l'âme; exemples : *Chacun est* touché **de** *la patience de Philoclès,* **de** *son travail,* **de** *sa tranquillité.* (Fénelon.) Ils veulent la préposition *par,* lorsqu'ils expriment une action du corps ou de l'esprit; exemples : *Il a été* tué **par** *un tel.* (Acad.) *Ce travail a été* conçu **par** *une bonne tête.* (Id.)

Nous donnons ici cette règle relative aux participes, parce que c'est en tant que verbes qu'ils prennent des compléments et indirects.

451. — REMARQUE. Nous disons que c'est *en général* la règle suivie ; mais cette règle n'est pas absolue. En effet, *de* peut s'employer après un grand nombre de participes, comme équivalant à la préposition *par*, devant les mots qui désignent la personne ou la chose d'où part l'action ; exemples : *Je ne suis pas connu de vous.* (Acad.) *Il voulait n'être* vu *de personne* (Id.) ; *Ce mot est quelquefois* précédé *de tel autre* (Id.) ; *Il est* accablé *de visites* (Id.) ; *Ils* furent accablés *de la chute d'une muraille* (Id.). L'usage apprend toutes ces exceptions (1).

EMPLOI DES AUXILIAIRES DANS LES TEMPS COMPOSÉS DES VERBES INTRANSITIFS.

452. — RÈGLE GÉNÉRALE. L'auxiliaire *avoir* marque l'action, et le verbe *être* marque l'état : *J'ai* frappé ; *je suis* frappé.

453. — Les verbes intransitifs qui expriment l'action ou le passage d'un état à un autre, prennent l'auxiliaire *avoir* dans leurs temps composés ; tels sont *courir, contrevenir, marcher, paraître* (2), *périr* (3), *subvenir, succomber, vivre,* etc.

454. — Cependant les verbes suivants, bien qu'ils soient pour le sens de la même nature que les précédents, prennent l'auxiliaire *être* : *aller, arriver, choir, décéder, éclore, entrer, mourir, naître, venir,* et les composés de ce dernier, excepté *contrevenir* et *subvenir* (453), et en partie *convenir,* dont nous parlerons ci-après.

455. — Un certain nombre de verbes intransitifs prennent l'auxiliaire *avoir,* lorsqu'on veut exprimer l'action au moment où elle s'est faite ; et l'auxiliaire *être,* quand on veut exprimer l'état, résultant d'une action accomplie ; tels sont *cesser, croître, descendre, monter, partir, passer, rester, sortir, tom-*

---

(1) Les poëtes surtout offrent un grand nombre d'exemples où la préposition *de* est employée au lieu de *par* :

Qu'Enée et ses vaisseaux, PAR le vent écartés,
Soient aux bords africains *d*'un orage emportés. (*Boileau.*)

(2) Ce verbe, dans l'usage actuel, prend l'auxiliaire *avoir* ; ainsi l'on dit : La troisième livraison de ce livre *a paru* (Acad.) ; et non pas *est parue.*

(3) Le verbe *périr* a pris autrefois l'auxiliaire *être* : Les écrits impies des Leucippe et des Diagoras *sont péris* avec eux (*J.-J. Rousseau.*)

Les morts ne connaissent plus rien... L'amour, la haine et l'envie *sont péris* avec eux... (LEMAISTRE DE SACY. — *Ecclésiaste.*)

ber, etc. Exemples : *Il* **a** passé *en Amérique en tel temps*
(Acad.); c'est-à-dire, il *a fait l'action* de passer, d'aller en
Amérique à telle époque. *Il* **est** passé *en Amérique depuis tel
temps* (Id.); c'est-à-dire, il *est résidant* en Amérique depuis
telle époque; il s'agit, comme on voit, d'un état et non d'une
action. On dira de même, parce qu'on veut exprimer l'action :
Il **a** monté *quatre fois à sa chambre dans la journée* (Acad.);
et, *Il* **est** monté *dans sa chambre et il y* **est** *resté* (Id.); parce
qu'on veut exprimer l'état de la personne dont on parle.

456. — REMARQUES. I. Quelques-uns de ces verbes peuvent
s'employer activement ; ils prennent alors nécessairement l'auxiliaire
avoir dans leurs temps composés : *Il* a monté *l'escalier* (Acad.) :
Nous avons passé *ce jour bien agréablement.*

II. On a vu (453) que *courir* et *paraître* ne prennent que l'auxiliaire *avoir ;* leurs trois composés *accourir, apparaître* et *disparaître* prennent *avoir* ou *être : J'ai accouru, je suis accouru* (Acad.);
Le spectre qui lui avait *apparu, qui lui* était *apparu* (Id.); *Je n'ai
fait que tourner la tête, et* il a *disparu, il* est *disparu* (Id.) (1).

III. Le verbe *tomber* forme ordinairement ses temps composés
avec l'auxiliaire *être*, mais quelquefois aussi avec l'auxiliaire *avoir ;*
exemples : *Elle releva son enfant qui* était tombé (c'est-à-dire,
étendu par terre : c'est l'état); *Les poëtes disent que Vulcain* a
tombé *du ciel pendant un jour entier* (c'est une action qui dure tout
un jour). (Acad.)

Nos bons écrivains ont construit aussi le participe *tombé* avec
l'auxiliaire *avoir*, toutes les fois qu'ils ont voulu exprimer l'action :
Elles ont duré *un certain nombre d'années et* tombé *ensuite avec la
puissance de leurs sectateurs.* (Massillon.) *On a peine à concevoir
que Voltaire* ait tombé *de si haut jusqu'à Zulime, ouvrage médio-
cre.* (La Harpe.)

> Le coup que je lui porte *aurait tombé* sur moi. (*Voltaire.*)

Cependant nous devons faire remarquer que l'emploi de l'auxiliaire *avoir* avec *tomber* devient de plus en plus rare.

457. — Quelques verbes intransitifs changent d'auxiliaire
en changeant d'acception.

---

(1)   Les Syriens jetant armes et boucliers
        Ont par divers sentiers *disparu* les premiers. (*Racine.*)

    Et de quelque côté que je tourne la vue,
    La foi de tous les cœurs *est* pour moi *disparue.* (*Racine.*)

Dans le premier exemple, le verbe exprime une *action*, dans le second
un *état.*
    Les Patriarches avaient sacrifié à Dieu sur les montagnes où il leur *était
apparu.* (*Bossuet.*)
    Les Patriarches lui dressèrent des autels en certains endroits où il leur
avait apparu (*Massillon.*)

458. — **CONVENIR**, dans le sens d'*être convenable*, de *plaire* ou *agréer*, prend l'auxiliaire *avoir* : *Cette maison m'a* convenu. (Acad.) *Cet emploi lui* aurait *bien* convenu. (Id.) Il prend l'auxiliaire *être* dans le sens de *demeurer d'accord, faire un accord. Il est convenu lui-même de sa méprise.* (Acad.); *Ils sont convenus de se trouver en tel lieu.* (Id.)

459. — **DEMEURER** prend *avoir* lorsqu'il signifie *habiter, faire sa demeure, tarder, employer plus ou moins de temps à faire quelque chose* : *J'ai demeuré dans telle rue.* (Acad.) *Il a demeuré trois ans à Madrid.* (Id.) *Sa plaie a demeuré longtemps à guérir.* (Id.) *Il n'a demeuré qu'une heure à faire cela.* (Id.) — Dans l'acception de *rester*, **demeurer** prend l'auxiliaire *être* : *Mon cheval est demeuré en chemin.* (Acad.) *Voilà où nous en sommes demeurés de notre lecture.* (Id.)

460. — **ÉCHAPPER** prend *avoir* ou *être* : *Sa canne lui a échappé, lui est échappée des mains.* (Acad.) *Un cri lui a échappé, lui est échappé.* (Id.) *Cela m'avait, m'était échappé de la mémoire* (Id.) c'est-à-dire, je l'avais oublié.

461. — Lorsque ce verbe signifie *n'être pas saisi, aperçu, découvert ou remarqué,* il se conjugue toujours avec l'auxiliaire *avoir* : *Le véritable sens avait échappé à tous les traducteurs.* (Acad.) *Votre observation m'avait d'abord échappé.* (Id.)

462. — Enfin, lorsqu'on l'emploie pour faire entendre qu'on a fait ou dit quelque chose par imprudence, par indiscrétion, par mégarde ou par négligence, il ne prend que l'auxiliaire *être* : *A peine cette parole me fut-elle échappée, que je sentis mon imprudence.* (Acad.) *Quelques fautes vous sont échappées par-ci par-là.* (Id.)

463. — REMARQUES. I. *Echapper* est quelquefois pris activement ; il signifie alors *éviter* : *Echapper le danger.* (Acad.) Mais il ne peut s'employer activement que dans ce sens ; ainsi c'est mal s'exprimer que de dire : *J'ai échappé* une bonne occasion ; dites : J'ai laissé échapper *une bonne occasion.* (Acad.)
II. On dit proverbialement : *L'échapper belle ;* c'est-à-dire, éviter heureusement un péril : *Il l'a échappé belle.* (Acad.)

464. — **EXPIRER**, au propre, signifie mourir, rendre le dernier soupir : *Il a expiré entre mes bras.* (Acad.)

Au figuré, il se dit : 1° de certaines choses qui s'évanouis-
sent, qui cessent : *Cette lueur* expira *par degrés.* (Acad.) *La
liberté de la république romaine* expira *sous Tibère.* (Id.)
2° Dans le sens de prendre fin, être au terme de sa durée :
Son bail expire *à la Saint-Jean ; le mien* a expiré *hier.* (Id.)
L'année de son exercice est expirée. (Id.) *Les délais* sont
expirés. (Id.) *La trève* est expirée. (Id.)

465. — On voit par ce dernier paragraphe, pris textuelle-
ment dans le Dictionnaire de l'Académie, qu'au figuré le verbe
expirer prend les deux auxiliaires ; mais l'Académie ne donne
aucun exemple de ce verbe conjugué avec *être*, lorsqu'il est
employé dans le sens propre de *mourir.* Cependant nos meilleurs écrivains lui ont donné cet auxiliaire, toutes les fois qu'ils
ont voulu peindre l'état ; ils ont dit *il est expiré*, comme ils
ont dit *il est mort* : *Micipsa* ne fut *pas plus tôt* expiré, *que
Jugurtha fit bien voir*, etc. (Vertot).

> Les latins sont vaincus, Camille *est expirée.* (DELILLE.)

D'excellents grammairiens ont approuvé cette construction
et, comme conséquence, ces vers de Racine :

> ..... A ces mots, *ce héros expiré*
> N'a laissé dans mes bras qu'un corps défiguré.

où il n'y a que l'ellipse très-légitime du participe présent
étant. Voltaire a fait plus que d'approuver cette locution (1),
il l'a imitée.

> Et d'un *père expiré* j'apportais en ces lieux
> La volonté dernière et les derniers adieux. (*Zaïre.*)

EMPLOI DES MODES ET DES TEMPS.

Mode infinitif.

466. — L'*infinitif* s'emploie comme sujet, comme attribut et
comme complément. Nous avons donné (439 et 440) les règles
de l'infinitif employé comme sujet ; son emploi en qualité

---

(1) « Pourquoi, s'écrie-t-il, pourquoi ne pas dire *ce héros expiré*, comme
on dit *il est expiré, il a expiré* ? »

8.

d'attribut de la proposition ne donne lieu à aucune difficulté.

467. — L'infinitif qui figure comme complément tient ordinairement lieu d'une proposition subordonnée : *Tout ce qu'elle s'imaginait* tenir *lui échappait tout à coup* (Fénelon) ; c'est-à-dire, tout ce qu'elle s'imaginait *qu'elle tenait*, etc.

468. — On voit par cet exemple que l'infinitif, mis au lieu d'une proposition subordonnée, donne de l'élégance et de la vivacité au discours, mais ce ne doit pas être aux dépens de la clarté. Ainsi c'est mal s'exprimer que de dire : *Si Dieu nous donne des richesses, c'est pour* faire *des heureux;* car on ne sait si l'infinitif *faire* se rapporte à *Dieu* ou à *nous;* dites : *C'est pour que* nous fassions *des heureux.* Dans la phrase suivante : *La vie de Pépin ne fut pas assez longue pour* mettre *la dernière main à ses projets*, il faut remplacer l'infinitif par le subjonctif et dire : *La vie de Pépin ne fut pas assez longue pour* qu'il mît *la dernière main à ses projets;* parce que la première tournure manque de netteté, l'infinitif se rapportant grammaticalement au sujet *la vie.*

469. — REMARQUE. Il est permis néanmoins d'employer un infinitif se rapportant à tout autre mot que le sujet, pourvu que ce rapport soit tellement marqué qu'il n'y ait pas la moindre ambiguïté dans le sens de la phrase. Ainsi Racine a pu très-bien dire :

Les moments sont trop chers pour les *perdre* en paroles.

Cela signifie évidemment *pour que nous les perdions.*

470. — On évite en général de mettre plus de deux infinitifs de suite, surtout lorsqu'ils ont la même consonnance ; ainsi, quoiqu'à la rigueur cette phrase, *Je ne crois pas* pouvoir m'empêcher de blâmer, *dans votre intérêt, le parti que vous avez pris*, n'offre rien de désagréable à l'oreille, il est cependant mieux de dire : *Je ne crois pas* pouvoir m'empêcher, *dans votre intérêt*, de blâmer *le parti que vous avez pris.*

471. — L'infinitif employé comme complément d'un autre verbe n'est précédé d'aucune préposition après *aimer mieux, aller, compter, croire, daigner, devoir, entendre, faire,*

falloir, *s'imaginer*, *laisser*, *oser*, *pouvoir*, *prétendre* (1), *savoir*, *sembler*, *sentir*, *voir* et *vouloir*. Exemples : *Il aime mieux* jouer. *Allez* voir. *Je compte* partir *demain*.

472. — REMARQUE. L'infinitif complément d'*aimer* est toujours précédé de la préposition *à* : *Il aime* à *jouer* (2).

473. — Un très-grand nombre de verbes veulent, les uns la préposition *de*, les autres la préposition *à*, d'autres enfin la préposition *à* ou la préposition *de* devant l'infinitif qui leur sert de complément : *Il nous a ordonné* de partir. *Il persiste* à nier. *Il continue* à faire *ou* de faire (Acad.), suivant la différence de sens.

La lecture et l'usage seuls peuvent apprendre quelle est la préposition que demandent ces verbes. (Voir aux Remarques particulières *commencer*, *continuer*, *désirer*, *espérer* et *souhaiter*.)

Mode indicatif et mode conditionnel.

474. — L'*imparfait* de l'indicatif s'emploie quelquefois au lieu du *conditionnel passé* ou du *conditionnel présent*, pour rendre l'expression plus forte et plus vive :

Si j'avais dit un mot, on vous *donnait* la mort. (*Voltaire*.)

au lieu de *on vous aurait donné la mort*.

475. — On emploie le *conditionnel*, sans qu'il y ait une condition exprimée, dans beaucoup de cas où il s'agit d'un fait à venir qui est douteux, ou d'une chose qu'on suppose, qu'on souhaite, que l'on désire (3). Exemples : *Il obtint de lui qu'Eurydice* retournerait *parmi les vivants*. (Fénelon.)

Avez-vous prétendu qu'ils se *tairaient* toujours ? (*Racine*.) (4)

Les vertus *devraient* être sœurs
Ainsi que les vices sont frères. (*La Fontaine*.)

REMARQUE. Cet emploi du conditionnel a lieu principalement dans les phrases interrogatives ou exclamatives : Oseriez-*vous le blâmer ?* Je n'oserais. (Acad.)

Pourrais-je à cette loi ne pas me conformer? (*Racine*.)

---

(1) *Prétendre*, dans le sens d'aspirer, veut *à*.
(2) Et non *il aime de jouer*, comme on dit dans quelques provinces.
(3) C'est, dans ce dernier cas, un conditionnel *optatif*.
(4) C'est-à-dire : Est-ce que vous avez prétendu qu'ils se tairaient toujours ? C'est le conditionnel *suppositif*.

476. — Souvent aussi, sans qu'il s'agisse d'un fait douteux, le conditionnel s'emploie à la place du futur, lorsque le premier verbe est à un temps passé. Exemples :

Je suis *sûr qu'*il viendra.

J'étais *sûr qu'*il viendrait.

477. — Mais lorsqu'il s'agit d'un fait à venir bien certain ou qui ne présente pour le moment rien de douteux, on peut, même après un passé, mettre le second verbe au *futur*, au lieu d'employer, comme nous venons de le dire, le *conditionnel*; ainsi on dira de deux manières : *Les astronomes ont annoncé qu'il y aura ou qu'il y aurait cette année une éclipse de soleil visible à Paris.*

478. — Dans les verbes conjugués interrogativement il faut bien se garder de confondre le *futur* de l'indicatif avec le *conditionnel présent*, et d'écrire par exemple : Aurais-*je* fini? avant *lui*? au lieu de *aurai-je* fini? ou encore : Aurai-*je* fait? quelque *sottise*? pour *aurais-je* fait?

479. — On doit mettre le verbe au *conditionnel* : 1° quand la phrase renferme une condition : Aurais-*je fait cela, si vous ne me l'eussiez commandé?* 2° lorsqu'on regarde la chose comme n'étant pas possible, ou que l'on serait étonné, que l'on ignorait qu'elle fût ; exemples : Pourrais-*je ne pas l'aimer!* c'est-à-dire, *il est impossible* que je ne l'aime pas ; aurais-*je fait une bonne action sans le savoir?*

Du reste, il n'y a qu'à mettre le verbe à une autre personne, par exemple, à la première du pluriel, pour voir si ce verbe doit être au futur ou au conditionnel. Ainsi l'on écrira au futur : Aurai-*je fini avant lui?* car au pluriel on dirait *aurons*-nous fini? Et l'on écrira au conditionnel : Aurais-*je fait une bonne action?* car au pluriel on dirait, *aurions*-nous fait, est-ce que nous *aurions* fait?

Temps de l'indicatif et du conditionnel.

480. — Le *présent de l'indicatif* s'emploie pour le *passé* ou pour le *futur*, lorsqu'on veut donner plus de vivacité à l'expression en rendant, pour ainsi dire, l'action présente.

Exemples ! *Turenne* meurt, *tout* se confond, *la fortune* chancelle, *la victoire* se lasse, *la paix* s'éloigne. (Fléchier.)

Ah ! monsieur, m'a-t-il dit, je vous *attends* demain. (*Boileau.*)

481. — REMARQUES. I. Dans ce cas, on doit mettre au présent tous les verbes qui expriment les actions successives concourant à former le tableau général. Ainsi, ce serait mal de dire, en sautant du présent au passé : *Turenne* meurt, *tout* se confondit, *la fortune* chancelle.

II. Le présent ne s'emploie ordinairement pour le futur que quand il s'agit d'un avenir prochain. Quoique l'on dise très-bien : *Je pars pour l'Angleterre après demain,* il faut dire : *Je partirai pour l'Angleterre dans trois mois.*

482. — On met aussi le *présent* pour le *futur* après la conjonction *si* exprimant une condition : *Tu seras puni* si *tu* fais *mal.* Mais on met le futur après la conjonction *si* exprimant le doute ou l'incertitude sur une chose à venir : *Je ne sais si j'aurai le temps.*

483. — L'*imparfait* s'emploie bien après un passé quand il s'agit d'une action ou d'un état qui a cessé au moment où l'on parle; par exemple, je dirai à une personne que je rencontre à Lyon : *J'ai appris que vous* étiez *à Paris il y a huit jours.*

484. — On emploie le présent ou l'imparfait si le fait dont on parle existe encore au moment où on l'énonce, ou bien s'il s'agit d'une vérité de tous les temps : *J'ai appris que vous êtes ou que vous étiez à Paris depuis huit jours.* De même : *Ne vous ai-je pas toujours assuré que Dieu est ou était juste* (1) ?

485. — REMARQUES. 1° L'imparfait est de rigueur lorsque le fait est reconnu faux ou que l'on doute encore de sa réalité : *On m'a dit ce matin que vous* étiez *malade; je vois avec plaisir que vous vous portez à merveille. On m'a dit que vous* étiez *malade; est-ce vrai?* 2° En général, on préfère aussi l'imparfait lorsqu'on énonce une opinion, un sentiment particulier, que l'on ne présente point comme une vérité incontestable, ni essentielle : *J'ai ouï dire à plusieurs de nos chasseurs que rien n'était plus propre à désaltérer que les*

---

(1) L'emploi au présent est plus philosophique, celui de l'imparfait plus conforme au génie de la langue : ici, comme aux §§ 476 et 477 pour le conditionnel, c'est la concordance des temps qui légitime l'emploi de l'imparfait.

Cependant la plupart des grammairiens conseillent l'emploi du futur et du présent de préférence à celui du conditionnel et de l'imparfait.

feuilles du gui. (B. de Saint-Pierre.) *Il disait que rien ne rendait* li les mœurs plus aimables que la botanique. (Id.)

486. — On ne doit se servir du *passé défini* que quand il li s'agit d'un temps complétement écoulé et dont il ne reste plus a rien, comme : *J'étudiai hier, la semaine dernière, l'an passé.* Mais ne dites pas : *J'étudiai aujourd'hui, cette semaine, cette s année*, parce que le jour, la semaine, l'année, ne sont pas encore passés ; dites, avec le *passé indéfini* : *J'ai étudié aujourd'hui, cette semaine, cette année.*

487. — Ne dites pas non plus *j'étudiai ce matin*, mais *j'ai i étudié ce matin* ; il faut, pour l'emploi du passé défini, qu'il i y ait au moins l'intervalle d'un jour.

488. — Le *passé indéfini* s'emploie indifféremment pour un temps passé, entièrement écoulé ou non. On dit également bien : *J'ai étudié ce matin, j'ai étudié hier, j'ai étudié cette semaine, j'ai étudié la semaine dernière.*

489. — Contrairement à l'opinion de quelques grammairiens, le *plus-que-parfait* peut très-bien s'employer après un passé sans qu'il y ait dans la phrase aucun rapport de temps formellement exprimé (1). Ainsi, il est très-correct de dire : *J'ai cru que vous avez voyagé ; je me suis trompé. Je n'ai pas su que vous aviez quitté Paris. Vous pouviez lui dire que vous aviez été tantôt errant, tantôt captif en Sicile.* (Fénelon.) *On m'a dit que vous lui aviez lu un ouvrage de ma façon, où il y avait beaucoup de bonnes choses.* (Boileau.)

REMARQUE. Dans ces phrases le plus-que-parfait joue le même rôle que l'imparfait dans les §§ 483 et suivants ; après le présent on mettrait le passé : *Je crois que vous avez voyagé* ; après un temps passé on met le plus-que-parfait.

490. — Après un passé, il ne faut pas mettre le conditionnel passé au lieu du conditionnel présent, lorsqu'il s'agit d'exprimer une chose future relativement au premier verbe. Dites : *J'avais cru, je croyais que tu viendrais*, et non *que tu serais*

---

(1) Le rapport des temps est formellement exprimé quand on dit, par exemple : *J'avais écrit mon devoir lorsque tu arrivas.* Mais il ne l'est pas dans cette phrase : *J'ai cru que vous aviez voyagé* ; pas plus que dans *J'ai cru qu'il ferait beau ; je crois qu'il fait beau, qu'il fera beau.*

venu. *J'aurais parié qu'il* ferait *beau* et non *qu'il* aurait fait *beau.*

Mode subjonctif.

491. — Le subjonctif est le mode des faits incertains et douteux, et dépend, comme nous l'avons dit (page 27), d'un autre verbe exprimé ou sous-entendu. On emploie ce mode :

492. — 1° Après les verbes qui expriment le doute, l'incertitude, l'interrogation, le désir, la volonté, la supposition, la surprise, la crainte, etc. Exemples :

Je doute
Pensez-vous
Croyez-vous
Je désire
Je prétends   qu'il parte.
Je veux
J'ordonne
Supposez
Je suis étonné
Je crains qu'il ne parte.

493. — REMARQUES. I. Après quelques-uns de ces verbes on met l'indicatif, lorsque la chose dont il s'agit n'est pas douteuse, mais certaine, incontestable ou du moins considérée comme très-probable. Exemples : *Je prétends que trois et deux font cinq. Je suppose qu'il* sera *bientôt las de ce genre de vie* (Acad.) ; c'est-à-dire, *je présume, j'admets* comme certain ou comme très-probable qu'il *sera*, etc. (1)

II. On met aussi l'indicatif lorsque l'interrogation n'est qu'une forme oratoire qui, bien loin d'admettre le doute, affirme au contraire avec plus de force :

Madame, *oubliez-vous*
Que Thésée *est* mon père et qu'il *est* votre époux ? (*Racine.*)

---

(1) *Ordonner*, exprimant l'arrêt d'un tribunal, d'un pouvoir suprême, veut le futur de l'indicatif lorsque le premier verbe est au présent. Exemple :

Ordonné qu'il *sera* fait rapport à la cour
Du foin que peut manger une poule en un jour. (*Racine.*)

Ordonné est ici pour *il est ordonné*, présent de l'indicatif passif.

Il veut le conditionnel lorsque le premier verbe est à un temps passé : *Dioclétien* ordonna *que les chefs des Manichéens* seraient *brûlés avec leurs écrits.* — (CONDILLAC.)

Il en est de même du verbe *exiger*, quand il s'agit d'un traité imposé par les vainqueurs aux vaincus : *On* exigea *d'eux qu'ils* remettraient *aux Romains la place et le port de Lylibée dans la Sicile.* (VERTOT.)

494. — 2° Après les verbes accompagnés d'une négation, lorsqu'il y a doute, incertitude. Exemples : *Je* ne crois pas, *je* ne pense pas, *je* ne vois pas *qu'il* parte.

Mais s'il n'y a point de doute ni d'incertitude sur la réalité de la chose, on met l'indicatif. Exemples : *Je* n'ignore pas *qu'il* a voulu *me nuire.* (Acad.) *Qui* ne voit *que l'esprit de séduction* s'est saisi *de leur cœur ?* (Bossuet.) On dirait de même avec l'indicatif : *Le sot ! il* ne croit pas *que la terre est ronde.*

495. — 3° Après les impersonnels *il faut, il est nécessaire, il convient, il importe, il est possible,* et en général après tous ceux qui expriment quelque chose de douteux, d'incertain. Exemples :

$$
\left.
\begin{array}{l}
\text{Il faut} \\
\text{Il est nécessaire} \\
\text{Il convient} \\
\text{Il importe} \\
\text{Il est possible} \\
\text{Il est douteux} \\
\text{Il semble}
\end{array}
\right\} \text{qu'il parte.}
$$

Mais on emploie l'indicatif après les impersonnels qui expriment la certitude, la vraisemblance ou la probabilité, pourvu toutefois qu'ils ne soient pas accompagnés d'une négation (1) : Il est certain *qu'il* fait *jour ;* Il est évident *que deux et deux* font *quatre ;* Il y a *vingt ans que je le* connais ; Il résulte *de là,* il s'ensuit *que l'affaire* est *bonne ;* Il paraît *que cela* est *vrai ;* Il est probable *qu'il fera beau.*

496. — REMARQUE. Le verbe de la proposition subordonnée aux locutions *il semble, il me semble, on dirait, on croirait,* se met au subjonctif, lorsque le fait exprimé est contraire à la vérité, invraisemblable, impossible ; quand l'expression est exagérée, quand on fait une supposition, une hypothèse : Il semble *à vous entendre parler, que vous m'ayez rendu service.* (Acad.) Il me semble *que mon cœur* veuille *se fendre en deux.* (Mme de Sévigné.)

> *Il semble* qu'on *ait* là rassemblé l'univers. (*Boileau.*)
> *On dirait* que le ciel, qui se fond tout en eau,
> *Veuille* inonder ces lieux d'un déluge nouveau. (*Id.*)

---

(1) *Il n'y a,* quoique renfermant la négation, veut l'indicatif quand on présente le fait comme certain : Il n'y a *pas vingt ans que je le* connais. — Il n'y a *que moi qui ne* puis *mourir.* (FÉNELON.)

Mais le verbe se met à l'indicatif, si l'on veut exprimer un fait naturel qui n'a rien d'extraordinaire, ou bien que l'on considère comme certain ou comme vraisemblable : *Au feu d'artifice*, il semblait *que les fusées* allaient *tomber sur nos têtes*. (Boniface.) Il me semblait *que cela* était *ainsi*. (Acad.)

> Enseigne-moi, Molière, où tu trouves la rime.
> *On dirait*, quand tu veux, qu'elle te *vient* chercher. (*Boileau*.)

Nota. L'emploi du subjonctif est très-rare après *on dirait, on croirait* et *il semble* accompagné d'un complément indirect de personne.

497. — On emploie aussi le subjonctif après un pronom conjonctif ou après l'adverbe conjonctif *où* :

1° Lorsqu'on exprime un but éventuel et par conséquent quelque chose de douteux, d'incertain : *Je cherche un médecin* qui puisse *me guérir* ; c'est-à-dire, un médecin tel qu'il puisse me guérir. *Allez dans une retraite* où *vous* soyez *tranquille* ; c'est-à-dire, une retraite telle que vous y soyez tranquille. Il n'est pas certain que le médecin puisse me guérir ; il n'est pas certain que vous trouviez cette retraite.

Lorsqu'il ne s'agit pas d'un but éventuel, mais d'un fait certain, lorsqu'on est sûr de ce qu'on avance, le verbe se met à l'indicatif : *J'ai trouvé un médecin* qui pourra *me guérir*. *Allez dans cette retraite* où *vous* serez *tranquille*.

498. — 2° Lorsqu'une des locutions *le seul, le premier, le dernier, le moindre, le meilleur, le plus, le mieux, le moins*, etc., précède le pronom conjonctif ou l'adverbe *où*, et que l'on ne veut pas énoncer le fait d'une manière positive, soit parce qu'il reste encore quelque doute dans l'esprit, soit par euphémisme et pour ne point prendre un ton tranchant. *Les Égyptiens* sont les premiers qui aient *bien connu les règles du gouvernement*. (Rollin.) *C'est* la seule *place* où *vous* puissiez *aspirer*. (Acad.) Dire à quelqu'un *c'est la seule place où vous* pouvez *aspirer*, ce pourrait être une impolitesse et une sorte de dureté.

Mais quand on veut présenter le fait comme incontestable ; quand on énonce un principe, une sorte de vérité, d'axiome, le verbe se met à l'indicatif : *De ces dames, c'est* la plus *jeune* que je connais. (Boniface.) *Les Céciniens furent* les premiers qui firent *éclater leur ressentiment. Ils entrèrent en armes sur le territoire des Romains.* (Vertot.) La seule *loi qu'il* faut *suivre.* (Acad.) Le plus *grand mal que* fait *un ministre sans probité, c'est le mauvais exemple qu'il donne,* (Montesquieu.)

499. — Enfin on **met** aussi le subjonctif après les expressions *qui que, quoi que, quelque que,* et après plusieurs conjonctions ou locutions conjonctives, entre autres : *afin que, à moins que, avant que, quoique, supposé que,* etc. Exemples : Qui que ce **soit,** quoi que *vous* **disiez,** quelque *puissant qu'il* **soit,** à moins que *vous ne* **veniez,** avant qu'*il* **vienne,** quoique *le temps* **soit** *mauvais.*

500. — REMARQUES. I. Les locutions *de façon que, de manière que,* veulent le subjonctif, si l'on exprime un fait à venir, un résultat qui est éventuel et qui, par conséquent, présente du doute et de l'incertitude : *Il faut vivre de façon qu'on ne fasse tort à personne.* (Acad.) *Il faut toujours se conduire de manière qu'on n'ait aucun reproche à se faire.* (Id.)

Ces locutions veulent l'indicatif si le fait, passé ou présent, est certain : *La nuit vint de façon que je fus contraint de me retirer ;* (Acad.) *Il fit telle et telle chose,* de manière que *l'on vit clairement ses intentions.* (Id.)

II. *Tout que* veut ordinairement l'indicatif : *Ces hardes,* tout *usées qu'elles* sont, *peuvent encore servir.* (Acad.) — Cependant, on trouve aussi quelquefois le subjonctif. Ainsi Châteaubriand a dit : Tout *intéressante que* soit *cette question, elle demeure presque insoluble.* Mais peut-être dans ce cas serait-il mieux de dire *quelque* intéressante *que* soit cette question.

Temps du Subjonctif.

501. — REMARQUE. Quoi qu'en disent la plupart des grammairiens, tous les temps du subjonctif peuvent s'employer, quel que soit le temps où le mode du premier verbe ; c'est ce qui est pleinement démontré par le bon usage et par une multitude d'exemples pris dans nos meilleurs écrivains. (Voyez *Complém.* 29.) Pour l'emploi des temps du subjonctif, on ne peut donc pas se guider sur le temps du verbe précédent : il faut voir d'abord si l'on veut exprimer un présent, un passé ou un futur ; puis on doit observer la correspondance des temps du subjonctif avec ceux de l'indicatif et du conditionnel. La seule règle à suivre est alors celle-ci :

502. — Voyez à quel temps de l'indicatif ou du conditionnel vous mettriez le second verbe, si la phrase exigeait l'indicatif ou le conditionnel, et mettez le temps correspondant du mode subjonctif.

503. — Voici la correspondance des temps du subjonctif avec ceux de l'indicatif et du conditionnel (1) :

SUBJONCTIF.	INDICATIF *et* CONDITIONNEL.
Le *présent* correspond.	au *présent* de l'indicatif.
	au *futur* de l'indicatif.
L'*imparfait* correspond.	à l'*imparfait* de l'indicatif.
	au CONDITIONNEL *présent*.
Le *passé* correspond.	au *passé défini*.
	au *passé indéfini*.
	au *futur antérieur*.
Le *plus-que-parfait* correspond.	au *plus-que-parfait*.
	au CONDITIONNEL *passé*.

Ainsi l'on dira :

AU SUBJONCTIF : parce que l'on dirait	A L'INDICATIF ou AU CONDITIONNEL :
Présent. Je ne crois pas qu'il *vienne* maintenant.	*Indic. présent.* Je crois qu'il *vient* maintenant.
Je ne crois pas qu'il *vienne* demain.	*Futur.* Je crois qu'il *viendra* demain.
Il faudra qu'il *vienne*.	Il *viendra*, il le faut.
Imparfait. Je ne crois pas qu'il *vînt* tous les jours, comme vous le prétendez.	*Imparfait.* Je crois qu'il *venait* tous les jours, comme vous le prétendez.
Je ne crois pas qu'il *osât* venir, si on le lui défendait.	*Condit. présent.* Je crois qu'il n'*oserait* pas venir, si, etc.
Passé. Je ne crois pas qu'il *soit venu* hier soir.	*Passé défini.* Je crois qu'il *vint* hier soir.
	Passé indéfini. Je crois qu'il *est venu* hier soir.
Passé. Vous m'appellerez, mais d'abord il faut, il faudra qu'il *soit venu*.	*Futur antérieur.* Vous m'appellerez quand il *sera venu*.
Plus-que-parfait. Je ne croyais pas qu'il *fût venu* tous les jours, comme vous l'assuriez.	*Plus-que-parfait.* Je crois qu'il *était venu* tous les jours, comme vous l'assuriez.
Je ne crois pas qu'il *fût venu* plus tôt, même sans cette affaire qui l'a retenu.	*Cond. passé.* Je crois qu'il *serait venu* plus tôt, sans cette affaire qui l'a retenu.

503. bis. — Les exemples ci-dessus prouvent que tous les temps

---

(1) Le présent du subjonctif *correspond* au présent et au futur de l'indicatif, c'est-à-dire qu'il est dans le mode subjonctif ce qu'est le présent, ce qu'est le futur dans le mode indicatif. Le latin, qui n'a pas de conditionnel présent ni de conditionnel passé, les remplace par l'imparfait et le plus-que-parfait du subjonctif : c'est aussi ce que nous faisons en français, mais seulement dans les propositions subordonnées.

du subjonctif peuvent se mettre après un verbe au présent de l'indicatif. Il en serait de même après un verbe au passé, au futur ou au conditionnel (1). Voici toutefois deux remarques importantes :

504. — REMARQUES. I. Après un conditionnel optatif, c'est-à-dire exprimant un désir, un vœu, il faut mettre l'imparfait et non le présent du subjonctif. Dites : *Je voudrais qu'ils* **vinssent**, et non *je voudrais qu'ils* viennent. *Je désirerais qu'il* **apportât** *plus de soins à cette affaire*, et non *je désirerais qu'il* apporte. *Il faudrait que les enfants* **écoutassent** *les grandes personnes.*

II. Après un passé on met l'imparfait ou tout autre temps passé du subjonctif, suivant le cas, lorsqu'on parle d'une chose passée. Exemple : *Dieu a permis que les Romains* **soumissent** *la Judée; il a voulu qu'elle* **fût soumise** *avant l'arrivée du Christ.*

505. — Mais si l'on veut exprimer une chose présente, future ou vraie dans tous les temps, on met le second verbe au présent du subjonctif. Exemples : *Je n'ai pu sortir encore, quelque envie que j'en* **aie** (actuellement). *J'ai douté qu'il* **vienne** *demain, je n'en doute plus. Dieu a voulu que la terre* **produise** *tous les ans les moissons.*

CHAPITRE VIII

PARTICIPE PRÉSENT.

506. — Le participe, avons-nous dit, est un mot qui tient de la nature du verbe et de celle de l'adjectif.

507. — Lorsque le participe en *ant*, comme *aimant, obligeant*, est verbe, on l'appelle *participe présent*, **et il ne varie point** : lorsqu'il est adjectif, on dit que c'est un *adjectif verbal*, **et il varie**.

---

(1) Pour ne citer que quelques exemples, on dit après un *passé : Je n'ai pu encore aller à Livry, quelque envie que j'en aie* (Mme DE SÉVIGNÉ); *Ils voulurent que tout leur cédât.* (BOSSUET.) Après un *futur : Il faudra qu'il vienne ; Je ne croirai jamais qu'ils allassent ainsi chaque jour* etc. *; Eh bien !* j'admettrai *qu'il soit venu*, etc. Après un *conditionnel :* Douteriez-vous *qu'ils* viennent *demain ? qu'ils* vinssent *s'ils le pouvaient ? qu'ils soient venus hier ? qu'ils* fussent venus, *s'ils l'avaient pu ?*

PARTICIPE PRÉSENT ET ADJECTIF VERBAL.

508. — Le participe en *ant* est *participe présent*, c'est-à-dire verbe, et, par conséquent, ne varie pas :

1° Lorsqu'il est précédé de la préposition *en*, pouvant se traduire par la locution *faisant l'action de*. Exemples : *Elle est tombée* en **courant**; *elles sont tombées* en **courant** (1) ;

2° Lorsqu'il est accompagné d'un complément direct. Exemples : *Des enfants* **carressant** *leur mère* (*leur mère*, complément direct de *carressant*). *C'est une excellente personne,* **obligeant** *tout le monde quand elle peut* (*tout le monde,* complément direct d'*obligeant*) ;

3° Lorsqu'il exprime une action et qu'il peut être remplacé par un autre temps du verbe. Exemples : *Je les aies vues* **courant** *vers le jardin* ; on peut dire : Je les ai vues, *elles couraient* vers le jardin.

509. — Le participe en *ant* est *adjectif verbal*, et dès lors il s'accorde avec le nom ou le pronom auquel il se rapporte :

1° Lorsqu'il est construit avec le verbe *être*. Exemples : *Cette personne est* **obligeante**; *ces personnes sont* **obligeantes** ;

2° Lorsqu'il peut être construit avec le verbe *être*. Exemple : *Ce sont des personnes* **obligeantes** ; on peut dire : Ce sont des personnes qui *sont obligeantes*.

510. — La forme verbale en *ant*, accompagnée seulement d'un complément indirect ou circonstanciel, est *participe présent* (verbe) ou bien *adjectif verbal*.

511. — Quelquefois le sens indique clairement s'il s'agit d'une action ou bien d'un état, d'une qualité, d'une simple manière d'être.

« *On voit la tendre rosée* dégouttant *des feuilles. On voit la sueur* ruisselant *sur son visage. Voyez-vous ces feuilles* dégouttantes *de rosée ? Voyez sa figure* ruisselante *de sueur.* Dans les deux premières phrases on affirme que la rosée tombe

---

(1) Si la préposition *en* a le sens de la locution *à la manière de*, le mot en *ant* qui la suit est un adjectif verbal pris substantivement. Exemple : *Ils se sont conduits* en **combattants** *intrépides*, c'est-à-dire *à la manière de combattants intrépides*.

par gouttes, que la sueur coule réellement en petits ruisseaux ; c'est l'action. Dans les deux autres on parle seulement de feuilles humides de rosée, d'une figure couverte de sueur ; c'est l'état sous lequel ces objets s'offrent à la vue. » (*Grammaire des Grammaires.*)

512. — Mais souvent aussi ce n'est que par un examen très-attentif que l'on peut distinguer le sens véritable. Voici quelques indications qui peuvent servir dans ce cas, le plus difficile de la syntaxe des participes.

513. — Le participe en *ant* est adjectif verbal, s'il exprime une qualité distinctive, une action continue, qui par cela même devient une habitude, un état permanent. Exemples : *La mort violente et la mort naturelle sont toutes deux des effets dé-pendants des causes générales.* (Buffon.) C'est une qualité distinctive.

Les temples étaient détruits, le idoles renversées, la folie de la croix triomphante de tout l'univers. (Massillon.) — C'est une action qui dure, qui se prolonge, qui devient permanente.

Le sens du participe présent est aussi conforme à cette règle dans les exemples suivants tirés des auteurs du xviie siècle (1) :

Les Juifs apprirent la langue chaldaïque fort *approchante* de la leur. (*Bossuet.*) — C'est une qualité distinctive.

La vraie terre *coulante* de lait et de miel que Jésus-Christ promet à ses amis. (*Bossuet.*) — C'est l'état habituel, permanent de cette terre.

Après le repas, il mena Sophronyme voir la belle prairie où erraient ses grands troupeaux *mugissants* sur le bord du fleuve. (*Fénelon.*) — C'est-à-dire qui ont l'habitude de mugir, qui mugissent fréquemment : c'est un état habituel, permanent.

Chaque famille *errante* de ce beau pays, transporte ses tentes d'un lieu à l'autre. (*Fénelon.*) — Action continue, habitude, état permanent.

Calypso aperçut des cordages *flottants* sur la côte. (*Fénelon.*) — Les cordages sont représentés comme surnageant sans mouvement certain, sans direction : c'est un état, une situation dont la durée est illimitée.

---

(1) Il ne faudra pas s'étonner cependant si dans les auteurs du xvie et du xviie siècle on trouve des exemples contraires à la règle de l'invariabilité du participe présent. Cette règle ne date que de 1679.

On écrira aussi :

Nous passâmes toute la nuit *tremblants* de froid et à demi-morts. (*Fénelon.*)

Ici il ne s'agit point, il est vrai, d'une qualité distinctive, d'une habitude, d'une action continue; mais évidemment on veut peindre l'état, la situation; nous étions non-seulement tremblants de froid, mais à demi-morts.

514. — Le participe en *ant*, accompagné seulement d'un complément indirect ou circonstanciel, est verbe, quand il exprime une simultanéité de temps, ou l'action *du moment*, ou bien la *cause*, le *motif*, le *moyen*; on peut alors le remplacer par *quand, lorsque, au moment où, parce que*, et un temps de l'indicatif, ou bien on peut le faire précéder de la préposition *en*. Exemples :

Je ne pus soutenir l'éclat de ses regards *étincelant* dans l'ombre. — C'est l'action du moment : on peut dire *au moment* où ils étincelaient.

Les troupeaux, *mugissant* dans la prairie, font retentir les échos de la vallée. — C'est la cause : on peut dire, les troupeaux, *quand* ils mugissent ou *en* mugissant font retentir, etc.

> Seule, *errant* à pas lents sur l'aride rivage,
> La corneille enrouée appelle aussi l'orage. (*Delille.*)

— Action du moment : *Lorsque*, seule, elle erre à pas lents sur l'aride rivage, la corneille, etc.

On voyait des débris *flottant* vers la côte. (Fénelon.) — Les débris franchissent un espace et voguent vers un but : c'est une action qui a pour terme le moment où les débris seront jetés sur la côte.

Une mère *tremblant* de déplaire à son fils est faible et se croit tendre. (Boinvilliers.) — C'est la cause : La mère est faible, parce qu'elle tremble de déplaire à son fils.

515. — En général, le participe en *ant*, dérivé d'un verbe intransitif et précédé ou suivi d'un complément indirect ou circonstanciel, est aussi participe présent invariable, lorsque ce complément est indispensable : *Ils ont pitié des misères qui accablent les hommes* **vivant** *dans le monde* (Fénelon); on ne pourrait pas ici retrancher le complément *dans le monde* parce qu'il détermine le sens du mot *vivant* (1).

---

(1) Les formes suivantes ne seraient pas correctes aujourd'hui :
> On ne reconnut plus qu'usurpateurs iniques,
> Qu'infâmes scélérats à la gloire *aspirants* (BOILEAU.)
> Plusieurs se sont trouvés qui, d'écharpes *changeants*,
> Aux dangers, ainsi qu'elle, ont souvent fait la figue. (LA FONTAINE.)

516. — En général, le participe en *ant* précédé d'un complément *adverbial* est variable ; et il est invariable si le complément adverbial le suit : *Ils y trouvent une subsistance abondante, une pâture* toujours **renaissante.** (Buffon.) *Tu foules une terre* **fumant** *toujours du sang des malheureux mortels.* (Bescher.)

REMARQUE. Il s'en faut néanmoins que cette règle soit absolue ; car on doit écrire sans accord : *Ces enfants ne travaillent guère, on les voit* toujours **jouant,** toujours **sautant,** toujours **courant** *dans le jardin,* parce qu'on exprime alors des actions. En second lieu, la règle ne s'applique aucunement au mot en *ant* accompagné d'un complément direct, puisqu'alors ce mot est nécessairement verbe (508 — 2º) : *Je la vois* toujours **cultivant** *ses fleurs.* Le mieux est donc de consulter le sens. (Voyez *Complém.* 30 et 31.)

517. — Les participes *ayant* et *étant* sont toujours invariables (1).

518. — REMARQUE. On a vu dans tout ce qui précède que l'orthographe des adjectifs verbaux ne diffère point de celle des participes présents correspondants, si ce n'est que ces derniers sont invariables. Il y a quelques exceptions ; ainsi on écrit :

Participes présents.	Adjectifs verbaux.
Convainquant.	Convaincant.
Extravaguant.	Extravagant.
Fabriquant.	Fabricant.
Fatiguant.	Fatigant.
Intriguant.	Intrigant.
Suffoquant.	Suffocant.
Vaquant.	Vacant.

Il y a aussi des adjectifs venant d'un verbe, qui se terminent non par *ant,* mais par *ent* : *Adhérent, différent,* etc. (Voyez 169.)

CHAPITRE IX

PARTICIPE PASSÉ.

519. — Le *participe passé* s'emploie sans auxiliaire, ou bien il est construit avec l'auxiliaire *être* ou avec l'auxiliaire *avoir.*

---

(1) *Ayant* prend le signe du pluriel dans ces termes de droit, les *ayants droit,* les *ayants cause* (Acad.) qui sont des façons de parler antérieures à la règle du participe présent.

1er CAS : PARTICIPE PASSÉ EMPLOYÉ SANS AUXILIAIRE OU CONSTRUIT
AVEC L'AUXILIAIRE *ÊTRE*.

520. — Le participe passé employé sans auxiliaire, ou construit avec l'auxiliaire *être*, s'accorde en genre et en nombre avec le nom ou le pronom auquel il se rapporte. Exemples :

Sans auxiliaire.	Avec l'auxiliaire ÊTRE.
Un enfant PUNI.	*Cet enfant* est PUNI.
Des enfants PUNIS.	*Ces enfants* sont PUNIS.
Une robe DÉCHIRÉE.	*Cette robe* était DÉCHIRÉE.
Des robes DÉCHIRÉES.	*Ces robes* avaient été DÉCHIRÉES.
Une maison solidement CONSTRUITE.	*J'ai vu votre maison, elle* est solidement CONSTRUITE.

521. — REMARQUE. Le participe passé avec ou sans l'auxiliaire *être* s'accorde avec son sujet, même lorsque ce sujet est placé après lui. Exemples : *Voici la place où fut* **construite** *la cabane des naufragés.* **Amollie** *par les délices de Capoue, l'armée d'Annibal ne fut plus capable de résister aux Romains.*

2e CAS : PARTICIPE PASSÉ EMPLOYÉ AVEC L'AUXILIAIRE *AVOIR*.

Il y a deux règles :

522. — PREMIÈRE RÈGLE. Le *participe passé* construit avec *avoir* ne varie point, si son complément direct est placé après lui. Exemples :

Mon père A ÉCRIT *deux lettres.*	*Ma mère* A ÉCRIT *deux lettres.*
Mes frères ONT ÉCRIT *deux lettres.*	*Mes sœurs* ONT ÉCRIT *deux lettres.*

Le participe *écrit* ne varie point, parce que le complément direct *deux lettres* est placé après lui.

523. — SECONDE RÈGLE. Le *participe passé* construit avec *avoir* s'accorde avec son complément direct, lorsque ce complément le précède. Exemples :

La lettre que vous avez ÉCRITE.

Le participe *écrite* s'accorde avec son complément direct *que* mis pour *laquelle lettre*, parce que ce complément est placé avant le participe.

Les lettres que vous avez ÉCRITES.

2e Partie, grammaire.   9

Le participe *écrites* s'accorde avec son complément direct *que*, mis pour *lesquelles lettres*, parce que ce complément le précède.

524. — Par la même raison, le participe passé s'accorde avec son complément direct dans les phrases suivantes :

> *La lettre* que *vous* avez APPORTÉE, *je* l'ai LUE.
> *Les livres* que *j'*avais PRÊTÉS, *on* les a RENDUS.
> *Quelle* affaire avez-*vous* ENTREPRISE ?
> *Combien d'*ennemis *n'a-t-il pas* VAINCUS (1) !

525. — REMARQUE. Le complément direct précédant le participe est ordinairement l'un des pronoms personnels *me, te, se, le, la, les, l', nous, vous,* ou le pronom conjonctif *que.*

APPLICATIONS PARTICULIÈRES DES DEUX RÈGLES DU PARTICIPE PASSÉ
CONSTRUIT AVEC *AVOIR.*

PARTICIPE PASSÉ DES VERBES INTRANSITIFS.

526. — Le participe passé des verbes intransitifs ou employés comme tels, lorsqu'il est construit avec *avoir*, ne varie jamais. Exemples : *Il* a **couru**; *elle* a **couru**. *Ils* ont **parlé** *longtemps*; *elles* ont **parlé** *longtemps. Il* a *beaucoup* **étudié**; *elle* a *beaucoup* **étudié**.

527. — REMARQUES. I. Certains verbes sont employés, tantôt comme verbes transitifs, tantôt comme verbes intransitifs.

Lorsqu'ils sont employés comme verbes transitifs, ils ont un complément direct, et leur participe passé suit les règles du participe construit avec *avoir*. Ainsi l'on écrira avec accord : *Cet homme nous a fidèlement* **servis** ; c'est-à-dire, a servi *nous* (complément direct).

Mais lorsqu'ils sont employés comme verbes intransitifs, ils n'ont pas de complément direct, et leur participe ne varie point. Ainsi l'on dira sans accord : *Leurs fautes nous ont* **servi** *à les mieux connaître*; c'est-à-dire, ont servi *à nous* (complément indirect).

---

(1) Voyez § 424, où les adverbes de quantités suivis d'un nom pluriel jouent, aussi, comme sujet, le rôle du pluriel.

II. Les verbes *vivre, dormir, régner,* sont toujours considérés, quant à l'accord, comme verbes intransitifs, quoiqu'ils paraissent quelquefois être employés comme verbes transitifs : leur participe passé ne varie donc jamais. Exemples : *Les années* qu'*elle* a **vécu**; *les heures* qu'*ils* ont **dormi**; *les six ans* qu'*il* a **régné.** Le participe reste invariable comme s'il y avait : *Les années pendant lesquelles* elle a vécu ; *les heures pendant lesquelles* ils ont dormi ; *les six ans pendant lesquels* il a régné.

PARTICIPE PASSÉ DES VERBES IMPERSONNELS.

528. — Les verbes impersonnels sont intransitifs par le sens, même lorsqu'ils viennent d'un verbe transitif ; leur participe passé ne varie donc jamais. Exemples : *La disette* qu'il y a **eu** ; *les grandes chaleurs* qu'il a **fait.**

PARTICIPE PASSÉ SUIVI D'UN INFINITIF.

529. — Le participe passé immédiatement suivi d'un infinitif varie, si le pronom qui le précède est complément direct de ce participe ; il ne varie pas, si ce pronom est complément de l'infinitif.

1° Le pronom est complément direct du participe, lorsqu'on peut, sans changer le sujet, remplacer l'infinitif par un autre temps de l'actif ou par le participe présent. Exemples :

> *Cette dame peint très-bien; je* L'ai **VUE** peindre.
> *Je* LES ai ENTENDUS blâmer *cette action.*

(C'est-à-dire : *Je l'ai vue quand elle* peignait ou *je l'ai vue* peignant; *je les ai entendus, ils* blâmaient *cette action.*)

2° Le pronom est complément de l'infinitif, lorsque cet infinitif ne peut être remplacé que par un temps du verbe passif. Exemples :

> *Cette dame se fait peindre ; je* L'ai vu peindre.
> *Je* LES ai ENTENDU blâmer *par leurs parents.*

(C'est-à-dire : *J'ai vu qu'elle* était peinte ; *j'ai entendu qu'ils* étaient blâmés).

En vertu de cette règle, on écrira donc :

Où sont nos gens? Est-ce que vous **les** *avez* **laissés** *partir?*

Le garde a emmené les chiens; je **les** *ai* **laissé** *emmener.*

530. — REMARQUES. I. Le participe *fait*, immédiatement suivi d'un infinitif, ne varie jamais. Exemples : *Les ordres que j'*ai **fait** *exécuter; les maisons qu'il a* **fait** *construire.*

II. Le participe passé ne varie point, lorsqu'on sous-entend après lui un infinitif ou un verbe à un autre temps. Exemples : *Je lui ai rendu tous les services* que *j'ai* **pu** *et que j'ai* **dû** (sous-entendu, *lui rendre*). *J'ai fait toutes les commissions* qu'*il a* **voulu** (sous-entendu, *que je fisse*).

Mais on écrira : *Je vous ai payé toutes les sommes* que *je vous ai* **dues**; *Il veut fortement les choses qu'il a' une fois* **voulues** (Bescher,) parce qu'il n'y a point d'infinitif sous-entendu à la suite du participe.

PARTICIPE PASSÉ SUIVI D'UNE PRÉPOSITION ET D'UN INFINITIF.

531. — Lorsque l'infinitif qui vient après le participe est précédé d'une préposition, il faut, comme dans les exemples précédents, voir si le pronom est complément direct du participe ou de l'infinitif.

S'il est complément du participe, le participe varie; s'il est complément de l'infinitif, le participe ne varie pas. Exemples : *Il comprend la faute* qu'*il a* **faite** *d'être parti sans vous avoir vu;* c'est-à-dire, la faute, *laquelle faute il a* **faite** : le pronom *que* est complément de *a faite.*

C'est la route **que** *j'*ai **résolu** de suivre; c'est-à-dire, *laquelle route je veux suivre* : je n'ai pas résolu *la route*, j'ai résolu *de suivre la route*; ainsi le pronom *que* est complément direct de l'infinitif *suivre*, et non du participe *résolu.*

532. — REMARQUE. Cette règle s'applique au participe *eu* suivi de la préposition *à* et d'un infinitif. Ainsi on écrira avec accord, parce que le pronom *que* est complément direct de *ai eu* et non de l'infinitif : *Tels sont les avantages* **que** *j'*ai **eus** à combattre *cette doctrine* (j'ai eu ces avantages à combattre la

doctrine en question). — *Voilà les profits* que j'ai **eus** à faire
un pareil métier (j'ai eu ces profits en faisant ce métier).

Et sans accord, parce que le pronom *que* est complément
direct de l'infinitif et non du participe : *Les combats éternels*
qu'elle avait **eu** à soutenir *sont enfin finis* (Massillon) (elle n'a-
vait pas eu des combats, elle avait eu à soutenir des combats),
— *Les profits* **que** j'ai **eu** à réaliser (j'ai eu à réaliser les profits) (1). — Voir *Compléments* 32.

PARTICIPE PASSÉ ENTRE DEUX *QUE*.

533. — Tout participe passé entre deux *que* ne varie point;
exemple : *La lettre* que j'ai **présumé** que *vous recevriez.*

Le second *que* est conjonction, le premier *que* est pronom,
et il est complément direct, non du participe, mais du verbe
qui suit ce participe : en effet, cette phrase ne signifie pas :
J'ai présumé la lettre ; elle signifie : *J'ai présumé que vous*
recevriez la lettre (2).

PARTICIPE PASSÉ AYANT POUR COMPLÉMENT LE PRONOM
LE SIGNIFIANT *CELA*.

534. — Le participe passé ne varie pas, lorsqu'il a pour
complément direct le pronom *le* rappelant l'idée d'un membre
de phrase et signifiant *cela*. Exemple : *La flotte n'était pas*
aussi nombreuse qu'on l'avait **cru**, c'est-à-dire, qu'on avait
cru *cela, qu'elle était nombreuse.*

PARTICIPE PASSÉ PRÉCÉDÉ D'UN ADVERBE DE QUANTITÉ.

535. — Le participe passé précédé d'un adverbe de quantité
s'accorde avec le nom qui est complément de cet adverbe :
Combien d'erreurs il a **commises** ! *Autant de lois il a* **faites**,
autant de sources de prospérité il a **ouvertes**. (Marmontel.)
(Voir §§ 424 et 524.)

---

(1) On écrira de même : La visite que j'*ai eu* à faire, les mers que j'*ai eu* à
parcourir ; les raisons que j'*ai eu* à combattre ; les dangers que j'*ai eu* à bra-
ver, les obstacles que j'*ai eu* à renverser. On en voit facilement la raison.
(2) On évite aujourd'hui l'emploi du participe passé entre deux *que*.

PARTICIPE PASSÉ PRÉCÉDÉ DU PRONOM *EN*.

536. — Le pronom *en* placé avant le participe passé n'est point complément direct de ce participe ; il est déterminatif du complément direct exprimé ou sous-entendu après le participe. En conséquence, le pronom *en* ne commande jamais l'accord, et le participe ne varie pas. Exemples :

Il a beaucoup de livres, mais il **en** a **lu** *seulement* quelques-uns ; c'est-à-dire, *il a lu seulement* quelques-uns d'eux, *des livres* : le complément direct est le pronom *quelques-uns*, placé après le participe.

Il a élevé plus de monuments que d'autres n'en ont **détruit.** (Acad.) Ici le complément direct est sous-entendu et la phrase signifie *que d'autres n'ont détruit* certain nombre de *monuments.*

537. — Lorsque le pronom *en* est précédé d'un adverbe de quantité, l'accord se fait par syllepse avec le nom dont le pronom *en* rappelle l'idée :

> Et de ce peu de jours si longtemps attendus,
> Ah ! malheureux, *combien j'en ai* déjà *perdus.* (*Racine.*)

Le nom dont on rappelle l'idée est *jours.*

Autant d'ennemis il a attaqués, autant *il en* a **vaincus.** (Dessiaux.)

Dans le premier exemple *combien* signifie *quel grand nombre* : ce sont *plusieurs* jours qui ont été perdus ; telle est l'idée de celui qui parle, et c'est, comme on le voit, une idée de pluralité. *Autant d'ennemis* est aussi une idée de pluralité, et cette idée est exprimée de nouveau par le mot *autant* dans le second membre de la phrase. D'ailleurs *attaqués* doit être au pluriel en vertu de la règle précédente (535), et il sera absurde d'écrire à la suite *autant il en a vaincu,* au singulier (1).

----

(1) Cette règle a pour elle la logique et les meilleurs grammairiens. C'est donc bien à tort que l'auteur d'une grammaire élémentaire fait *corriger* par ses élèves les vers ci-dessus de Racine, ainsi que les suivants :

> Combien en a-t-on *vus* jusqu'au pied des autels
> Porter un cœur pétri de penchants criminels ! (*Voltaire.*)
> Pendant ces derniers temps, combien en a-t-on *vus*
> Qui, du soir au matin, sont pauvres devenus,
> 　　Pour vouloir trop tôt être riches ! (*La Fontaine.*)

Cet accord sylleptique est tout aussi légitime, tout aussi naturel que celui-ci : *Combien y sont restés, combien peu s'en sont retirés !* c'est-à-dire combien d'*hommes* **y** sont restés, combien peu d'*hommes* s'en sont retirés !

537 bis. — REMARQUES. I. L'accord sylleptique n'a pas lieu dans les phrases interrogatives ou exclamatives : *Des fleurs,* combien en *avez-vous* cueilli ? Combien *j'*en *ai* cueilli ! *Des pages,* combien en *avez-vous* écrit ? Combien *j'*en *ai* écrit ! Parce que dans ce cas *combien* ne signifie plus *quel grand nombre,* mais simplement *quel nombre.* Ce n'est plus une idée de pluralité ; c'est le mot *nombre* lui-même qui est dans la pensée ; ce nombre d'ailleurs peut n'être que l'unité.

II. L'accord sylleptique n'a pas lieu non plus lorsque l'adverbe de quantité suit le pronom *en,* au lieu de le précéder : *J'*en *ai* beaucoup **lu** ; *Il* en *a* tant **vu** ; *Nous* en *avons* assez **fait.**

PARTICIPE PASSÉ PRÉCÉDÉ DE *LE PEU.*

538. — *Le peu* a deux sens ; il signifie *la petite quantité,* ou bien il signifie *le trop peu, l'insuffisance, le manque.*

539. — Lorsque *le peu* signifie *la petite quantité,* il est collectif partitif, et c'est le nom qui le suit qui commande l'accord. Exemple : Le peu *d'*attention que *vous avez* **donnée** *à cette règle a suffi pour vous la faire comprendre.*

C'est le mot *attention* qui commande l'accord du participe *donnée,* parce que *le peu d'attention* signifie *la petite quantité d'attention, l'attention même en petite quantité.* Remarquez que le sens de la phrase est *positif :* on a donné de l'attention, puisque la règle **a** été comprise.

540. — Lorsque *le peu* signifie *le trop peu, l'insuffisance,* il est nom commun masculin, et il commande l'accord du participe. Exemple : Le peu *d'*attention que *vous avez* **donné** *à cette affaire est cause de l'embarras où vous vous trouvez.*

C'est-à-dire , *le trop peu, l'insuffisance d'attention* que vous avez *donné,* etc. Remarquez que l'idée de la phrase a quelque chose de *négatif :* vous n'avez pas donné d'attention ou vous n'en avez pas donné assez, et c'est là la cause de l'embarras où vous êtes.

PARTICIPES *COUTÉ, VALU, PESÉ.*

541. — Les participes *coûté* et *valu* ne varient point lorsqu'ils sont employés dans le sens propre, c'est-à-dire pour exprimer l'idée de *prix*, de *valeur*. Exemple : *Je regrette les vingt mille francs que cette maison m'a* **coûté**, *parce qu'elle ne les a jamais* **valu**.

542. — Ces participes varient lorsqu'ils sont employés dans le sens figuré, c'est-à-dire pour exprimer l'idée de *causer*, de *procurer*. Exemples :

> Après tous les ennuis *que* ce jour m'a coûtés. (*Racine.*)

c'est-à-dire *m'a causés*.

> Ces honneurs, c'est mon rang qui me *les* a valus.

c'est-à-dire *qui me les a procurés* (1).

543. — *Peser* est intransitif lorsqu'il signifie *avoir un certain poids*. (Acad.) Dans ce cas son participe passé ne varie point. *Les cent kilogrammes que cette caisse a* **pesé**. Il est transitif lorsqu'il signifie *constater le poids*, et quand il est employé dans le sens figuré : *Les sacs que cet homme a* **pesés**. *Ces raisons, je les ai* **pesées**.

PARTICIPE PASSÉ DES VERBES PRONOMINAUX.

544. — Dans les temps composés des verbes pronominaux on peut, comme nous l'avons dit (page 64), considérer l'auxiliaire *être* comme équivalant à un temps du verbe *être* accompagné du participe *ayant*. Ainsi : *Je me suis blessé* équivaut à *je suis ayant blessé moi*. En conséquence :

545. — RÈGLE GÉNÉRALE. Le participe passé des verbes pronominaux suit les mêmes règles que le participe passé des autres verbes qui prennent l'auxiliaire *avoir*.

Ainsi l'on écrira avec accord : *Elles se sont* **coupées** *à la main* ; c'est-à-dire, *elles ont coupé* soi, elles-mêmes *à la main*. Ici le pronom *se*, mis pour *elles*, est complément direct du participe.

Et l'on écrira sans accord : *Elles se sont* **nui** ; c'est-à-dire,

---

(1) Contrairement à l'usage constant des bons écrivains et à l'opinion de tous les grammairiens, l'Académie ne fait point varier le participe *coûté* employé dans le sens figuré.

elles ont nui à soi, à elles-mêmes ; *elles se sont* **coupé** le doigt ; c'est-à-dire, *elles ont coupé* à soi, à elles-mêmes le doigt. Ici le pronom *se*, mis pour *à soi*, est complément indirect.

546. — Il faut donc voir si l'un des pronoms *me*, *te*, *se*, *nous*, *vous*, qui précèdent le participe du verbe pronominal, signifie *moi*, *toi*, *soi*, *nous*, *vous* ; dans ce cas il est complément direct et commande l'accord : ou bien s'il signifie *à moi*, *à toi*, *à soi*, *à nous*, *à vous*, et dans ce cas il est complément indirect et ne commande point l'accord. Voici à ce sujet quelques observations fort utiles.

547. — Nous avons vu (page 66) qu'il y a deux sortes de verbes pronominaux : 1° les verbes *essentiellement* pronominaux, qui prennent nécessairement le pronom se à l'infinitif, tels que *s'emparer*, *s'enfuir*, *s'en aller* ; 2° et les verbes *accidentellement* pronominaux, qui ne prennent pas toujours le pronom *se* à l'infinitif, tels que *se blesser*, *se nuire*.

1° Le participe passé des verbes *essentiellement* pronominaux s'accorde avec le pronom *me*, *te*, *se*, etc., qui le précède, parce que ce pronom en est le complément direct ; exemples : *Les ennemis* **se sont** **enfuis**. *Mesdames, vous* **vous** *êtes* **emparées** *des meilleures places. Ces demoiselles* s'en *sont* **allées**.

EXCEPTION. Le verbe *s'arroger*, qui signifie *s'attribuer*, est le seul verbe essentiellement pronominal qui n'a pas pour complément direct le pronom *me*, *te* ou *se*, etc., qui le précède : on écrira donc : *Elles se sont* **arrogé** *certains droits qu'elles n'avaient pas* (certains *droits*, complém. direct ; se, *à soi*, complém. indirect). *Les droits* **qu'**elles se *sont* **arrogés** (*que* pour *lesquels droits*, complém. direct.)

2° Le participe passé des verbes *accidentellement* pronominaux s'accorde avec le pronom *me*, *te* ou *se*, etc., qui le précède, si ce pronom, mis pour *moi*, *toi*, *soi*, etc., est complément direct ; et il ne s'accorde point avec ce pronom, s'il est mis pour *à moi*, *à toi*, *à soi*, etc. Exemples : *Ces messieurs* **se** *sont* **blessés** (ont blessé *soi*). *Nous* **nous** *sommes* **promenés** (nous avons promené *nous*). *Elles* **se** *sont* **nui** (elles ont nui *à soi, à elles*). *Nous* **nous** *sommes* **parlé** *longtemps* (nous avons parlé *à nous*).

548. — REMARQUES. I. Il suit de là que le participe passé d'un verbe accidentellement pronominal formé d'un verbe intransitif ne varie jamais. Exemples : *Ils se sont* **ri** *de nos menaces. Elles se sont toujours* **plu** *à mal faire. De 'graves événements se sont* **succédé** *en peu de temps.*

II. Certains verbes accidentellement pronominaux sont considérés comme essentiellement pronominaux, parce qu'ils ont, sous cette dernière forme, une signification toute différente de celle qu'ils ont sous la forme simple ; tels sont *s'apercevoir* ou *s'aviser* d'une chose, *s'attaquer à, se douter de*, etc. (Voir page 66.) On écrira donc : *Elles se sont* **aperçues** *de leur maladresse. Ils* **se** *sont* **attaqués** *à moi,* **Nous** **nous** *sommes* **tus.**

III. Si le verbe pronominal a le sens du verbe passif, son participe s'accorde : *Cette maison* **s'est** **bâtie** *en quinze jours* ; c'est-à-dire *a été bâtie.*

IV. *S'imaginer* signifie imaginer *à soi,* figurer *à soi* ; *se persuader* signifie persuader *à soi* ; en conséquence, les pronoms *me, te, se*, etc., ne commandent point l'accord du participe de ces verbes. Exemples : *Elle* **s'est** **imaginé** ; *nous* **nous** *sommes* **imaginé.** *Ils* **s'étaient** **persuadé** *qu'on n'oserait les contredire.* (Acad.)

Cependant lorsque *se persuader* exprime une idée de réciprocité, le pronom *se* commande l'accord, parce qu'il signifie *soi* et non *à soi*, et il suit la règle des verbes essentiellement pronominaux : *Ils* **se** *sont* **mutuellement** **persuadés** *de la bienveillance de leurs intentions.* — Voyez *Complém.* 33.

CHAPITRE X

DE L'ADVERBE.

EMPLOI DE QUELQUES ADVERBES.

549. — **Auparavant, alentour, dedans, dehors, dessus, dessous.** Ces adverbes ne doivent jamais être employés avec un complément, au lieu des prépositions *avant, autour de, dans, hors de, sur, sous.* Ainsi,

Ne dites pas :	*Dites :*
Auparavant lui	*Avant* lui
Auparavant qu'il vienne	*Avant* qu'il vienne
Alentour de moi	*Autour* de moi
Dedans la boîte	*Dans* la boîte
Dehors la chambre	*Hors* de la chambre
Dessus la table	*Sur* la table
Dessous la chaise	*Sous* la chaise.

REMARQUE. — Cette règle constate l'usage actuel, mais la plupart de ces mots s'employaient autrefois comme prépositions, et il ne faut pas considérer comme des fautes, dans les bons auteurs, les exemples où ils sont suivis d'un complément.

550. — EXCEPTIONS. *Dedans, dehors, dessus* et *dessous* s'emploient comme prépositions :

1° Lorsqu'ils sont précédés d'une préposition : *Il passa par* dedans *la ville.* (Acad.) *Otez cela* de dessus *la table,* de dessous *le lit*; et non pas *de sur* la table, etc. ;

2° Quand ils sont mis en opposition : En dedans *et* en dehors de *la ville.* (Acad.) *Il n'est* ni dessus *ni* dessous *la table.* (Id.)

551. — **Davantage** signifie *plus* et *plus longtemps*; exemples : *La science est estimable, mais la vertu l'est bien* davantage. (Acad.) *Ne restez pas* davantage. (Id.) On pourrait dire aussi : Mais la vertu l'est bien *plus* ; Ne restez pas *plus longtemps.*

552. — Cependant *plus* et *davantage* ne s'emploient pas toujours l'un pour l'autre. *Davantage,* d'après l'usage actuel, ne peut avoir de complément. Ainsi, l'on ne dit plus : *Vous avez de la prudence, mais j'en ai* davantage *que vous* (1).

On ne peut pas non plus s'en servir pour modifier un adjectif. Ainsi, l'on ne dit pas : *Il est* davantage *habile,* davantage *honoré ;* on ne dit pas non plus : *Il a* davantage *de brillant que de solide ; J'en ai* davantage *que lui.* On dit : *Il est* plus *habile,* plus *honoré ; Il a* plus *de brillant que de solide ; J'en ai* plus *que lui.*

553. — En outre, l'adverbe *davantage* ne peut pas s'employer dans le sens de *le plus* ; ainsi ne dites pas : *Cette distinction est celle qui le flatte* davantage ; dites : *Qui le flatte* le plus.

554. — REMARQUE. *Davantage, auparavant* et *alentour* sont quelquefois suivis de la préposition *de* ou de la conjonction *que :* mais alors ce *de* ou ce *que* n'est point sous leur dépendance ; il fait partie d'un complément de l'attribut. Exemples : *Je suis content de votre devoir ; mais je le suis bien* davantage *du sien ;* c'est-à-dire, je suis *content du sien bien* davantage. — *Je partirai avec vous, mais il faut* auparavant *que je termine ce travail.* — *J'avais reçu* auparavant *de très-bonnes nouvelles.* — *Il n'y avait* alentour *que des marais.*

555. — **Aussi** et **si; autant** et **tant.** Les adverbes *aussi* et *autant* expriment la comparaison ; les adverbes *si* et *tant* expriment l'extension et signifient *tellement, à tel point.* Par conséquent, dans les comparaisons il faut employer *aussi, autant,* et non *si, tant.* Ne dites pas : *Nous sommes si fatigués que vous ; j'ai* tant *travaillé que vous.* Dites : *Nous sommes* aussi *fatigués que vous ; j'ai* autant *travaillé que vous.*

556. — Cependant, avec une négation, on peut employer *si* au lieu de *aussi, tant* au lieu de *autant,* dans les comparaisons ; exemples : *Il n'est pas si riche que vous.* (Acad.) *Rien ne m'a* tant *fâché que cette nouvelle.*

557. — *Aussi* et *si* se joignent aux adjectifs et aux adverbes : *Il est* aussi *sage que vaillant.* (Acad.) *Il vit* aussi *magnifiquement qu'un prince.* (Id.) *Le vent est* si *grand, qu'il rompt*

---

(1) Au XVIIe siècle, *davantage* se construisait correctement avec *que.* Ainsi Bourdaloue a dit : *Rien ne nous trouble* davantage *que le jugement de notre conscience.* Et Bossuet : *Que craignons-nous* davantage *que d'être trompés?*

tous les arbres. (Id.) *Autant* et *tant* se joignent aux verbes ; ils se joignent aussi aux noms, mais alors ils sont suivis de la préposition *de : Il ne craint rien* tant *que de vous déplaire,* (Acad.) *Il y avait* autant *d'hommes que de femmes.* (Id.)

558. — REMARQUES. 1. *Aussi* et *autant* peuvent l'un et l'autre précéder un participe passé ; mais on emploie *autant* avec les verbes passifs, ou quand il s'agit d'une action, et *aussi* lorsqu'on exprime l'état, la qualité : *Vous êtes* autant *estimé qu'aimé ; J'ai* autant *marché que vous. — Il est* aussi *avancé dans ses études que vous pouvez le désirer.*

II. *Autant* s'emploie, au lieu de *aussi*, entre deux adjectifs séparés seulement par *que : Il est modeste* autant *qu'habile.* (Acad.)

III. Quelques grammairiens veulent que l'on dise toujours *si fort en peine, si fort en colère, si bien à l'aise,* et jamais *si en peine, si en colère, si à l'aise.* Nous pensons avec d'autres grammairiens qu'il est permis d'employer ces locutions dans le style familier, comme l'ont fait plus d'une fois les bons écrivains : *Je trouve cette pauvre tante couchée, si à son aise, etc.* (Madame de Sévigné.) *Elle avait été si en peine de moi, qu'elle fut charmée de mon retour.* (Lesage.)

559. — **Aussi** et **non plus.** Dans le sens de *pareillement, également,* on emploie *aussi,* lorsque la proposition est affirmative, et *non plus,* lorsqu'elle est négative : *Vous le croyez, et moi* aussi. *Vous ne le croyez pas, ni moi* non plus.

REMARQUE. Lorque *aussi* a le sens de *en conséquence,* il s'emploie dans les phrases négatives : *Vous êtes négligent,* aussi *vous ne réussirez pas.* Mais alors *aussi* joue le rôle de conjonction.

560. — **Aussitôt** ne doit pas s'employer comme préposition ; ainsi au lieu de, aussitôt *votre départ,* dites : *aussitôt* après *votre départ.*

Mais l'adverbe *aussitôt* peut se construire devant un nom dans une proposition absolue, telle que celle-ci : *Aussitôt votre lettre reçue je ferai cette démarche* (Acad.) ; qui équivaut à : *Aussitôt que votre lettre* aura été *reçue, je ferai cette démarche.*

561. — **Beaucoup,** mis après un comparatif, doit toujours être précédé de la préposition *de : Vous êtes plus savant* de beaucoup. (Acad.)

Quand *beaucoup* est avant le comparatif, on peut dire avec ou sans *de : Vous êtes* de beaucoup *plus savant,* ou *vous étes* beaucoup *plus savant* (Acad.) Mais la seconde tournure est plus usitée que la première.

562. — On dit également bien : *Il s'en faut beaucoup* et *il s'en faut de beaucoup*; mais le premier s'emploie quand il s'agit d'une qualité, et le second quand il s'agit d'une quantité : *Le cadet n'est pas si sage que l'aîné*, il s'en faut beaucoup. (*Acad.*) *Vous croyez m'avoir tout rendu*, il s'en faut de beaucoup. (*Id.*)

563. — **Plus** et **mieux.** *Plus* exprime l'idée d'une quantité plus grande; *mieux* exprime une idée de perfection. Il faut donc dire quand on ne veut exprimer que l'idée de quantité : *Il a plus de vingt francs*, et non pas, il a *mieux que* vingt francs. Surtout ne dites jamais : Il a *mieux de* vingt francs.

Cependant *mieux* employé sans complément, peut aussi, dans certains idiotismes, exprimer la quantité. Ainsi on dit très-bien : *Vous croyez qu'elle n'a que vingt ans, elle a mieux.* (*Acad.*)

564. — **Plus tôt** et **plutôt.** *Plus tôt*, en deux mots, exprime une idée de temps; c'est l'opposé de *plus tard* : *J'arriverai plus tôt que vous.*

Plutôt, en un seul mot, exprime une idée de préférence; *Je choisirai plutôt celui-ci.*

565. — *De suite,* **tout de suite.** *De suite* signifie l'un après l'autre, sans interruption : *Faites-les marcher de suite,* (*Acad.*) *Il ne saurait dire deux mots de suite.* (*Id.*)

Tout de suite signifie le plus souvent sur-le-champ, aussitôt, sans délai : *Il faut que les enfants obéissent tout de suite.* (*Acad.*)

Quelquefois cependant il signifie aussi *sans interruption* : *Il but trois rasades* tout de suite. *Il a couru vingt postes* tout de suite. (Acad.) Dans ce sens, *tout de suite* est plus fort que *de suite*; il signifie *tout à fait de suite.*

566. — **Tout à coup, tout d'un coup.** *Tout à coup* signifie subitement, en un moment : *Cette maison est tombée tout à coup.* (*Acad.*) *Ce mal l'a pris tout à coup.* (*Id.*)

Tout d'un coup, c'est tout en une fois : *Il gagna mille*

écus tout d'un coup (*Acad.*); c'est-à-dire, d'un seul coup.

567. — **Très** et **bien.** *Très* ne peut se placer que devant un adjectif ou un adverbe : *Il fait* très-froid. *Vous parlez* très-sagement. Devant les noms il faut employer les adverbes *bien, extrêmement*; ainsi dites : *J'ai* bien *faim, j'ai* extrêmement *soif*, et non *j'ai très-faim, très-soif.* (Voyez *Complém.* 34.)

EMPLOI DE LA NÉGATION.

568. — Nous n'avons réellement que deux mots négatifs *non* et *ne*; les mots tels que *pas* et *point*, qui accompagnent souvent la négative, sont ordinairement des noms qui se joignent à la particule négative pour en préciser, pour en fortifier le sens. (Voyez *Complém.* 35.)

REMARQUE. Le mot *non*, qui tient lieu d'une proposition, appartient, comme nous l'avons vu plus haut (161), à une certaine classe d'interjections; son emploi d'ailleurs n'offre aucune difficulté. Nous ne parlerons donc que de l'adverbe négatif *ne* et des mots *pas* et *point* qui l'accompagnent.

Différence entre PAS *et* POINT.

569. — « *Point* nie plus fortement que *pas* (1). On dira également : *Il n'a* pas *d'esprit; Il n'a* point *d'esprit*; et on pourra dire : *Il n'a* pas *d'esprit, ce qu'il en faudrait pour sortir d'un tel embarras*; mais quand on dit : *Il n'a* point *d'esprit*, on ne peut rien ajouter. Ainsi *point*, suivi de la particule *de*, forme une négation absolue : au lieu que *pas* laisse la liberté de restreindre, de réserver. » (*Acad.*)

570 — « Par cette raison, *pas* vaut mieux que *point* :

« 1° Devant *plus, moins, si, autant*, et autres termes comparatifs : *Cicéron n'est* pas *moins véhément que Démosthène, Démosthène n'est* pas *si abondant que Cicéron.* »

« 2° Devant les noms de nombre : *Il n'en reste* pas *un seul petit morceau. Il n'y a* pas *dix ans.* »

« *Pas* convient mieux à quelque chose de passager et d'ac-

(1) En effet, *un point* est moindre qu'*un pas*. (Voir *Complém.* 35.)

cidentel ; *point*, à quelque chose de permanent et d'habituel ;
Il ne lit pas, il ne lit pas dans ce moment. *Il ne lit* point, il
ne lit jamais. » (*Acad.*)

571. — « Quand *pas* et *point* entrent dans l'interrogation,
c'est avec des sens différents. Si la question est accompagnée
de doute, on dira : *N'avez-vous* point *été là? N'est-ce* point
vous qui me trahissez? Mais s'il n'y a pas de doute, on dira,
par manière de reproche : *N'avez-vous* pas *été là? N'est-ce*
pas *vous qui me trahissez?* » (Acad.)

Suppression de PAS et de POINT.

572. — On peut supprimer *pas* et *point* après les verbes
cesser, oser et *pouvoir : Il n'a cessé de gronder. On n'ose
l'aborder. Je ne puis me taire.* (Acad.)

« On peut aussi dire, *ne bougez*, mais dans la conversation
seulement. » (*Acad.*)

573. — On supprime toujours *pas* et *point* :

1° Après le verbe *savoir*, pris dans le sens de *pouvoir : Je
ne saurais en venir à bout.* Mais la suppression n'a pas lieu
quand *savoir* est pris dans son vrai sens : *Je ne sais pas l'anglais.* (Acad.) (1)

2° Quand la phrase renferme une expression comme *nul,
personne, guère, jamais, rien, goutte, mot*, etc., qui précise
l'étendue du sens négatif : *Je n'ai nul souci; je ne vis personne hier; je ne soupe guère; je ne dois rien; je n'y vois
goutte; je ne dis mot.* (*Acad.*)

REMARQUE. Si un adjectif numéral est joint à *mot*, il faut
employer *pas ; Il ne dit* pas un mot *qui ne soit à propos.*
(Acad.)

3° Quand *ni* est répété, ou lorsque deux négations sont
jointes par *ni : Heureux qui n'a ni dettes ni procès! Je ne
l'estime ni ne l'aime.* (Acad.)

574. — REMARQUE. Après *depuis que* ou *il y a*, suivi d'un

---

(1) Après *savoir*, précédé de la négation et signifiant *être incertain*, le
mieux, dit l'Académie, est de supprimer *pas* et *point : Je ne sais où les
prendre. Il ne sait ce qu'il veut.*

mot qui indique un certain laps de temps, on supprime *pas* et
point, quand le verbe est au passé : *Depuis que je ne l'ai* vu.
(Acad.) *Il y a six mois que je ne lui* ai parlé. (Id.)

Mais si le verbe est au présent, il faut *pas* ou *point*; et le
sens est alors différent de celui des deux exemples précédents : *Depuis que nous ne nous* voyons pas. (*Acad.*) *Il y a
six mois que nous ne nous* parlons point. (*Id.*) (1)

Emploi et suppression de NE.

575. — On emploie toujours *ne* dans la proposition subordonnée :

1º Après les verbes *empêcher, éviter, prendre garde que*
et son synonyme *garder que* : *La pluie* empêche *qu'on n'aille
se promener.* (Acad.) *Evitez qu'il* **ne** *vous* parle. (Id.) Prenez
garde *qu'on* **ne** *vous séduise.* (Id.) *Gardez qu'on* **ne vous
voie.** (Id.) (2)

REMARQUE. Après *ne pas empêcher que* on emploie ou non la négation : *Je n'empêche pas qu'il* ne *fasse* ou *qu'il* fasse *ce qu'il voudra.* (Acad.)

576. — 2º Après les locutions conjonctives *à moins que, de
peur que, de crainte que.* Exemples : A moins que *vous* **ne**
preniez bien votre temps. (Acad.) *Cachez-lui votre dessein,*
de peur qu'*il* **ne** *le traverse.* (Id.)

577. — On ne met pas la négation après le verbe *défendre* :
J'ai défendu *que vous fissiez telle chose.* (Acad.)

Et aujourd'hui l'usage a prévalu de ne pas la mettre non
plus après *avant que* et *sans que* : *J'irai le voir* avant qu'il
parte. (Acad.) *Je ne puis parler* sans qu'il *m'interrompe.*
(Id.) (3)

REMARQUE. La négation est nécessaire lorsqu'au lieu de *sans que*
on emploie *que* tout seul : *Je ne puis parler* qu'il **ne** *m'interrompe.*

---

(1) L'usage apprend suffisamment les autres cas où l'on supprime *pas* et
point après *ne.*
(2) Ne confondez pas les locutions *prendre garde que* et *garder que* avec
prendre garde de et *se garder de.* Ces dernières formes n'exigent pas la
négation après elles.
(3) L'emploi de la négation dans ces sortes de phrases est resté dans
le langage vulgaire, et c'est une incorrection.

578. — On emploie *ne* dans la proposition subordonnée après le verbe *craindre* ou ses synonymes *avoir peur*, *appréhender*, *trembler*, après *autre* et *autrement*, après *plus*, *mieux* ou *moins* formant un comparatif, lorsque la première proposition est affirmative. Exemples : *Je* crains *qu'il* ne *vienne.* (Acad.)

On se voit d'un *autre* œil qu'on *ne* voit son prochain. (*La Fontaine.*)

Il agit autrement *qu'il* **ne** *parle.* (Acad.) *Il est* plus *heureux que vous* ne *l'êtes.* (Id.)

579. — Mais après ces mots on ne met pas la négation dans la proposition subordonnée, si la première proposition est négative : *Je ne crains pas qu'il vienne.* (Acad.) *Il n'agit pas autrement qu'il parle.* (Id.) *On n'est* pas plus *complaisant que vous l'êtes.*

580. — REMARQUE. « Après le verbe *craindre* et ses synonymes, on emploie *ne* seul, sans *pas* ni *point*, lorsqu'il s'agit d'un effet qu'on ne désire pas : *Je* crains *que vous ne perdiez votre procès.* Au contraire, il faut *pas* ou *point*, lorsqu'il s'agit d'un effet qu'on désire : *Je* crains *que ce fripon ne soit* pas *puni.* » (Acad.)

« La même règle est à observer après *de crainte que*, *de peur que*. Ainsi lorsqu'on dit, *de crainte qu'il* ne *perde son procès*, on souhaite qu'il le gagne ; et, *de crainte qu'il* ne *soit* pas *puni*, on souhaite qu'il le soit. » (*Id.*)

581. — Quand le verbe *craindre* et ses synonymes *appréhender*, etc., sont employés sous la forme interrogative, on met *ne* dans la proposition subordonnée, comme lorsqu'ils sont employés affirmativement. Exemples : *Mon médecin* craint-il *que je* ne *sois longtemps malade?* (Boniface.) *Ne* craignez-vous *pas qu'il* **ne** *vienne.* (Marmontel.)

PHÈDRE.   Quoi! vos vœux irrités...
THÉSÉE. Quoi! *craignez-vous* déjà qu'ils *ne* soient écoutés? (*Racine.*

582. — REMARQUES. 1. Si l'interrogation n'est que dans la forme et nullement dans la pensée, celui qui parle ne partage point la crainte exprimée, ou veut faire entendre qu'elle n'est pas fondée; alors *craignez-vous, craint-il,* etc., ont un sens négatif, et l'on ne met pas la négation dans la proposition subordonnée. Exemples :

Craignez-vous *que je sois assez malhonnête homme pour nier ce que je vous dois ?* (Boniface) ; c'est-à-dire, *ne craignez pas que je sois,* etc. Peut-on craindre *que la terre manque aux hommes ?* (Fénélon), c'est-à-dire, *on ne doit pas craindre,* etc. : la crainte n'est pas fondée.

II. Racine a fait dire à Bérénice, sans la négation :

> Quoi ! dans mon désespoir trouvez-vous tant de charmes ?
> *Craignez-vous* que mes yeux *versent* trop peu de larmes ?

C'est comme s'il y avait : *Vous ne craignez pas, vous ne pouvez pas craindre* que mes yeux versent trop peu de larmes.

583. — *Douter* et *nier* employés affirmativement ne veulent pas la négative dans la proposition subordonnée : Je doute *qu'il vienne.* (Acad.) Je nie *que cela soit.*

584. — *Douter* employé négativement ou interrogativement veut *ne* après lui ; Je ne doute **pas** *qu'il ne vienne bientôt.* (Acad.) Doutez-vous *qu'il* **ne vienne?** (Id.) Doutez-vous *que je* **ne** *tombe malade, si je fais cette imprudence?* (Id.)

A moins cependant qu'il ne s'agisse d'un fait incontestable et vrai dans tous les temps, où d'une chose certaine actuellement : *L'honnête homme* **ne** doute **point** *qu'il y ait un Dieu.* Doutez-vous *que je sois malade ?* (Acad.)

585. — Après *nier* et son synonyme *disconvenir* employés négativement, on peut mettre ou ne pas mettre *ne* dans la proposition subordonnée : Je **ne** nie **pas,** je **ne** disconviens **pas** *que cela* **ne** *soit* ou *que cela soit.* (Acad.) (1)

La suppression de la négative a lieu surtout lorsqu'il s'agit d'un fait incontestable : *Personne* **ne** nie *qu'il y ait un Dieu.* (Chateaubriand.)

586. — *Nier* employé interrogativement ne veut pas la négative après lui : Nierez-vous *que je sois heureux?* (Boniface.) Nies-tu *que tu aies déchiré ce livre?*

REMARQUE. Si l'on dit, avec la négation : Peut-on nier *que la vertu* **ne** *soit préférable aux richesses,* c'est que l'interrogation n'est que dans la forme et nullement dans la pensée : *peut-on nier* équivaut alors à *on ne peut pas nier.*

---

(1) Après *disconvenir* employé négativement, on peut mettre aussi à l'indicatif le verbe de la proposition subordonnée : *Vous* NE SAURIEZ *disconvenir qu'il vous ait parlé* ou *qu'il vous* a parlé. (*Acad.*)

CHAPITRE XI

DE LA PRÉPOSITION.

EMPLOI DE QUELQUES PRÉPOSITIONS.

587. — « **A**, placé entre deux nombres, en laisse supposer un ou plusieurs qui sont intermédiaires : *Vingt à trente personnes. Quinze à vingt francs. Mille à douze cents francs.* » (Acad.)

« Il se place aussi entre deux nombres consécutifs lorsqu'ils se rapportent à des choses qui peuvent se diviser par fractions : *Deux à trois livres de sucre. Cinq à six lieues.* » (Id.)

« Mais on dit : *Cinq* ou *six personnes, onze* ou *douze chevaux*, etc., et non : *Cinq à six personnes, onze à douze chevaux*, etc. » (Id.) En effet, il n'y a pas de nombre entier entre cinq et six, entre onze et douze ; et il n'y a pas non plus de fraction de personnes ni de chevaux.

588. — On peut sous-entendre la préposition *à* après *jusque*, mais seulement devant le mot *aujourd'hui* : *J'ai différé jusqu'à aujourd'hui* ou *jusqu'aujourd'hui à vous donner de mes nouvelles.* (Acad.) (1)

589. — **A** et **DE**. On dit : *C'est à vous à, c'est à moi à*, etc. et *c'est à vous de, c'est à moi de*; mais ces deux locutions n'ont pas le même sens. *C'est à vous à parler, à jouer*, etc., signifie, dit l'Académie, voici votre tour de parler. *C'est à vous de parler* signifie c'est à vous qu'il appartient de parler; c'est votre droit, votre devoir (2).

590. — **DE**. Après un comparatif précédé de *quel*, de *lequel* ou de *qui*, on répète la préposition *de* avant chacun des termes comparés : *Quel est le plus habile, de cet homme-ci ou de celui-là?* (Acad.)

---

(1) « On écrit quelquefois *jusques*, avec une *s* à la fin, quand une voyelle suit ; et l'on fait sentir la liaison : *Jusques au ciel. Cette nouvelle n'était pas encore venue jusques à nous. Jusques à quand?* » (ACAD.)

(2) Les bons écrivains n'ont pas toujours observé cette distinction, et l'Académie donne elle-même cet exemple : *C'est au juge à prononcer*, qu'elle interprète de cette manière : *C'est au juge qu'appartient le droit de prononcer.*

591. — *De* s'emploie quelquefois devant un adjectif ou un participe passé ; et alors, dit l'Académie, il peut ordinairement se résoudre par un pronom relatif suivi du verbe *être : Il y eut mille hommes de* tués (qui furent tués). *Il y a dans ce qu'il dit quelque chose de* vrai (qui est vrai). *Sa conduite n'a rien* de noble (qui soit noble).

592. — La préposition *de* se trouve dans certaines locutions qui paraissent elliptiques : *On dirait* d'un fou (Acad.), équivaut à *on dirait que ce sont les actions, les paroles* d'un fou. *Aussitôt les ennemis de s'enfuir et de jeter leurs armes* (Id.) équivaut à *aussitôt les ennemis se hâtèrent de s'enfuir,* etc.

593. — **Auprès de** et **près de** marquent l'un et l'autre le voisinage, la proximité : *Sa maison est auprès de la mienne.* (Acad.) *Il ne put être admis auprès du prince.* (Id.) *Être logé près de l'église.* (Id.) *S'asseoir près de quelqu'un.* (Id.)

« *Auprès* se dit aussi en parlant du séjour, de la présence habituelle et fréquente d'une personne auprès d'une autre : *Cette jeune personne a toujours vécu auprès de ses parents. Mon fils est depuis plusieurs jours auprès de moi. Il y a beaucoup à profiter auprès de lui.* » (Acad.)

« Il signifie encore, figurément, dans l'esprit, dans l'opinion de quelqu'un : *Il est fort bien* auprès *du roi. Il cherche à me nuire* auprès *de vous.* » (Id.)

594. — **Auprès de** et **au prix de.** *Auprès de* signifie aussi en comparaison de : *Votre mal n'est rien* auprès *du sien.* (Acad.) *La terre n'est qu'un point* auprès *du reste de l'Univers.* (Id.) Autrefois on disait aussi dans ce sens *près de.*

Au prix de marque aussi la comparaison ; mais de nos jours on ne l'emploie que quand les termes comparés portent avec eux une idée de prix, de valeur : *Ce service n'est rien* au prix *de celui qu'il m'avait rendu.* (Acad.) (1)

595. — **Au travers et à travers.** *Au travers* doit être suivi

---

(1) Les bons écrivains des deux derniers siècles ont plus d'une fois dit *au prix de,* dans des cas où nous dirions aujourd'hui *auprès de :*

. . . . Et tes flots en courroux
Au prix de sa fureur sont tranquilles et doux. *(Boileau.)*

de la préposition *de* : *Il se fit jour au travers des ennemis.*
(Acad.)

A travers n'en est pas suivi : *Ils passèrent à travers les vaisseaux ennemis.*

596. — **Avec.** Cette préposition peut s'employer d'une manière absolue, c'est-à-dire, sans complément, mais seulement dans le langage familier : *Il a été bien traité, et il a encore eu de l'argent avec.* (*Acad.*)

597. — **Entre** et **parmi.** *Entre* se dit de l'espace qui sépare deux personnes ou deux choses : *Mettez-vous* entre *lui et moi.* Entre *Paris et Rouen.*

Il exprime aussi la réciprocité : *Ils s'aident* entre *eux*; et s'emploie en outre pour signifier *au milieu de, au nombre de* : *Il fut trouvé* entre *les morts.* (Acad.)

Parmi ne signifie que *dans le nombre de, au milieu de,* et ne peut s'employer que devant un pluriel ou devant un nom collectif : *Parmi les blessés*; parmi *la foule* (1).

598. — **En campagne, à la campagne.** *En campagne* signifie en voyage ou hors de chez soi pour affaire, en mouvement, surtout en parlant des troupes. Exemples : *Il s'est mis en campagne pour découvrir la demeure de cette personne.* (Acad.) *Les armées sont en campagne.* (*Id.*)

A la campagne signifie *aux champs,* par opposition à la ville. Exemple : *Il n'est pas chez lui, il est allé à la campagne.* (*Id.*)

599. — **Durant, pendant.** L'Académie définit chacun de ces mots absolument de la même manière : « Prépositions servant à marquer la durée du temps : *Durant l'hiver, pendant l'hiver.* »

Néanmoins on préfère *pendant* à *durant* lorsqu'il s'agit d'un moment précis, d'un temps qui dure peu, comme dans cette phrase de Montesquieu : *Une famille vertueuse est un vaisseau tenu* pendant *la tempête par deux ancres* :

---

(1) Dans l'exemple suivant donné par l'Académie : *L'ivraie est mêlée* parmi *le bon grain, le bon grain* est un véritable collectif; il ne s'agit pas d'un seul bon grain, mais de plusieurs.

la religion et les mœurs. Voici deux exemples de l'Académie qui paraissent venir à l'appui de notre observation : Durant *toute sa vie.* Pendant *votre séjour.*

600. — **Près de, prêt à.** *Près de* suivi de l'infinitif signifie *sur le point de : La guerre est* près d'*éclater.*

Prêt à signifie *disposé à : C'est un homme qui est toujours* prêt à *bien faire.* (Acad.) (1)

Ne confondez donc pas ces deux expressions ; ne dites point, par exemple : *Ce mur est* prêt à *tomber,* dites : *Ce mur est* près de *tomber.*

601. — **Quant et quand.** *Quant à* est une préposition qui signifie *à l'égard de, pour ce qui est de.* Exemple : Quant à *vous, je vous plains.*

Quand est une conjonction et signifie *lorsque* ou *à quelle époque.* Exemples : Quand *il fut arrivé.* Quand *viendra-t-il ?*

602. — **Vis-à-vis, envers, à l'égard de.** *Vis-à-vis* signifie *en face de, à l'opposite de. Il est logé* vis-à-vis de *mes fenêtres.* (Acad.) *Je me plaçai* vis-à-vis de *lui.* (Id.) Il ne faut donc jamais l'employer dans le sens d'*envers, à l'égard de ;* dites : *Ingrat* envers *son bienfaiteur* (Acad.), et non *vis-à-vis de* son bienfaiteur.

603. — REMARQUES. I. Dans le style familier, on supprime quelquefois la préposition de après *vis-à-vis, proche, près* et *hors ;* exemples : Vis-à-vis *l'église.* (Acad.) *Il s'est allé loger* proche *le palais.* (Id.) *Il demeure* près *la porte Saint-Antoine.* (Id.) *Il est logé* hors *la barrière.* (Id.)

II. *Vis-à-vis* s'emploie aussi comme nom, et se dit d'une personne qui est placée en face d'une autre : *Il était mon* vis-à-vis. (Acad.) *J'avais pour* vis-à-vis *un homme fort jovial.* (Id.)

604. — **Voici, voilà.** *Voici* annonce ce que l'on va dire. Exemple : Voici *ce que dit le Seigneur : Aimez-vous les uns les autres.*

Voilà indique ce que l'on vient de dire : *Craignez Dieu, observez sa loi :* voilà *toute la sagesse.*

Voici s'emploie en outre pour indiquer l'objet le plus pro-

_____

(1) Corneille a dit : Madame, commandez, je suis *prêt* d'obéir (*Rodogune,*) mais cette forme n'est plus en usage ; de nos jours *prêt* veut toujours *à.*

che, et *voilà* pour l'objet le plus éloigné : Voici *votre livre et*
voilà *le mien.*

Nous avons déjà remarqué une différence semblable entre
celui-ci et *celui-là.* (64-II.)

DE LA RÉPÉTITION DES PRÉPOSITIONS.

605. — Les prépositions *à, de* et *en* doivent se répéter avant
chaque complément : *Il aime à lire et à écrire.* (Acad.) *Je
veux du bon, du beau, du neuf, du solide.* (Id.) *Il possédait
tant en argent et en billets.* (Id.)

REMARQUE. On dit sans répéter la préposition : *Faire des allées
et venues* (Acad.) ; *Il a perdu son temps en allées et venues* (Id.),
parce que la locution *allées et venues* est considérée comme un nom
composé, que l'Académie définit ainsi : *Action* d'aller et de venir
plusieurs fois.

606. — On répète ou non les autres prépositions suivant
que l'harmonie, la vivacité de la pensée ou l'énergie de l'expression paraissent le demander.

En général, on les répète, lorsque les compléments ont un
sens opposé : *Dans la ville et dans la campagne. Par la douceur ou par la violence.* On ne les répète pas, lorsque les
compléments sont à peu près synonymes : *Passer sa vie dans
la mollesse et l'oisiveté. Elle a charmé tout le monde par sa
bonté et sa douceur.*

CHAPITRE XII

DE LA CONJONCTION.

EMPLOI DE QUELQUES CONJONCTIONS.

607. — **A cause que.** Cette locution conjonctive se trouve
dans le *Dictionnaire de l'Académie,* mais elle a vieilli, et l'on
dit beaucoup mieux *parce que.*

608. — REMARQUE. *Devant que* et *durant que* ne sont plus usités,
on dit *avant que* et *pendant que.*

609. — **Et, ni.** Les conjonctions *et* et *ni* servent à lier entre elles les propositions ou les parties semblables d'une proposition.

610. — La conjonction *et* sert à lier deux propositions, soit affirmatives, soit négatives. Exemples :

1° Deux propositions affirmatives : *Il est venu* et *il est reparti.*

2° Deux propositions négatives : *Il n'est pas venu* et *il ne viendra pas.*

3° Deux propositions dont la première est affirmative et la seconde négative : *Il mange* et *ne boit pas. Je m'agite beaucoup* et *je ne réussis à rien.*

4° Deux propositions dont la première est négative et la seconde affirmative : *Il n'a pas voulu s'asseoir,* et *il est reparti fort mécontent. Je ne vous écoute pas,* et *je vous prie de vous taire.*

611. — La conjonction *ni* joint :

1° Deux propositions subordonnées l'une et l'autre à la même proposition négative : *Je ne crois pas qu'il vienne,* ni *même qu'il pense à venir.* (Acad.)

2° Deux propositions coordonnées négatives, lorsque la seconde est elliptique : *Il ne boit* ni *ne mange.* (Acad.)

> Le lion n'est pas fait pour tracer les sillons,
> **Ni** l'aigle pour voler dans les humbles vallons. (*J.-B. Rousseau.*)

612. — **Et** unit les parties semblables d'une proposition affirmative : *Pierre* et *Paul sont obéissants. Dieu est juste* et *bon.*

613. — **Ni** se place entre les parties semblables d'une proposition négative : *Le soleil* ni *la mort ne se peuvent regarder fixement.* (La Rochefoucauld.) *Il n'est* ni *bon* ni *mauvais.* (Acad.) *Vous ne devez* ni *le lire,* ni *l'écrire.* (Id.)

Voir *Complém.* 36 et 37.

614. — REMARQUES. I. Il est mieux de dire, en répétant la conjonction *ni* : *Il ne faut être* ni *avare* ni *prodigue,* que : *Il ne faut pas être avare* ni *prodigue.*

II. Quand on répète *ni*, l'emploi de *pas* ou de *point* est vicieux ;

ainsi ce serait mal s'exprimer que de dire : *Il ne faut pas être* ni *avare* ni *prodigue.*

615. — La conjonction *ni* ne doit jamais précéder la préposition *sans.* Ainsi ne dites pas : *Sans peine* ni *sans travail;* dites : *Sans peine* ni *travail,* ou *sans peine* et *sans travail.*

616. — Quand deux propositions commencent chacune par *plus, mieux, moins,* l'usage le plus général est de ne point les lier par la conjonction et : Plus *les devoirs sont étendus,* plus *il faut faire d'efforts pour les remplir* (Mably), et non pas **et** *plus il faut faire d'efforts,* etc.

L'Académie dit de même : Plus *vous le presserez,* moins *il en fera.* Moins *vous en direz,* plus *il en fera* (1)

617. — Exception. Il est indispensable cependant, pour la clarté de la phrase, d'employer la conjonction *et* lorsqu'il y a trois propositions commençant par *plus, mieux* ou *moins ;* exemple . Plus *je lis La Fontaine,* plus *je l'admire,* et plus *je le crois inimitable.* (Marmontel.)

618. — **Comme.** Quand il y a comparaison, il ne faut pas se servir de la conjonction *comme,* à la place de la conjonction *que.* Ne dites pas: *Je suis aussi fort* comme *lui;* dites : *Je suis aussi fort* que *lui.*

619. — Remarque. Cette conjonction s'emploie quelquefois adverbialement dans le sens de *comment, de quelle manière ;* exemples : *Voici* comme *l'affaire se passa.* (Acad.) Comme *vous voilà fait !* (Id.) Mais il faut dire : Comment *vous portez-vous ?* et non pas : Comme *vous portez-vous ?* ainsi qu'on le dit dans quelques provinces.

620. — **Ou.** On évite généralement de joindre par *ou* deux parties semblables d'une proposition, lorsque l'une de ces parties exige la négative et que l'autre ne l'exige pas. Ainsi, au lieu de dire : *Des pays qui ont été* ou point **ou** *mal décrits; On y trouve peu* ou point *d'eau douce ;* on dit, en répétant le verbe ou l'auxiliaire : *On n'y trouve point d'eau douce* ou

---

(1) Cependant Racine a dit :

Croyez-moi, *plus* j'y pense *et moins* je puis douter
Que sur vous son courroux ne soit près d'éclater.

*du moins on y en trouve peu ; Des pays qui n'ont point été
décrits ou qui l'ont été fort mal.*

621. — **Parce que** et **par ce que**. *Parce que*, en deux mots,
est une locution conjonctive qui signifie *par la raison que*.
Exemple : *On ne le croit pas*, parce qu'il *dit souvent des
mensonges.*

Par ce que, en trois mots (*par*, préposition, *ce* et *que*, pronoms), est une locution qui signifie *par la chose que, d'après
la chose* ou *les choses que*. Exemple : Par ce que *je sais déjà
de lui, je me méfie de ses intentions.*

622. — **Quoique** et **quoi que**. *Quoique*, en un seul mot,
est une conjonction signifiant *bien que* : Quoique *pauvre, il
est honnête.*

Quoi que, en deux mots, qui sont deux pronoms, signifie
quelle que soit la chose que. Exemple : Quoi que *vous disiez ;*
c'est-à-dire, *quelle que soit la chose que vous disiez.*

623. — REMARQUE. *Malgré que* ne se dit plus (1); au lieu
de *malgré qu'il soit fort*, dites : Quoiqu'il *soit fort.*

624. — **Que**. L'emploi de cette conjonction est très-fré-
quent dans notre langue. Nous n'examinerons ici que deux cas
particuliers ; l'usage apprend parfaitement tous les autres.

625. — La conjonction *que* s'emploie :

1° Pour éviter la répétition des conjonctions *comme, quand,
si*, etc ; Comme *il était tard, et* qu'on *craignait la chute du
jour* (Acad.); Quand on *est jeune et* qu'on *se porte bien* (Id);
Si *vous le rencontrez et* qu'il *vous demande.* (Id.)

2° Dans un grand nombre de gallicismes où *que* s'explique
par des locutions équivalentes.

Voici quelques exemples :

Je n'irai point là que tout ne soit prêt (Acad.) ; équivaut à, *à
moins que tout ne soit prêt.*
    Approchez, que je vous parle (Id.) ; *afin que*, etc.
    Retirez-vous qu'il ne vous maltraite (Id.) ; *de peur qu'il*, etc.
    A peine était-il sorti que la maison s'écroula (Id.) ; *lorsque*, etc.
    Que s'il m'allègue cette raison (Id.) ; *je dis que s'il m'allègue*, etc.

---

(1) Excepté dans cette locution : *Malgré qu'il en ait, malgré qu'on en
ait*, dont le sens est *en dépit de lui, en dépit des gens.*

Si j'étais que de vous, je m'y prendrais de cette manière (Acad.);
équivaut à, *si j'étais ce que il en est de vous*, etc. (1). L'Académie
fait observer que l'on dit plus ordinairement *si j'étais de vous*.

C'est une belle chose que de garder le secret. (Id.)

C'est se tromper que de croire. (Id.)

Dans ces deux derniers exemples, dit l'Académie, on peut
supprimer le *que* et dire : *C'est une belle chose de garder le
secret ; C'est se tromper de croire.*

CHAPITRE XIII

DE L'INTERJECTION

626. — **Ah!** et **ha!** L'interjection *ah!* exprime la joie, la
douleur ou l'admiration : *Ah! que vous me faites plaisir!
Ah! vous me faites mal! Ah! que cela est beau!*

Elle ne sert quelquefois qu'à rendre la phrase plus expres-
sive, plus animée : *Ah! madame, gardez-vous de le croire.*
(Acad.)

Ha! exprime la surprise, l'étonnement : *Ha! vous voilà!*
(Acad.)

627. — **Oh!** **ho!** et **ô.** L'interjection *oh!* marque la surprise, ou sert à donner au sens plus de force : *Oh! quelle
chute! Oh! si nous pouvions réussir!* (Acad.)

Ho! sert pour appeler et s'emploie aussi pour témoigner de
l'étonnement ou de l'indignation : *Ho! venez un peu ici. Ho!
quel coup! Ho! que me dites-vous là!* (Acad.)

O est une interjection qui sert à marquer diverses passions,
divers mouvements de l'âme : *O temps! ô mœurs! ô douleur!
ô regret! O le plaisant homme de prétendre que...* (Acad.)

Cette interjection est aussi le signe de l'invocation, de l'a-
postrophe : *O mon Dieu! ô mon fils!* (Acad.)

Remarque. — Cette interjection se place le plus souvent,
comme on le voit, avant les noms et les pronoms.

---

(1) Cette analyse fait voir que la conjonction *que* est dans beaucoup de
cas le pronom *que* au neutre (*quod*). Voyez nos *Leçons et exercices d'A-
nalyse grammaticale*, chapitre du *Gallicisme*.

628. — **Eh ! hé !** L'interjection *eh !* exprime l'admiration, la surprise : Eh ! *qui aurait pu croire cela !* (Acad.)

Eh bien s'emploie souvent de même : Eh bien, *que faites-vous donc ?*

Et bien sert aussi à marquer une conclusion, une sorte d'adhésion contrainte : Et bien, *soit !* (Acad.) *Vous insistez, et bien, j'irai.*

Hé ! s'emploie surtout pour appeler : Hé ! *l'ami !* (Acad.)

« Il se dit également, soit pour avertir de prendre garde à quelque chose : Hé ! *qu'allez-vous faire ?* soit pour témoigner de la commisération : Hé ! *pauvre homme, que je vous plains !* soit pour marquer du regret, la douleur : Hé, *qu'ai-je fait ! Hé, que je suis misérable !* soit pour exprimer quelque étonnement : **Hé** *quoi ! vous n'êtes pas encore parti !* » (Acad.)

CHAPITRE XIV

DE LA PONCTUATION

629. — La *ponctuation* a pour but de distinguer, au moyen de signes, les propositions entre elles ou les parties d'une proposition.

630. — Ces signes sont au nombre de six : la *virgule* (,), le *point-virgule* (;), les *deux-points* (:), le *point* (.), le *point d'interrogation* (?), et le *point d'admiration* ou *d'exclamation* (!). La virgule est le signe le plus faible ; le point est le signe le plus fort.

VIRGULE.

631. — La *virgule* (,) sert à séparer :

1° Les noms, les pronoms, les infinitifs formant un sujet multiple. Exemples : *La candeur, la docilité, la simplicité, sont les vertus de l'enfance.*

2° Les adjectifs, les participes, les verbes formant un attribut multiple. Exemples : *La charité est douce, patiente, bienfaisante. Charles pleure, crie, s'agite.*

3° Les compléments de même nature. Exemple : *Nous avons acheté des couteaux, des ciseaux, des canifs*, etc.

4° Les propositions de peu d'étendue et formant chacune un sens complet. Exemple : *Je l'appelle, il accourt.*

REMARQUE. — On ne met pas de virgule si les deux propositions ou les deux parties de la proposition sont jointes immédiatement par *et, ni, ou*. Exemples : *Je ne l'aime ni ne le hais. — Venez-vous ou restez-vous? — Pierre et Paul sont amis. — Charles pleure et crie.*

5° On met entre deux virgules le complément explicatif, la proposition incidente explicative, et en général toute partie de phrase que l'on peut retrancher sans altérer le sens de la proposition principale. Exemples : *Le péché, détesté de Dieu, souille l'âme. Le temps, qui était beau hier, est mauvais aujourd'hui.*

6° On ne met jamais entre deux virgules un complément déterminatif, ni une incidente déterminative : *La trace de mes pensées fut interrompue.* (Buffon.) *Tous les objets qui avaient frappé mes yeux ne me paraissaient que des points lumineux.* (Id.)

REMARQUE. — Cependant, pour marquer le repos de la voix, on met une virgule après une incidente déterminative qui a une certaine étendue :

Celui *qui met un frein à la fureur des flots,*
Sait aussi des méchants arrêter les complots. (*Racine.*)

7° Toute proposition subordonnée circonstancielle est séparée par une virgule de la proposition principale, si elle n'en dépend pas directement : *Ce livre est toujours sur le bureau, afin qu'on puisse le consulter.* (Acad.)

8° On met une virgule après le mot qui désigne la personne ou les personnes auxquelles on adresse la parole. Exemples : *Charles, viens ici. Messieurs, taisez-vous.*

REMARQUE. — Si ce mot n'est point placé au commencement de la phrase, mais enclavé dans la phrase même, on le fait aussi précéder d'une virgule. Exemples : *Vous, Charles, restez. Je dis, Messieurs, qu'il faut obéir.*

9° Ordinairement on emploie la virgule pour remplacer un

verbe sous-entendu, et qui a déjà été exprimé auparavant :
*Une bonne action porte toujours en elle-même sa récom-
pense ; une mauvaise action, son châtiment ;* c'est-à-dire,
une mauvaise action porte, etc.

POINT-VIRGULE.

632. — Le *point-virgule* (;) se met :

1° Après une proposition d'une certaine étendue et liée à
une autre par le sens : *La douceur est, à la vérité, une vertu ;
mais elle ne doit pas dégénérer en faiblesse.*

2° Après les parties semblables et symétriques d'une même
phrase, quand ces parties sont elles-mêmes déjà subdivisées
par la virgule : *Vante-t-on dans un poète la vigueur de
l'âme, les sentiments sublimes, c'est Corneille ; la sensibilité
du cœur, le style tendre et harmonieux, c'est Racine ; la
molle facilité, la négligence aimable, c'est La Fontaine.*

DEUX-POINTS.

633. — On met les *deux-points* (:) :

1° Après une phrase qui annonce une citation ou les paroles
d'une autre personne. Exemple : *Pythagore a dit :* « *Mon
ami est un autre moi-même.* »

2° Après une phrase annonçant une énumération. Exemples : *Voici ce qu'il vous faut : des livres, du papier et des
plumes ;* ou après l'énumération elle-même et devant la proposition qui la suit en la résumant. Exemple : *Naître, croître,
mourir : telle est la destinée de l'homme sur cette terre.*

3° Après une proposition ayant un sens complet, mais suivie d'une ou de plusieurs autres propositions qui développent
le sens de la première, qui en sont la conséquence, ou qui
viennent à l'appui de cette première proposition. Exemples :

> Les cieux instruisent la terre
> A révérer leur auteur :
> Tout ce que leur globe enserre
> Annonce un Dieu créateur (*J.-B. Rousseau.*)

> Il faut, autant qu'on peut, obliger tout le monde :
> On a souvent besoin d'un plus petit que soi. (*La Fontaine.*)

Dans ce dernier exemple la seconde proposition vient à l'appui de la première.

Vos parents ont plus d'expérience que vous, *ils vous ai-ment*, *ils ne veulent que votre bonheur* : *vous devez donc leur obéir.* La dernière proposition est une conséquence, une conclusion tirée des propositions précédentes.

4° Ordinairement aussi entre les deux membres principaux d'une phrase, lorsqu'un de ces deux membres ou tous les deux sont déjà subdivisés par le point-virgule et par la virgule. Exemple : *En ce moment, je sentis mon cœur partagé* ; *j'é-tais touché de la naïveté de Néoptolème, et de la bonne foi avec laquelle il m'avait rendu mon arc* : *mais je ne pouvais me résoudre à voir encore le jour, s'il fallait céder à Ulysse* ; *et une mauvaise honte me tenait en suspens.* (Fénelon.)

POINT , POINT D'INTERROGATION ET POINT D'ADMIRATION.

634. Le *point* (.) se met à la fin des phrases quand le sens est entièrement fini. Exemple : *Le mensonge est le plus bas de tous les vices.*

635. — Le point d'*interrogation* (?) se met à la fin des phrases qui expriment une demande. Exemples : *Que voulez-vous? Qui a dit cela?*

636. — Le point d'*admiration* ou d'*exclamation* (!) se met après les interjections et après les phrases qui, par leur tournure même, expriment l'admiration, la surprise, la ter-reur, la pitié, etc. Exemples : *Que Dieu est bon! Qu'il est doux de servir le Seigneur!*

TROISIÈME PARTIE

COMPLÉMENTS

INTRODUCTION

1. — Voyelles. Les sept voyelles simples et les six voyelles composées sont représentées de différentes manières dans la langue écrite. Ainsi *é*, *ai*, représentent le même son : *au* et *eau* se prononcent souvent comme *o* long.

2. — Consonnes. Les consonnes sont des signes d'articulation, c'est pourquoi elles ne peuvent se prononcer sans le secours d'une voyelle. La même articulation peut être figurée de différentes manières; ainsi *f* et *ph*, *c*, *s* et *t* (*cité*, *site*, *prophétie*), etc. Il y a aussi des articulations qui sont toujours représentées par deux consonnes; telles que *ch* (*cheval*), *gn* (*règne*).

3. — Diphthongues. Il n'y a réellement diphthongue que lorsque deux voyelles se font entendre dans la *même* syllabe. Ainsi *ie* de *fier* est une diphthongue dans ce vers de Boileau :

> Le Rhin, tranquille et *fier* du progrès de ses eaux

Mais dans cet autre vers :

> On ne sait à qui se *fier* aujourd'hui.

le verbe *fier* se prononce *fi-er* en deux syllabes, les voyelles *ie* ne forment donc pas une diphthongue.

4. — Accents. En général l'accent circonflexe indique la suppression d'une consonne à la suite de la voyelle, comme dans *apôtre*, *tête*, *épitre*, *qu'il aimât*, que l'on écrivait autrefois *apostre*, *teste*, *épistre*, *qu'il aimast*; ou bien la contraction de deux voyelles, comme dans *âge*, autrefois *auge*.

10.

CHAPITRE PREMIER

DU NOM OU SUBSTANTIF.

GENRE ET NOMBRE DES NOMS.

5. — *Avocat*, dans le sens propre, n'a pas de féminin correspondant ; il en a un dans le sens figuré, lorsqu'il se dit d'une personne qui intercède pour une autre : *Sa mère fut son avocate.* (*Acad.*)

Destructeur s'emploie comme nom et comme adjectif. On lui donne quelquefois le féminin *destructrice*. Ainsi Montesquieu a dit : Une nation *destructrice*. Mais ce féminin est très-peu usité, et l'Académie ne l'indique même pas.

Devineur se dit de celui qui se pique de deviner facilement ; il a pour féminin *devineuse*.

Devin se dit de celui qui prétend posséder l'art de prédire et qui en fait sa profession : il fait au féminin *devineresse*.

Demandeur et *vendeur* ont pour féminins correspondants *demandeuse* et *vendeuse* ; mais en style de barreau, on dit *demanderesse* et *venderesse*.

Bailleur et *défendeur*, autres termes de barreau, font au féminin *bailleresse* et *défenderesse* (1).

6. — Le même nom d'animal sert en général à désigner le mâle et la femelle. Dans quelques espèces cependant on désigne la femelle par un nom différent de celui du mâle. Exemples :

Non masculin.	Nom féminin.
Cheval	{ Jument
	{ Cavale, *en poésie.*
Loup	Louve.
Renard	Renarde. (Rare.)
	{ Vache
Taureau	{ Taure *ou* génisse.

(1) *Bailleur*, celui qui baille à ferme ou à loyer.
Défendeur, celui à qui on fait une demande en justice. Il est opposé à :
Demandeur, celui qui intente un procès, qui forme une demande en justice.

Tigre	Tigresse.
Cerf	Biche.
Daim	Daine.

L'Académie fait observer que les chasseurs ne disent pas *daine*, mais *dine*.

Le mot **assassin** employé comme substantif n'a pas de féminin ; mais employé comme adjectif, il fait au féminin *assassine* :

> Pour punir tes forfaits de sa main *assassine*. (*Delille.*)

Auteur, dans le sens d'écrivain, n'a pas de féminin. (Voyez 29.)

Auteur, dans le sens de celui de qui on a appris quelque nouvelle, se dit aussi bien d'une femme que d'un homme : *C'est elle qui est mon auteur*. (*Acad.*)

Les noms *amateur, artisan , censeur, détracteur, partisan, vainqueur*, n'ont pas de féminin correspondant. Rien n'empêche de dire d'une femme : *Elle est* amateur *de musique ; elle a été* l'artisan *de mes malheurs ; elle s'est faite* le censeur *de mes actions , elle a été notre* vainqueur ; et une femme peut très-bien dire : *Je suis* l'un de vos partisans *les plus dévoués.* Ces phrases sont tout à fait dans l'analogie de celle que nous avons citée plus haut : *C'est elle qui est mon auteur.*

Borgne et *pauvre*, employés comme adjectifs, sont des deux genres : *Cet homme est* borgne, *cette femme est* borgne (*Acad.*) ; *un* pauvre *homme, une* pauvre *femme.* (*Id.*) Comme nom, *pauvre* fait au féminin *pauvresse*, et *borgne* fait *borgnesse*, terme bas et injurieux. (*Acad.*)

7. — Les botanistes disent au pluriel des *ails*, et l'Académie donne cet exemple : *Il cultive des* ails *de plusieurs espèces.*

Travail fait au pluriel *travails :* 1° quand il se dit du compte qu'un ministre rend au chef de l'État des affaires de son département, et du rapport que les commis font au ministre ; 2° comme nom d'une espèce de machine de bois à quatre piliers, entre lesquels les maréchaux attachent les chevaux pour les ferrer ou pour les panser.

Bercail n'a pas de pluriel; le substantif *vitraux*, au contraire, n'a pas de singulier, suivant l'Académie. Cependant Boiste et d'autres lexicographes donnent le singulier *vitrail*, que l'usage a consacré.

8. — Il y a des noms qui ont un sens différent suivant qu'ils sont du masculin ou du féminin : ces noms rentrent dans la classe des homonymes; en voici quelques-uns :

Masculin.	Féminin.
Cartouche, ornement de sculpture ou de peinture.	*Cartouche*, charge d'arme à feu.
Crêpe, étoffe de deuil très-légère.	*Crêpe*, sorte de pâte frite.
Enseigne, officier porte-drapeau, officier de marine.	*Enseigne*, étendard; indice, marque; tableau à la porte d'un marchand.
Fourbe, trompeur : un *fourbe*.	*Fourbe*, tromperie.
Garde, gardien, homme armé.	*Garde*, action de garder, réunion de soldats qui font le guet; protection; femme qui garde un malade.
Guide, celui qui dirige, qui conduit; modèle.	*Guide*, longe de cuir pour conduire un attelage.
Moule, pour mouler.	*Moule*, coquillage.
Office, devoir; emploi, fonctions; assistance; service divin. Domestiques qui mangent à l'office d'une maison.	*Office*, lieu dans une maison où l'on prépare le dessert et où l'on serre le linge, la vaisselle, etc.
Palme, mesure ancienne et mesure d'Italie.	*Palme*, branche de palmier; victoire.
Parallèle, comparaison: cercle parallèle à l'équateur.	*Parallèle*, ligne qui est parallèle à une autre.
Pendule, poids suspendu dont les oscillations sont régulières; balancier d'horloge.	*Pendule*, horloge à pendule.
Pourpre, rouge foncé; sorte de maladie.	*Pourpre*, teinture précieuse, étoffe teinte en pourpre; dignité souveraine, dignité de cardinal.
Relâche, interruption, repos, discontinuation d'un travail, etc.	*Relâche*, lieu où les vaisseaux peuvent relâcher.
Remise, carrosse de louage.	*Remise*, lieu où l'on met les voitures à couvert; action de remettre, délai, rabais, etc.
Solde, complément d'un payement.	*Solde*, paye des militaires.
Somme, sommeil.	*Somme*, total; quantité d'argent; charge, fardeau.

Trompette, celui qui sonne de la trompette.

Trompette, instrument de musique.

Voile, pièce d'étoffe pour cacher le visage, rideau; prétexte, apparence.

Voile, toile attachée au mât d'un navire pour recevoir le vent.

9. — On doit écrire sans *s* au pluriel des *ibidem,* des *idem,* des *item,* des *intérim,* des *alibi,* et en général tous les adverbes tirés du latin, parce que ces mots, invariables de leur nature, sont employés accidentellement comme substantifs dans le sens même de la forme latine. (Voir 280.) Il en est de même des termes de musique empruntés à l'italien, des *adagio,* des *allegro,* des *largo,* des *crescendo,* etc., car cela signifie des morceaux qui se jouent *adagio, allegro,* etc.

On écrit aussi des *fantoccini,* sorte de marionnettes. Ce pluriel italien, qui n'a pas de singulier, se prononce *fanto-tchini.*

Les mots tirés de l'anglais prennent en français le signe du pluriel, comme ils le font en anglais : des *lords,* des *ladies,* les *whigs,* les *tories;* excepté le mot *sterling : vingt livres sterling.*

CHAPITRE II

DE L'ARTICLE

10. — Les noms propres de contrées, de pays, de royaumes, de provinces, etc., placés après un autre nom, prennent l'article dans certains cas, et le rejettent dans d'autres.

Ces noms prennent l'article :

1° Lorsque les pays qu'ils désignent sont personnifiés: *L'intérêt de* la France *lui commandait ce sacrifice* (*la France* signifie ici la nation française). *Les revenus de* l'Angleterre *sont plus grands que ceux de* la Prusse.

2° Lorsque l'expression éveille l'idée de l'étendue entière du pays : *Les limites de* l'Espagne *sont les Pyrénées, la Méditerranée et l'Océan. La situation de* l'Égypte *est très-favorable au commerce.*

Ces noms ne prennent pas l'article :

1° Lorsqu'ils sont employés comme déterminatifs des mots *royaume*, *empire*, *province*, etc. : *Royaume* de Saxe, *Empire* d'Autriche, *la province de* Guyenne, *d'*Alsace (1).

2° S'ils sont employés comme lieux de provenance, d'extraction et qu'ils servent simplement à qualifier le nom du produit : *Des vins de France, des toiles de Hollande, des cuirs de Russie*. Dans ce cas, ils pourraient à la rigueur se remplacer par des adjectifs. Mais s'ils jouent un rôle plus important que celui d'un simple qualificatif et qu'ils représentent l'idée principale de la phrase, ils prennent l'article : *Les vins de* la France *sont une de ses plus grandes richesses. Les produits de* l'Espagne, *sont la laine, le vin*, etc.

10 *bis*. — On ne fait pas non plus usage de l'article, si le pays est cité comme terme de départ, lieu d'arrivée ou de séjour, en un mot toutes les fois que l'on n'a point en vue l'étendue entière du pays. Exemples : *Il vient d'*Espagne. *Je vais en* Angleterre. *Les guerres d'*Italie. Excepté cependant lorsque le nom est suivi d'un déterminatif : *Il vient de* la Flandre *française*.

Remarque. L'article ne se supprime dans aucun cas :

1° Lorsque le nom du pays est du masculin; comme le Brésil, le Limousin, le Pérou, etc. Exemples : *L'empire du* Brésil ; *la province du* Maine; *les chevaux du* Limousin; *porcelaine du* Japon; *il vient du* Pérou ; *je vais au* Mexique.

2° Si le nom est accompagné d'un adjectif qui en fait partie intégrante, comme la *Grande-Bretagne*, la *Nouvelle-Hollande*. Exemples : *Des tissus de* la Grande-Bretagne. *Je vais à* la Nouvelle-Hollande.

3° Dans beaucoup de noms d'îles et de certaines contrées, telles que *la Martinique, la Louisiane, l'Australie*, etc. Exemples : *Sucre de* la Martinique. *Il arrive de* la Guadeloupe, *de* l'Océanie. *Je vais à* la Louisiane. L'usage est le seul guide à cet égard.

---

(1) Les noms des départements prennent au contraire l'article : *Département* des *Vosges*, du *Finistère*, de la *Seine* ; excepté lorsque ce nom est composé de deux autres noms : *Département* de *Seine-et-Marne*, de *Lot-et-Garonne*. On dit aussi avec l'article *la province de la Marche*.

11. — L'article et les adjectifs déterminatifs se répètent avant chaque nom employé comme sujet ou comme complément : telle est la règle générale (293). Il y a cependant des cas où la répétition peut ne pas se faire; par exemple, lorsque les personnes ou les choses se présentent à la pensée intimement unies, agissant simultanément pour atteindre le même but. C'est ainsi que Buffon, parlant d'un nid d'oiseaux et voulant peindre l'attachement du père et de la mère pour leurs petits, dit : **Les** père et mère *continuent de les nourrir et de veiller sur eux.* De même, dans une énumération rapide, il est mieux de ne point répéter l'article, et il n'y a rien à reprendre dans une phrase de style administratif telle que celle-ci : *Le minimum est de quatre leçons d'une heure chaque jour,* **les** *lundi, mardi, jeudi et vendredi,* au lieu de cette phrase lourde et traînante : *le lundi, le mardi, le jeudi et le vendredi.*

C'est par des raisons semblables que l'Académie a dit, sans répéter l'article ou l'adjectif déterminatif : *Famille royale :* **les** enfants et petits-enfants *du roi régnant.* — *Le mot* chef *se* dit *particulièrement* des *officiers et sous-officiers de divers grades, etc.* — *On ne peut contracter mariage sans le consentement de* **ses** *père et mère, que lorsqu'on est majeur de vingt-cinq ans.*

11 *bis.* — On a vu (301 à 304) que dans les propositions négatives, les noms pris dans un sens partitif rejettent ou prennent l'article suivant que le sens est négatif ou affirmatif, et nous avons dit que le sens pouvait être réellement affirmatif, malgré la forme négative de l'expression. La règle est la même lorsque le nom est placé entre *ne* et *que,* ou bien après la préposition *sans.* Exemples :

1° Sens négatif. Je *n'ai* de *volonté* que *la tienne,* (Acad.) ; c'est-à-dire, je n'ai *aucune* volonté, si ce n'est la tienne, ou je n'ai pas de volonté *autre* que la tienne.

Il n'a de *livres* que *ses livres d'étude.* — Il n'a *aucun* livre, si ce n'est ses livres d'étude, ou il n'a pas de livres *autres* que ses livres d'études.

J'ai écrit mon devoir sans *faire* de *faute* — sans faire *aucune* faute.

2º Sens réellement affirmatif. *Elle n'a des yeux que pour son fils aîné.* (Acad.) ; — c'est-à-dire, elle a *des* yeux, mais seulement pour son fils aîné.

Il n'a des *livres que pour lui seul; il ne les prête pas.* — Il a *des* livres, mais seulement pour lui seul, etc.

Vous ne pouvez écrire une page sans *faire des fautes.* — Vous faites des fautes, il y en a dans la page que vous avez écrite : le sens est positif.

CHAPITRE III

DE L'ADJECTIF

12. — L'Académie garde le silence sur le pluriel masculin de la plupart des adjectifs en *al;* parmi ceux qu'elle indique nous croyons devoir citer les suivants, qui font tous leur pluriel masculin en *aux :*

Biennal	Matrimonial
Banal	Musical
Curial	Pectoral
Doctrinal	Radical
Grammatical	Trivial
Latéral	Vénal
Machinal	Vertical
Martial	Vital.

Nasal, employé comme terme d'anatomie, fait *nasaux. Os nasaux.* (Acad.) Beauzée et Dumarsais ont dit des *sons nasals,* de même que des *sons médials, labials, initials, finals* (45).

Pascal et **partial.** Le pluriel masculin *pascaux, partiaux,* dit l'Académie, n'est point usité ; nous aimons mieux, en effet, dire avec Gattel, Laveaux, le Dictionnaire de Trévoux et la plupart des grammairiens, *des cierges pascals.* Quant au pluriel *partiaux,* Bernardin de Saint-Pierre, Dacier et Suard n'ont pas craint d'en faire usage ; d'ailleurs le pluriel *impartiaux* est usité, pourquoi proscrire l'usage du pluriel *partiaux ?*

Au nombre des adjectifs dont l'Académie n'indique pas le pluriel masculin se trouvent les suivants :

Annal.	— Des arrêts *annaux.* (Féraud et Trévoux.)
Bancal.	— Des enfants *bancals.* (Boniface.)
Collégial.	— Poëtes *collégiaux* (Gresset) ; chapelains *collégiaux.* (Trévoux.)
Cérémonial.	— Peuples *cérémoniaux.* (Trévoux et Gattel.)
Conjugal.	— Liens *conjugaux.* (Regnard.)
Cérébral et *crural.*	— Les médecins disent *nerfs cruraux, accidents cérébraux.*
Décemviral.	— *Décemviraux.* (Girault-Duvivier.)
Deloyal.	— L'Académie admet *loyaux,* pluriel de *loyal ;* on peut donc dire *déloyaux.*
Diagonal.	— Plans *diagonaux.* (Girault-Duvivier.)
Horizontal.	— Plans *horizontaux.* (Id.)
Idéal.	— Des êtres *idéaux* (Buffon.)
Impartial.	— Des juges *impartiaux.* (La Harpe) ; des historiens *impartiaux.* (Trévoux.)
Littéral.	— Commentaires *littéraux.* (le Père Berruyer) ; caractères *littéraux.* (d'Olivet.)
Lustral.	— Jours *lustraux.* (Girault-Duvivier.)
Matinal.	— *Matinals.* (Boniface.)
Médical.	— *Médicaux.* (Tous les médecins.)
Médicinal.	— Remèdes *médicinaux.* (Girault-Duvivier.)
Paradoxal.	— Esprits *paradoxaux.* (Id.)
Patriarcal.	— Des juges *patriarcaux.* (Trévoux.) Il se fit cinq siéges que dans la suite des temps on appela *patriarcaux.* (Bossuet.)
Primordial.	— Des titres *primordiaux.* (Lavaux et Girault-Duvivier.)
Proverbial.	— Des dictions *proverbiaux.* (Girault-Duvivier.)
Théâtral.	— Des effets *théâtrals.* (La Harpe et Gattel.)
Transversal.	— Les muscles *transversaux.* (Buffon.)
Vocal.	— Les sons *vocaux.* (Boniface.)

Nous ferons remarquer en outre que plusieurs adjectifs en *al* ne sont usités que dans des locutions où entrent des noms féminins au singulier ou au pluriel, ou des noms masculins au singulier seulement. Tels sont *austral, boréal, bénéficial, brumal, canonial, mental, patronal, sentimental, virginal, zodiacal.*

13. — L'adjectif placé après deux noms dont le second est complément du premier, s'accorde avec l'un ou avec l'autre suivant le sens. Voici quelques exemples recueillis par un grammairien :

Des bas *de coton* bleus. — *Des bas de* coton écru.
Des bas *de laine* tricotés. — *Des bas de* laine anglaise.

On a trouvé une partie du pain mangée. — On a cuit une par-
tie du pain destiné aux pauvres.

Une troupe de soldats formée à la hâte. — Une troupe de soldats
formés à la guerre.

Une masse de maisons construites en briques. — Une masse de
maisons désagréable à la vue.

14. — A la liste des adjectifs qui sont invariables dans certains cas (315 à 320), il faut ajouter les adjectifs *franc*, *proche*
et *possible*.

Franc est employé adverbialement dans la locution *franc*
de port, lorsque cette locution précède le nom : *Vous rece-*
vrez franc de port toutes mes lettres. Mais si la locution *franc*
de port vient après le nom, le mot *franc* est adjectif et s'accorde : *Lettre* franche *de port.* (Acad.)

Proche, suivi de la préposition *de*, est à volonté adjectif,
ou forme avec *de* une locution prépositive : *Les maisons pro-*
ches *de la rivière sont sujettes aux inondations.* (Acad.) *Ces*
maisons sont proche *l'une de l'autre,* (Id.) *Les maisons qui*
sont proche *de la ville.* (Id.)

Après un verbe attributif, *proche de* est toujours locution
prépositive : *Les maisons que l'on construit* proche *du mur*
d'enceinte. (Acad.)

Possible est toujours adjectif : *Il a éprouvé tous les mal-*
heurs possibles (Acad.); mais avec les expressions *plus*,
moins, *le plus*, *le moins*, on l'emploie au singulier même
après un nom au pluriel : *Le moins d'erreurs, de fautes* possible. (Acad.) Il y a dans ce cas ellipse de *qu'il est* (le moins
de fautes *qu'il est* possible de faire).

15. — Nous avons posé la règle générale de l'emploi de
son, *sa*, *ses*, ou du pronom *en* (339 à 341). Ajoutons ici que
les bons écrivains ont souvent mis l'adjectif possessif là où la
grammaire semblait demander l'article et le pronom *en*. Ainsi
Fénelon a dit : *Le commerce est comme certaines sources;*
si vous voulez détourner leur *cours, vous* les *faites tarir.*
On l'emploie surtout lorsqu'on veut exprimer avec plus de
force l'idée de possession : *Je renouvelle d'anciennes dou-*
leurs ; je vois toute leur *rigueur sans la ressentir.* (Fénelon.)

- Ou bien, si la chose est personnifiée : *La nécessité parle, faut suivre sa loi.*

16. — L'Académie établit dans son Dictionnaire, au mot *tout* verbe, la règle et l'exception que nous avons données au aragraphe 346 ; puis elle ajoute : « Il y a néanmoins certains s où *tout*, placé devant un adjectif féminin singulier, comtençant par une voyelle ou par une *h* non aspirée, reçoit le nre du nom ou du pronom auquel cet adjectif se rapporte, redevient lui-même un véritable adjectif : c'est lorsqu'il rt moins à exprimer une sorte d'excès ou d'intensité, qu'à ésigner l'ensemble, la totalité des différentes parties d'une 1ose : *La forêt lui parut* toute *enflammée. Au langage prés, comédie, chez les Romains, fut* toute *athénienne.* Souvent adjectif féminin est remplacé par une expression équivante ; on observe alors la même distinction. Ainsi dans les hrases qui suivent, on emploie *tout* adverbe, parce qu'il s'ait d'exprimer l'excès, l'intensité : *Elle était* tout *en larmes ;* lle pleurait beaucoup, excessivement ; *elle est* tout *à son deir ;* elle est entièrement occupée de son devoir. Au contraire, ans les deux suivantes, on emploie l'adjectif *toute*, parce u'on veut exprimer la totalité : *La maison était* toute *en u ;* toute *la maison brûlait. Cette maison est* toute *à lui ;* n'y a aucune partie de cette maison qui ne lui apparenne. »

L'Académie fait encore cette observation : « Dans *tout en*ier, employé comme une seule expression, *tout* reste invaiable, soit qu'on veuille indiquer la totalité où l'intensité de uelque chose : *Ce pâté, ce pain est encore* tout *entier. Les rands hommes ne meurent pas* tout *entiers. Une heure* tout *ntiére s'écoula.* »

17. — Les mots *aucun* et *nul* n'ont le sens *négatif* que par adjonction de la négation *ne.* Le sens primitif de l'adjectif *ucun*, c'est *quelque, quelqu'un, quelconque.* Évidemment, il encore cette signification dans cette phrase donnée par Académie : *Aucuns croiront,* et dans ce vers de La Fonainé :

Phèdre était si succint, qu'*aucuns* l'en ont blâmé.

Racan a dit aussi :

> Il suit *aucunes* fois un cerf dans les foulées.

C'est-à-dire *quelques* fois, et cette expression *aucunes* fois est encore usitée en ce sens dans les campagnes.

L'adjectif *nul* ne s'emploie pas comme *aucun* dans le sens affirmatif ; mais comme il est toujours accompagné de la négation *ne*, il a pris en français la même signification que *aucun*. *Nul n'est content* équivaut à *un homme* quelconque *n'est content* (1).

Nous avons dit que *aucun* et *nul* ne s'employaient plus guère qu'au singulier ; cependant ces adjectifs se trouvent employés au pluriel par nos plus célèbres écrivains dans beaucoup de cas où nous ne les mettrions aujourd'hui qu'au singulier. On aurait donc tort de blâmer nos prosateurs et nos poètes d'avoir pris ces mots dans leur acception primitive, et de ne s'être point conformés à une règle qui n'a été établie que dans le siècle dernier. Aussi les meilleurs grammairiens modernes n'ont aucunement la prétention de corriger des phrases telles que celles-ci :

> *Aucuns* monstres par moi domptés jusqu'aujourd'hui,
> Ne m'ont acquis le droit de faillir comme lui. (*Racine.*)

Ils ne peuvent souffrir aucun empire légitime, ne donnent aucunes bornes à leurs attentats. (Bossuet.) *Je ne me mêlai plus d'aucunes affaires, et je me retirai dans une maison de campagne.* (Montesquieu.) *Il m'est impossible de me livrer ici à aucuns travaux littéraires.* (B. de Saint-Pierre.) *On ne garda plus alors aucunes mesures.* (Vertot.) *Il n'y*

---

(1) « On a dit *alcun*, *aulcun*, puis *aucun*. Cet adjectif vient de deux mots latins *aliquis vnus*, et il a à peu près le sens de *quelqu'un* : ce n'est donc pas un mot négatif. *Aucun chemin de fleur ne conduit à la gloire*, signifie donc *quelque chemin* ou *un chemin de fleurs quelconque ne conduit (pas) à la gloire*. *Aucun peintre a-t-il mieux entendu la magie du clair obscur ?* c'est-à-dire *quelque peintre* ou *un peintre quelconque, a-t-il mieux entendu*, etc. ? »

« *Nul* vient du latin, *nullus*, de *ne* et *ullus*, *non un*, ou *pas un*. En passant dans notre langue, il a perdu sa force négative. *Nul n'est content*, c'est-à-dire *un homme quelconque n'est content*. » (LEMARE, *Cours de langue française*, 3e édition, 1835 ; § 1143.)

« *Aucun*, sans négation, a un sens particulier dans les vieux livres, et signifie *quelqu'un*, *quispiam*, *non nullus*, *non nemo*. » (DUMARSAIS.)

vices extérieurs et nuls *défauts qui ne soient aperçus*
fants. (La Bruyère.)

Iuls traits à découvert n'auront ici de place. (*La Fontaine.*)

, n'empêchait Racine de dire :

ucun monstre par moi dompté jusqu'aujourd'hui,
e m'a donné le droit de faillir comme lui.

: pluriel lui a paru plus expressif.

CHAPITRE IV

DU PRONOM

— Quelques grammairiens veulent que le pronom *le*,
ur *cela*, ne puisse s'employer pour rappeler l'idée d'un
f ou d'un verbe, qu'autant que cet adjectif pourrait être
dans la seconde partie de la phrase, au même genre et
me nombre, et le verbe au même mode, au même temps
même personne que dans la première partie. En consé-
, ils blâment les phrases suivantes : *Pour juger si des*
nt mauvais, mettez-les en prose. Si cette prose est
cte, les vers le sont. (Voltaire.) *Le bœuf remplit ses*
premiers estomacs tout autant qu'ils peuvent l'être.
.) *Il est difficile d'embellir ce qui doit ne l'être que*
i un certain degré. (Thomas.)
: d'autres grammairiens, et en plus grand nombre, ap-
nt cette construction, assez fréquente d'ailleurs chez
eilleurs écrivains ; ils voient là une syllepse ; nous par-
s entièrement cette opinion.

— **Ceci** et **cela** s'emploient souvent sans être mis en
tion ; alors, comme le fait observer l'Académie, ils in-
t, l'un aussi bien que l'autre, un objet présent, un fait
, la chose dont on parle ou dont on va parler. Exem-
Voyez ceci. Cela est fort beau. Écoutez bien ceci :
attendrez mon retour. Ils ont cela *de commun que...*
)

Ceci ne me plaît pas, dit-elle aux oisillons. (*La Fontaine.*)

Mais on emploie ordinairement le pronom *cela* pour rappeler ce qui a été énoncé précédemment. Exemples : *L'âme n' point de secrets que la conduite ne révèle.* Cela *est vrai à Paris comme à Pékin.* (Suard.)

Cela dit, maître loup s'enfuit et court encor (*La Fontaine.*)

Et le pronom *ceci* pour annoncer la chose qui va suivre, comme dans l'exemple : *Écoutez bien ceci*, etc.

20. — Lorsqu'il s'agit de plus de deux personnes ou de plus de deux objets, avons-nous dit au paragraphe 303, il faut mettre *les uns les autres* et non *l'un l'autre* : telle est la règle générale. Mais il ne faut pas se hâter de condamner les bons écrivains dont la plume, obéissant à la pensée, a écrit quelquefois le singulier *l'un l'autre* dans ce cas ; c'est qu'alors ces écrivains ont considéré les personnes et les objets distributivement, deux à deux. Dans sa tragédie de *Mithridate*, Racine a dit, en parlant des Romains :

Le bruit de nos trésors les a tous attirés.
Ils y courent en foule, et, jaloux *l'un de l'autre,*
Désertent leurs pays pour inonder le nôtre.

Chaque Romain est jaloux de *chacun* de ses concitoyens, le singulier nous paraît ici beaucoup plus expressif que ne le serait le pluriel.

De même, dans la tragédie d'*Athalie*, on lit :

Tous ses projets semblaient *l'un l'autre* se détruire.

Chaque projet détruisait le précédent : il y a là succession, enchaînement, et le singulier nous paraît préférable au pluriel.

21. — **Autrui** est un terme tellement vague qu'on ne peut mettre en relation avec lui l'adjectif possessif *son, sa, ses*, ni les pronoms *lui, leur*. Dites : *En épousant les intérêts d'autrui, nous ne devons pas en épouser les passions* (Laveaux) et non *nous ne devons pas épouser ses passions.*

On peut fort bien employer le pronom *les autres* à la place du pronom *autrui* : *Il se défie toujours des autres.* (Acad.) Massillon a dit aussi : *Elle juge des autres par elle-même,* e

chier : *Comme ils possédaient leur propre bien sans in-
étude, ils regardaient celui des autres sans envie* (1).

2. — Tel peut très-bien être suivi de *qui*, malgré l'avis
traire et non motivé d'un grammairien de nos jours.

mples : *L'orage tombera sur* tel qui *n'y pense pas.*
ad.)

> Tel qui hait à se voir peindre en de faux portraits,
> Sans chagrin voit tracer ses véritables traits. (*Boileau.*)
>
> Tel qui rampait, s'élève et nous étonne. (*Lamotte.*)
>
> Tel qui résiste l'art, se rend à la nature. (*Demoustier.*)

acine a pu faire dire à Petit-Jean :

> Tel qui rit vendredi, dimanche pleurera.

l est évident qu'il y a dans toutes ces phrases ellipse du
t *homme* : Tel *homme* qui rit vendredi, pleurera diman-

.

CHAPITRE V

DU VERBE

!3. — Nous avons vu (415) que si les sujets particuliers
s par *ou* sont les pronoms de la première ou de la deuxième
sonne, on les résume par le pronom pluriel de la personne
a la priorité, et l'on fait accorder le verbe avec ce pro-
n. Cependant l'observation rigoureuse de cette règle peut
ner lieu à une certaine bizarrerie d'expression et même
es tournures incorrectes qu'il faut éviter. Par exemple, on
pourrait pas dire: *Pierre ou toi vous serez nommés juges
paix du canton; vous ou moi nous serons les présidents
l'assemblée,* parce qu'il n'y aura qu'un juge de paix, qu'un
sident. Il faut prendre un autre tour et dire : *C'est Pierre
toi qu'on nommera juge de paix du canton; vous ou moi,
i de nous deux sera le président de l'assemblée.*

!4. — On trouve dans notre littérature des exemples du

) Ainsi la distinction que Vaugelas avait voulu établir entre le sens de
mots, n'a pas été admise, ou du moins ne l'est plus.

verbe au singulier après un sujet multiple dont les parties sont unies par *ni*, quoiqu'il n'y ait point exclusion nécessaire de l'une d'elles. Marmontel a dit : *Ni* le reproche **ni** la crainte, **ni** l'ambition *ne* trouble *les instants d'un honnête homme en place.* Racine :

> Ni *crainte,* ni *respect* ne m'en peut détacher.

Et Boileau :

> Allons du moins chercher quelque autre ou quelque roche
> D'où jamais ni *l'huissier* ni *le sergent* n'approche.

Mais on trouve aussi, et cela est bien plus extraordinaire, des exemples du verbe au singulier après un sujet multiple dont les parties sont unies par la conjonction *et : L'ardeur de leurs disputes insensées et leur religion arbitraire est devenue la plus dangereuse de leurs maladies.* (Bossuet.) *Le bien et le mal est en ses mains.* (La Bruyère.) *La gloire et la prospérité des méchants est courte.* (Fénelon.)

Ces exemples infirment-ils la grande règle qui veut que le verbe soit au pluriel, lorsqu'il a un sujet multiple dont les parties sont unies par *et*? Nullement. Eh bien ! il en est de même de la phrase de Marmontel, du vers de Racine et de celui de Boileau. Ces phrases, que nous ne donnons point comme des exemples à imiter, parce qu'elles sont des exceptions, des licences de langage, peuvent s'expliquer par la syllepse ou par l'ellipse, selon que l'esprit réunit les deux objets en un seul, comme dans l'exemple de La Bruyère, ou qu'il se porte principalement sur le dernier sujet, comme dans l'exemple de Bossuet (1).

25. — On lit dans le *Dictionnaire de l'Académie,* au mot *ni,* cet exemple : *Ni l'un ni l'autre n'a fait son devoir* ; Boileau a dit, en parlant de Corneille et de Racine : *Ni l'un ni l'autre*

_____

(1) En effet, il est bien évident, en premier lieu, que la mesure du vers ne permettait pas à Racine le pluriel *peuvent* et que la rime a forcé Boileau à mettre le singulier *approche.* On pourrait dire, en outre, que la pensée de Racine est celle-ci : *Ni crainte, ni respect, aucune de ces choses ne m'en peut détacher* ; ou bien *ni crainte ne peut m'en détacher, ni respect.* Le vers de Boileau et la phrase de Marmontel peuvent s'expliquer de cette manière : *D'où ni l'huissier n'approche, ni le sergent. Ni le reproche, ni la crainte, ni l'ambition, aucune de ces choses ne trouble.* etc.

ne doit *être* mis *en parallèle avec Euripide et avec Sopho-*
cle, on trouve dans La Harpe : Ni l'un ni l'autre *des deux*
frères ne peut *intéresser*. Il y a dans nos bons écrivains un
assez grand nombre de phrases semblables, et l'on explique
fort bien l'emploi du verbe au singulier après *ni l'un ni l'au-*
tre, en faisant remarquer que cette locution est synonyme
d'*aucun d'eux* (1), et que c'est là une syllepse fort légitime :
Aucun d'eux *ne* doit *être* mis; Aucun des *deux frères ne*
peut *intéresser*. Toutefois, le pluriel nous paraît préférable,
parce qu'il est plus conforme au principe général.

REMARQUE. Nous ferons sur les sujets particuliers de la
première ou de la deuxième personne qui sont joints par la
conjonction *ni*, la même observation que nous avons faite ci-
dessus (23) sur ces mêmes sujets unis par la conjonction *ou*,
Au lieu de dire : *Ni Pierre ni toi ne serez nommés juges de*
paix du canton; ni vous ni moi ne serons les présidents de
l'assemblée, il est mieux de prendre un autre tour . *Le juge*
de paix du canton, ce ne sera ni Pierre ni toi; ou bien :
Aucun de vous deux ne sera nommé juge de paix, etc. *Ni*
vous ni moi, aucun de nous deux ne sera le président de
l'assemblée.

26. — Nous avons donné, au § 418, comme règle générale, l'emploi du verbe au pluriel lorsque le sujet est la
locution *l'un et l'autre*, et nous avons cité à l'appui cette
phrase de l'Académie : *L'une et l'autre* sont *bonnes,* suivie
de deux autres exemples pris dans Racine et dans Boileau.
Mais l'Académie dit aussi : *L'une et l'autre* est *bonne;*
et voici des exemples du singulier fournis par les mêmes
poètes :

L'un et l'autre consul vous *avait* prévenue. (*Racine.*)
À suivre ce grand chef l'un et l'autre *s'apprête.* (*Boileau.*)

Ce singulier s'explique aussi par la syllepse : *L'un et l'au-*
tre est synonyme de *chacun d'eux*, comme *ni l'un ni l'autre*

l'est d'*aucun d'eux* (1) : L'une et l'autre *est* bonne, c'est-à-
dire, *chacune d'elles* est bonne. *Chacun des consuls* vous avait
prévenue. Remarquez que rien n'empêchait Racine de dire
avec le verbe au pluriel :

> L'un et l'autre consul vous *avaient* prévenue.

Concluons : l'emploi du verbe au singulier après *l'un et
l'autre* n'est pas plus une faute qu'après *ni l'un ni l'autre*;
mais cependant la règle générale est de mettre le verbe au
pluriel, parce que, en réalité, *l'un et l'autre* exprime l'idée
de deux personnes ou de deux choses.

27. — L'accord du verbe ayant pour sujet le pronom *qui*
est une des grandes difficultés de notre langue : la règle générale *moi qui suis*, *toi qui es*, *nous qui sommes*, est fort
simple sans doute; mais il est des cas où l'application en est
douteuse ou incertaine. Par exemple, quelques grammairiens
ont blâmé les phrases suivantes :

> Britannicus est seul : quelque ennui qui le presse,
> Il ne voit à son sort que *moi qui s'intéresse*. (*Racine*.)
>
> Nous chercherons partout à trouver à redire;
> Et ne verrons que *nous qui sachent* bien écrire. (*Molière*.)

Il n'avait que moi qui pût *le secourir*. (Voltaire.) *Il n'y a
que* vous *seul* qui puisse *débrouiller une affaire aussi embar-
rassée*. (Fénelon.)

D'autres grammairiens, et Lemare en tête, justifient cette
construction au moyen d'une ellipse fort simple et tout à fait
naturelle. Le pronom *qui* se rapporte, disent-ils, aux mots
personne autre, *nul autre*, etc., qui sont sous-entendus : Il
ne voit *personne autre* que moi qui s'intéresse; nous ne verrons point d'*auteurs autres* que nous qui sachent bien écrire;
il n'avait *nul autre* que moi qui pût le secourir; il n'y a *nul
autre* que vous seul qui puisse, etc.

Nous acceptons volontiers ces raisons, auxquelles d'ailleurs
les noms des célèbres écrivains cités ci-dessus, ajoutent une
grande valeur; mais nous pensons que le mieux est de suivre
la règle générale, observée le plus souvent par ces mêmes

---

(1) *L'un et l'autre* correspond au latin *uterque*, qui est du singulier.

écrivains : *Il n'y eut que* moi *qui* espérai *la victoire*. (Fénelon.)

28. — Nous donnerons le même conseil pour l'accord sylleptique du verbe *être* précédé de *ce* et suivi d'une troisième
personne du pluriel. Sauf les exceptions indiquées aux para-
graphes 437 et 438, la règle généralement suivie de nos jours
est de mettre dans ce cas le verbe au pluriel. Mais on peut
dire que cette règle est toute moderne, ou que nos bons écrivains n'ont pas cru devoir l'accepter ; car, dans des cas qui
paraissent absolument identiques, ils mettent indifféremment
le pluriel ou le singulier. Les exemples du singulier abondent
dans notre littérature ; en voici quelques-uns :

> Ce n'est pas *les Troyens*, c'est Hector qu'on poursuit. (*Racine.*)

C'est *donc* les dieux *et non pas la mer qu'il faut craindre,*
(Fénelon.) *D'ailleurs* ce n'est *pas eux qu'il faut punir.* (Voltaire.) C'était les petites îles *qui se trouvent en quantité sur*
les côtes d'Italie. (Buffon.) Ce ne **fut** que plaintes *et que* larmes. (Marmontel.)

L'Académie elle-même dit : C'est eux *ou* ce sont eux *qu'il*
faut récompenser. Quand ce **serait** *ou quand* ce **seraient** *les*
Romains qui auraient élevé ce monument.

En présence de ces faits, dont il est facile de rendre raison
par l'ellipse, quelques grammairiens qui n'ont pas, comme
tant d'autres, la singulière prétention de connaître les res-
sources et le génie de la langue française mieux que Racine,
Fénelon, Voltaire, Buffon et toute l'Académie, ont étudié les
différents cas où il peut être permis de mettre le verbe au singulier, et ils ont essayé de déterminer les caractères de ces
exceptions ; malgré tous leurs efforts, ils sont restés dans le
vague. Nous, qui pensons aussi que les phrases ci-dessus ne
sont pas incorrectes, mais qui cependant ne voulons donner à
nos élèves rien d'obscur ni de douteux, nous leur dirons :
« En observant la règle on est sûr de ne pas se tromper, on
s'expose à faillir lorsqu'on s'en écarte. » Cette considération
suffit pour décider la question.

29. — Tous les temps du subjonctif, avons-nous dit (501),
peuvent s'employer, quel que soit le temps ou le mode du

premier verbe; et les exemples du paragraphe 503, ainsi que la note qui accompagne le paragraphe 503 *bis*, prouvent la vérité de cette assertion. Si le lecteur avait encore quelque doute à cet égard, nous pensons qu'il ne lui en restera plus, après qu'il aura lu les phrases suivantes :

PRÉSENT OU FUTUR DU SUBJONCTIF.

1° **Après un présent.** Ne *pensez* pas que je *dise* cela pour vous contrarier. (*Acad.*) — Vous ne *croyez* pas que je *puisse* résister à cette douleur ? (*M*^me *de Sévigné.*)

2° **Après un passé.** Les Romains de ce siècle n'*ont* pas *eu* un seul poëte qui *vaille* la peine d'être cité. (*Boileau.*)

3° **Après un futur.** Je ne *disconviendrai* pas qu'avec toutes ses perfections on ne *puisse* faire quelques objections à Sophocle. (*Voltaire.*)

4° **Après un conditionnel.** Qui *pourrait* douter qu'il *soit* homme de bien, si ce n'est peut-être ses créanciers? (*La Bruyère.*)

IMPARFAIT DU SUBJONCTIF.

1° **Après un présent.** *Crois*-tu que je ne *susse* pas à fond tous les sentiments de mon père? (*Molière.*) — Je ne *crois* pas que vous me *jugeassiez* sans m'entendre. (*J.-J. Rousseau.*)

2° **Après un passé.** Mentor *voulait* une grande quantité de jeux et de spectacles qui *amusassent* le peuple. (*Fénelon.*)

> Néron devant sa mère *a permis* le premier
> Qu'on *portât* les faisceaux couronnés de laurier. (*Racine.*)

3° **Après un futur.** Je ne *nierai* pas cependant qu'il ne *fût* homme de très-grand mérite. (*Boileau.*)

4° **Après un conditionnel.** Encore *faudrait*-il que les discours que l'on fait tenir à Annibal *fussent* sensés. (*Montesquieu.*)

PASSÉ DU SUBJONCTIF.

1° **Après un présent.** *Crois*-tu que dans son cœur il *ait juré* sa mort? (Racine.) Si vous *attendez* que Philoclès *ait con-quis* l'île de Carpathie, il ne sera plus temps d'arrêter ses desseins. (Fénelon.)

2° **Après un passé.** Je n'*ai* jamais *trouvé* personne qui m'*ait* assez *aimé* pour vouloir me déplaire en me disant la vérité tout entière. (Fénelon.) C'*était* une des plus belles choses que l'on *ait pu* voir.

3° **Après un futur.** Je *douterai* toujours que vous *ayez fait* tous vos efforts. (de Wailly.)

4° **Après un conditionnel.** Qui *pourrait* croire qu'un citoyen romain, que Crassus *ait eu* plus de sept mille talents de bien? (Vertot.)

PLUS-QUE-PARFAIT DU SUBJONCTIF.

1° **Après un présent.** Ce n'*est* pas que j'*eusse* mieux *fait* que vous. (Mᵐᵉ de Sévigné.)

2° **Après un passé.** Il *semblait* que nous *eussions dû* nous rendre de Pergame à Adramytti. (Chateaubriand.) — Métellus n'*apprit* qu'avec un grand chagrin qu'on lui *eût donné* un successeur. (Vertot.) — J'*ignorais* qu'il *fût* arrivé. (Acad.)

3° **Après un futur.** Malgré tout ce que vous pouvez dire, je ne *croirai* jamais que sans mes recommandations vous *eussiez réussi*.

4° **Après un conditionnel.** Je *voudrais* seulement qu'on vous l'*eût fait* connaître. (Racine.)

Voici encore deux exemples remarquables du subjonctif présent dans le sens du futur après un passé de l'indicatif.

> Depuis trois ans entiers qu'*a-t-il dit*, qu'*a-t-il fait*,
> Qui ne *promette* à Rome un empereur parfait?
> (RACINE, *Britannicus*.)
> Et déjà l'empereur *a commandé* qu'il *meure*.
> (CORNEILLE, *Héraclius*.)

Qui ne promit ferait un contre-sens, et ne pourrait plus s'appliquer à Néron, qui doit régner.

L'imparfait *qu'il mourût*, si juste, si correct dans la sublime réponse du père d'Horace :

> Que vouliez-vous qu'il fît contre trois? — Qu'il *mourût*.

serait moins bien que le présent dans l'autre vers de Corneille.
En effet, Exupère accourt annoncer à Léontine qu'Héraclius
vient d'être découvert. *Depuis quand?* dit celle-ci. — Exupère : *Tout à l'heure.* — Léontine : *Et déjà l'Empereur a
commandé qu'il meure?* C'est-à-dire , et probablement l'empereur Phocas a commandé qu'on lui *donne* la mort. Ce n'est
pas un passé, c'est un futur ; l'imparfait du subjonctif rendrait
moins bien l'idée.

On voit qu'il n'est pas exact de dire que quand le premier
verbe est au passé, le second se met toujours à l'imparfait du
subjonctif. Le principe que nous avons établi au paragraphe
502 est plus juste et plus conforme au bon usage de la langue.
Cependant il est bon de faire remarquer que quand le premier
verbe est au passé, le second marque ordinairement aussi un
temps passé. C'est de là qu'est venue cette règle qu'on a le
tort de généraliser (1).

CHAPITRE VI

DU PARTICIPE.

PARTICIPE PRÉSENT

30. — La syntaxe du participe présent exigerait de grands
développements pour être traitée d'une manière complète.
Dans beaucoup de cas, en effet, l'accord ou l'invariabilité du
qualificatif en *ant* dépend uniquement de la pensée de l'auteur; et là où les règles sont insuffisantes, l'élève n'a pas
d'autre guide que l'analogie fournie par de nombreux exemples. Nous renvoyons donc à notre *Traité des participes* pour
l'étude approfondie du participe présent; nous ajouterons
seulement ici une discussion ingénieuse de Lemare, et qui fera
mieux comprendre combien il est vrai de dire que la forme
de l'expression dépend nécessairement de l'idée.

---

(1) « On ne peut régler le choix du temps du subjonctif sur le verbe
précédent. C'est donc en vain qu'on se fatigue à multiplier les règles, elles
sont toutes en défaut. C'est à l'idée qu'il faut s'attacher. » (*Lemare.*)

Pleurante après son char vous voulez qu'on me voie.
Mais, Seigneur, en un jour ce serait trop de joie.
(RACINE, *Andromaque*, 4, 5.)

Et n'est-ce point, Madame, un spectacle assez doux,
Que la veuve d'Hector *pleurant* à vos genoux?
(RACINE, *Andromaque*, 3, 4.)

« Racine a montré une grande délicatesse de goût dans le choix de ces deux nuances. Il pouvait dire : **Pleurant** *après son char*, etc. : alors il eût peint l'action d'un moment, tandis qu'en effet l'humiliation d'Hermione, traînée après le char d'Andromaque, consistait dans la permanence ou la prolongation de l'action.

« D'un autre côté, il pouvait dire : **Pleurante** *à vos genoux*; mais il eût représenté Andromaque dans un état prolongé; tandis que la nouveauté de l'action de la *veuve d'Hector*, *pleurant aux genoux d'un Grec*, devait frapper plutôt que sa prolongation.

« Racine, en peignant l'action d'Hermione, qui pleure après le char d'Andromaque, comme permanente ou d'une certaine durée, et celle de la veuve d'Hector, comme instantanée, a donc, dans l'une et l'autre circonstance, fait ce qui convenait le plus ; il a agi en peintre qui sait habilement nuancer ses couleurs. »

31. — Les mots *appartenant*, *demeurant*, *dépendant*, *résultant*, *tendant* sont quelquefois employés comme adjectifs verbaux, c'est-à-dire, avec accord, même quand ils ont un complément. Voici ce que nous lisons dans le *Dictionnaire de l'Académie* :

Appartenant, ante. Adj. Qui appartient de droit. *Le bien appartenant à un tel. Une maison à lui appartenante.* Il n'est guère usité que dans ces sortes de phrases.

Demeurant, ante. Adj. Qui est logé en quelque endroit. Il n'est d'usage au féminin qu'en style de Pratique. *Au lieu où ladite dame est demeurante.*

Dépendant, ante. Adj. Qui dépend, qui est subordonné. *C'est une affaire dépendante de telle autre. Ces deux choses sont dépendantes l'une de l'autre.*

Résultant, Il ne se dit guère qu'en

terme de Procédure. *Les cas résultants du procès. Les preuves résultantes.*

Tendant, ante. Adj. Qui tend à quelque fin, qui va à quelque fin. *Une requête tendante à ce qu'il plaise à la cour. Une proposition tendante à l'hérésie. Semer des libelles tendants à la sédition.*

PARTICIPE PASSÉ.

32. — Doit-on écrire le participe avec ou sans accord dans les phrases suivantes :

Les livres **qu'**on *m'a donnés* ou *donné à lire;*
Les leçons **que** *le maître m'a données* ou *donné à étudier;*
Les constellations **qu'**on *m'a données* ou *donné à décrire;*
Les accusés **qu'**on *m'a donnés* ou *donné à interroger?*

Dans ces exemples et dans tous ceux du même genre, le pronom conjonctif *que* peut être considéré comme complément direct, non du premier verbe, mais du second; c'est l'infinitif précédé de la préposition *à* qui est le véritable complément du premier verbe, et le *que* est régi par cet infinitif.

Ce ne sont ni *les livres,* ni *la leçon,* ni *les constellations,* ni *les accusés,* **qu'**on m'a **donnés**; on m'a donné à **lire** *des livres,* à **étudier** *la leçon,* à **décrire** *des constellations,* à **interroger** *des accusés.*

Le participe passé étant donc suivi et non précédé de son complément direct ne varie point (1).

33. — Le verbe pronominal *se voir* est fréquemment suivi d'un infinitif ou d'un participe passé. *Elle s'est vu* applaudir, *elle s'est vue* découverte.

Lorsque le verbe qui suit est de la première conjugaison, on peut se trouver embarrassé sur le choix de l'infinitif ou du

---

(1) Cependant lorsque le pronom conjonctif *que* paraît être, aussi bien que l'infinitif, le complément du premier verbe comme dans l'exemple : *Les livres qu'on m'a donné à lire,* l'accord du participe, conseillé par la plupart des grammairiens, peut n'être pas considéré comme une faute, mais il est plus logique d'appliquer une seule et même règle à toutes les locutions du même genre.

participe, parce que ces formes ont la même prononciation.
Voici, dans ce cas, la règle qu'il faut suivre :

Le verbe qui vient après *se voir* s'écrit à l'infinitif s'il exprime l'action ; il s'écrit au participe passé s'il exprime une simple manière d'être, une situation, un état résultant d'une action accomplie : *Elle s'est vue* tomber. (Elle a vu qu'elle *tombait* : c'est une action) ; *Elle est fière de se voir* admirée. (Acad.) (Elle voit qu'elle *est admirée* : c'est un état, une manière d'être).

On écrira de même : *Elle fut bien heureuse quand elle se vit* entourée *de ses enfants, elle qui s'était vue* abandonnée *de tout le monde* (c'est-à-dire, elle vit qu'elle était *entourée*, elle avait vu qu'elle était *abandonnée*) ; et à l'infinitif : *Sa douleur fut bien vive quand elle se vit* arracher *à leurs embrassements* (c'est-à-dire, quand elle vit qu'on l'*arrachait*.)

CHAPITRE VII

MOTS INVARIABLES

34. — Quoi qu'en ait dit un grammairien, l'adverbe *peut-être* s'emploie très-bien avec le verbe *pouvoir* sans faire pléonasme, et nos bons auteurs en offrent de nombreux exemples : *Mais* peut-être *au défaut de la fortune, les qualités de l'esprit, les grands desseins, les vastes pensées* pourront *nous distinguer du reste des hommes.* (Bossuet.) *Ce qu'on* pourrait *encore reprocher* peut-être *à ce songe, c'est qu'il ne sert de rien dans la pièce.* (Voltaire.)

En effet, l'adverbe *peut-être* n'exprime pas la possibilité, mais le doute ; l'Académie le définit ainsi : *adverbe dubitatif.* Quand je dis : *Je ne pourrai pas aller demain à la campagne,* j'affirme que la chose sera impossible ; je suis convaincu de cette impossibilité. Mais s'il y a simplement doute sur la possibilité, chacun dit et doit dire : *Je ne pourrai peut-être pas aller demain à la campagne* ; le sens est, comme on le voit, bien différent.

Voyez aussi les exemples ci-dessus. Bossuet ne pouvait pas dire : *Mais au défaut de la fortune, les qualités de l'esprit* pourront *nous distinguer*, etc., car il eût affirmé ce pouvoir, et c'eût été contraire à sa pensée; il voulait faire une objection dubitative, l'adverbe *peut-être* était donc nécessaire (1).

Peut-être employé avec l'impersonnel *il est possible* forme réellement un pléonasme vicieux.

35. — « *Pas* et *Point*, dit avec raison Dumarsais, sont de véritables noms, du moins dans l'origine. Nos pères, pour exprimer le sens négatif, se servirent d'abord, comme les Latins se servaient de *non*, de la simple négative *ne* (2). Dans la suite, pour donner plus de force et plus d'énergie à la négation, ils y ajoutèrent quelqu'un des mots qui ne marquent que de petits objets, tels que *grain*, *goutte*, *mie*, *brin*, *pas*, *point*. Il y a toujours quelque mot sous-entendu en ces occasions : *Je n'en ai grain ni goutte*; je n'en ai pas pour la valeur d'un grain, etc. (3). Ainsi, quoique ces mots servent à la négation, ils n'en sont pas moins de vrais substantifs. *Je ne veux pas* ou *point*, c'est-à-dire, je ne veux cela même de la longueur d'un *pas*, ni de la grosseur d'un *point*. *Je n'irai pas* ou *point*; c'est comme si l'on disait : *Je ne ferai un pas pour y aller*, *je ne m'avancerai d'un point*. C'est ainsi que *mie*, dans le sens de *miette de pain*, s'employait autrefois avec la particule négative : *Il ne l'aura mie*; *Il n'est mie un homme de bien*. » (Dumarsais, *De l'article*.)

36. — On a vu (612 et 613) que la conjonction *et* unit les parties semblables d'une proposition affirmative, et *ni* les parties semblables d'une proposition négative. On trouve chez nos bons écrivains d'assez nombreux exemples de *et* au lieu de *ni* dans les propositions négatives : *Rien ne les pique et ne les réveille*. (Massillon.) *Le sénat et le peuple romain n'oublient jamais ni les services ni les injures*. (Vertot.)

---

(1) « Malgré la ressemblance de *peut-être* avec le verbe *pouvoir*, ces deux mots ont un sens entièrement distinct, comme en latin *forsan* et *possum* qui peuvent très-bien se trouver ensemble. » (*A. Lemare*.)

(2) *Sachiez nos ne venisme por vos mal faire*. (Ville-Hardouin.)

(3) Il serait plus vrai de dire : *Je n'en ai grain ni goutte*, équivaut à *ni un grain ni une goutte*, c'est-à-dire, pas la plus petite parcelle.

Mais il faut remarquer que *pique* et *réveille* sont des expressions à peu près synonymes; la conjonction *ni* aurait présenté comme distinctes deux idées qui, en quelque sorte, n'en font qu'une. Dans la pensée de Vertot le sénat et le peuple romain agissent de concert et constituent la nation, l'État de Rome; l'auteur aurait pu dire : *La république romaine s'oublie*, etc.; or, la conjonction disjonctive *ni* eût détruit cette liaison intime qu'il y a entre les deux idées *sénat* et *peuple romain*. Ici encore l'expression est donc subordonnée à la pensée.

97. — On trouve aussi des exemples de *ni* au lieu de *et* dans les phrases affirmatives : *La fortune y aurait plus de part que sa valeur* ni *sa conduite.* (Fontenelle.) Boileau, en parlant du sonnet, dit qu'Apollon

> Défendit qu'un vers faible y pût jamais entrer,
> *Ni* qu'un mot déjà mis osât s'y remontrer (1).

Mais dans la phrase de Fontenelle la conjonction *ni* fait partie d'une proposition elliptique négative; en remplissant l'ellipse, on a : *La fortune y aurait plus de part que sa valeur* ni *sa conduite n'y en auraient.*

Quant à l'exemple de Boileau, on peut dire qu'une idée de défense ou de privation équivaut à une idée négative, et que par conséquent l'emploi de *ni* après *défendre* est très-légitime.

Il y a beaucoup d'exemples semblables dans nos meilleurs écrivains.

« Ne dirait-on pas : *Je* vous défends d'ouvrir la porte *ni* la fenêtre ? En employant la conjonction *et*, on changerait le sens de la phrase. » (Boniface.)

---

(1) Boileau a dit aussi :

> Bientôt ils défendront de peindre la Prudence,
> De donner à Thémis *ni* bandeau *ni* balance.

CHAPITRE VIII

REMARQUES PARTICULIÈRES

38. — A. Il ne faut pas employer la préposition *à* dans les locutions comme celles-ci : *La maison à mon oncle. C'est la fête à mon père;* il faut dire : *La maison de mon oncle. C'est la fête de mon père* (1).

39. — Abîmer. Le sens propre de ce verbe est *renverser, précipiter* dans un abîme ; mais il s'emploie très-bien au figuré pour signifier *perdre. ruiner, gâter, endommager : Cet homme est puissant et vindicatif, il vous abîmera.* (Acad.) *Des dépenses excessives* l'ont abîmé. (Id.) *La pluie a abîmé mon chapeau.* (Id.)

40. — Agir. Ne mettez jamais *en* devant ce verbe; dites : *Il a bien* agi *avec moi* ou *envers moi,* et non pas : *Il en a bien* agi *avec moi.*

41. — Aider. *Aider quelqu'un,* c'est l'assister, fournir à ses besoins, le seconder, le servir : *Aider les pauvres.* (Acad.) *Aider quelqu'un de son bien, de son crédit.* (Id.) *Je vous aiderai pour ce travail.* (Id.)

« *Aider à quelqu'un.* dit l'Académie, signifie lui prêter une assistance momentanée pour un objet déterminé, et le plus souvent pour un travail qui demande des efforts physiques : *Aidez à cet homme qui plie sous la charge qu'il porte.* »

42. — Air. *Avoir l'air* a deux acceptions :

1° Il signifie avoir l'air du visage, l'extérieur, les manières, le ton, le maintien, etc. Dans ce cas, l'adjectif qui suit le mot *air* se rapporte à ce mot et s'accorde avec lui : *Ils ont tous deux l'air prévenant* (Acad.) *Cette Parisienne a l'air provincial. Elle a l'air hautain, mais elle est très-affable.*

2° Il signifie aussi sembler, paraître : l'adjectif s'accorde alors avec le sujet de la proposition, et non avec le mot *air : Elle a l'air contente de ce qu'on vient de lui dire.* (Acad). *Ils ont l'air fâchés de ce qu'ils viennent d'apprendre.* (Id.)

REMARQUE. Dans ce dernier sens, lorsqu'il s'agit de choses, il faut dire *a l'air d'être : Cette viande a l'air d'être fraîche* (Acad.), et non *a l'air fraîche. Cette maladie a l'air d'être sérieuse.* (Id.) *Ces légumes n'ont pas l'air d'être cuits.* (Id.) *La soupe a l'air d'être bonne.*

43. — Aller. Au lieu du verbe *aller,* on emploie quelquefois le verbe *être,* mais seulement dans ses temps composés ; ainsi l'on dit : *J'ai été à la messe; Il a été en Italie,* pour : *Je suis allé à la messe; Il est allé en Italie.*

---

(1) La préposition *à* dans le sens possessif, au lieu de la préposition *de,* était usitée dans les vieux auteurs. Exemple : *Là où on disait que le cors à Magdeleine gisoit* (JOINVILLE) ; et elle l'est encore aujourd'hui dans le langage populaire et dans la conversation. Exemple : *C'est un frère à moi.* Mais il faut éviter de se servir de cette locution.

Ces deux locutions n'ont pas tout à fait la même signification. « Dans : *J'ai été à Rome*, dit l'Académie, *j'ai été* fait entendre qu'on y est allé et qu'on en est revenu ; et dans : *Il est allé à Rome*, le verbe *il est allé* marque que celui dont on parle n'est pas encore de retour. »

Cependant il ne suit pas de là qu'il ne soit pas permis d'employer le verbe *aller* lorsqu'il y a retour ; on peut très-bien dire ; par exemple : *Je suis allé hier à Versailles*.

Les temps simples du verbe *être* ne s'emploient pas aujourd'hui, au lieu de *aller*. Ainsi on ne dirait pas : *Je fus hier à Versailles*, mais *j'allai*... Cependant on trouve dans de bons auteurs du XVII⁰ siècle *je fus* pour *j'allai* : *En passant par Epernay, je fus voir de votre part M. le mareschal Strozzi...* (Voiture, lettre VI.)

Il fut jusques à Rome implorer le Sénat. (CORNEILLE.) (1)

S'en aller. Dans les temps composés de ce verbe, le mot *en* doit précéder l'auxiliaire *être ;* il faut dire : *Je m'en suis allé*, et non *Je me suis en allé.*— Dites aussi : *J'y vais*, et non : *Je m'en y vas.*

44. — **Anoblir** et **ennoblir.** *Anoblir*, faire noble, donner à quelqu'un le titre et les droits de noblesse : *Le roi l'avait anobli.* (Acad.)

Ennoblir, donner de l'élévation, de la dignité, du lustre, de l'éclat, rendre honorable : *Les sciences, les beaux-arts ennoblissent une langue.* (Acad.)

45. — **Applaudir**, verbe intransitif, signifie, au propre, battre des mains en signe d'approbation : *J'étais hier au spectacle, on applaudit beaucoup.* (Acad.) Applaudir *aux acteurs, aux comédiens.* (Id.) Il signifie, figurément, approuver ce que fait ou dit une personne, et manifester sa satisfaction de quelque manière que ce soit : *J'applaudis à votre dévouement et à votre conduite.* (Acad.) *S'il faisait cette bonne action, tout le monde lui* applaudirait. (Id.)

Il est aussi transitif, tant au propre qu'au figuré : Applaudir *une pièce, un acteur.* (Acad.) *Chacun l'a applaudi d'une si bonne action.* (Id). *On ne peut qu'applaudir un pareil trait.* (Id.)

46. — **Après.** Cette préposition signifie *à la suite de.* Ne dites donc pas : *Vous avez un accroc après votre habit ; La clef est après la porte* ; dites : *Un accroc à votre habit ; La clef est à la porte.* Ne dites pas non plus : *On demande après vous* ; dites : *On vous demande.*

Après indique aussi le rapport qui existe entre des objets dont l'un tend à s'approcher de l'autre, à se trouver auprès. Il s'emploie dans ce sens, au propre et au figuré, avec certains verbes tels que *courir, soupirer, attendre*, etc. *Les chiens courent après le lièvre.* (Acad.) *Il soupire* après *cette succession*, (Id.) *Il y a longtemps qu'on attend après vous.* (Id.)

47. — **Armistice, amnistie.** *Armistice*, nom du masculin. Suspension d'armes : *Convenir d'un armistice.* (Acad.)

---

(1) *Saladin fut enfin se présenter devant cette ville.* (TILLEMONT.)

Après cette espèce de raccommodement, le chevalier de Grammont fut songer à ses propres affaires. (HAMILTON.)

Vous aurés déjà sceu l'arrivée de mon cousin de la Roche avec ses troupes, que je fus recepvoir de là la rivière de Garonne. (Lettres de HENRI IV, t. Iᵉʳ, p. 313.)

Amnistie, nom du féminin. Pardon accordé par un souverain : *Le roi accorda une amnistie générale.* (Acad.)

48. — **Assurer** une chose *à quelqu'un,* c'est affirmer, certifier cette chose : *Il leur assura que la chose était vraie.* (Acad.)

Assurer quelqu'un d'une chose c'est l'engager fortement à regarder cette chose comme certaine, à y croire : *Assurez-le de mon respect, de ma reconnaissance.* (Acad.) *Vous pouvez l'assurer que je prendrai ses intérêts.* (Id.)

49. — **Atteindre** ne s'emploie comme verbe intransitif demandant la préposition *à* après lui, que lorsqu'il signifie : 1°, au propre, toucher à une chose qui est à une distance assez éloignée pour qu'on ne puisse pas y toucher sans quelque effort : *Atteindre au plancher* (Acad.) — 2°, au figuré, parvenir à un but après des efforts d'intelligence, de travail : *Atteindre à la perfection, atteindre au sublime.* (Acad.)

Dans toute autre acception, *atteindre* ne veut point après lui de préposition, et se dit des personnes ainsi que des choses : *Ce danger ne saurait m'atteindre; Nous* atteindrons *ce village avant la nuit; Il* atteindra *bientôt sa douzième année.* (Acad.)

50. — **Bâiller, bailler** et **bayer.** On écrit *bâiller,* avec un accent circonflexe sur l'*â,* pour exprimer l'action d'ouvrir largement la bouche en respirant : *Bâiller d'ennui, de sommeil;* et au figuré dans le sens de s'entr'ouvrir, être mal joint : *Une porte qui bâille.* (Acad.)

Bailler, sans accent, est un terme de pratique, qui signifie donner, livrer : *Bailler à ferme.* (Acad.)

Bayer signifie tenir la bouche ouverte en regardant longtemps quelque chose; et, figurément, désirer avidement : *Bayer comme un lourdaud.* (Acad.) *Bayer après les richesses.* (Id.) *Bayer aux corneilles;* c'est-à-dire, s'amuser à regarder en l'air niaisement.

51. — **Capable, susceptible.** *Capable,* dans le sens de qui est en état de faire une chose, se dit non-seulement des personnes, mais aussi des choses : *Votre cheval n'est pas capable de traîner cette voiture.* (Acad.) *Cette digue n'est pas capable de résister à la violence des flots.* (Id.)

Dans le sens de qui peut produire tel ou tel effet, amener tel ou tel résultat, il ne se dit que des choses : *Cette maladie est capable de le tuer.* (Acad.) *Cette démarche est capable de vous nuire.* Id.)

Susceptible signifie capable de recevoir certaine qualité, certaine modification. Il s'emploie bien avec les substantifs : *Cette terre est susceptible d'améliorations.* (Acad.) *L'esprit de l'homme est susceptible de bonnes, de mauvaises impressions* (Id.); mais non avec un verbe à l'infinitif. Ainsi l'on ne dit pas : *Il n'est pas susceptible d'apprendre la musique.* — Employé absolument, il se dit d'une personne qui s'offense aisément : *Il est fort susceptible.* (Acad.)

52. — **Casuel.** Cet adjectif signifie *qui arrive par hasard, qui peut arriver ou n'arriver pas.* Il s'emploie aussi comme nom pour désigner un revenu ou un gain accidentel. Exemple : *Il a six cents francs de traitement fixe et environ six cents francs de casuel.* Mais jamais *casuel* ne signifie *qui peut se casser.* Il faut donc dire : *Un objet fragile,* et non *un objet casuel.*

53. — Changer. On emploie ce verbe elliptiquement pour signifier changer de linge : *Je suis rentré chez moi pour changer.* (Acad.) On dit même, activement : *Ce malade a assez transpiré, il est temps de le changer* (Id.) ; *il faut changer cet enfant* (Id.) ; mais dans ce sens, on ne doit jamais employer ce verbe sous la forme pronominale ; ainsi il faut dire : *Vous êtes en sueur,* changez *de linge, de vêtement,* et non *changez-vous.*

54. — Colorier, colorer. *Colorier,* c'est appliquer des couleurs sur un dessin, les employer dans un tableau.

Colorer, c'est donner la couleur ou de la couleur, en prendre, en recevoir : *Le soleil colore les fleurs* (Acad.) ; *Colorer le verre en bleu* (Id.) ; *Les raisins commencent à se colorer.* (Id.) — Il s'emploie aussi au figuré pour signifier donner une belle apparence : *Colorer un mensonge.* (Id.)

55. — Commencer. — Continuer. « *Commencer de,* dit l'Académie, désigne une action qui aura de la durée : *Lorsqu'il commença de parler, chacun se tut pour l'écouter. Ce roi commença de régner en telle année.*

« *Commencer à* désigne une action qui aura du progrès, de l'accroissement : *Cet enfant commence à parler ; Je commence à comprendre.* Cependant on dit quelquefois *commencer à* pour *commencer de : Commençons à dîner.* »

Continuer à se dit lorsqu'on parle d'une action dont la durée n'est pas déterminée ni prévue, ou qui est indéfinie : « *La terre continue à tourner sur son axe. Ma mère continue à se bien porter.* » En conséquence, quand il s'agit d'une chose qui est devenue une habitude, on dit aussi *continuer à* : « *Ce malheureux continue à jouer,* c'est-à-dire, à avoir la passion du jeu. » *Continuer de* se dit d'une action dont la durée a nécessairement une fin prévue et déterminée : « *Je vais continuer d'écrire la lettre que j'avais commencée ; vous, pendant ce temps, continuez de jouer aux échecs.* »

56. — Conséquent. Cet adjectif exprime une idée de liaison, de suite, de conformité ; mais il n'a jamais signifié *important, considérable.* On fait donc une faute très-grossière lorsqu'on dit : *C'est une propriété conséquente ; cette somme est conséquente ;* il faut dire : *C'est une propriété considérable ; cette somme est importante.*

REMARQUE. On dit très-bien : *Cela n'est d'aucune conséquence* (Acad.) ; *Une affaire de nulle conséquence* (Id.) ; c'est-à-dire, qui ne peut avoir des suites graves, et à laquelle on n'ajoute dès lors aucune importance.

57. — Consister demande la préposition *en* ou *dans* devant le nom ou le pronom complément : *Cette différence consiste en ce que,* etc. (Acad.) ; *La perfection de l'homme consiste dans le bon usage de sa raison.* (Id.)

Il veut *à* devant l'infinitif complément : *Le tout consiste à savoir.* (Acad.)

58. — Consommer, consumer. « *Consommer* signifie achever, mettre en sa perfection, accomplir. Il se dit aussi en parlant des choses qui se détruisent par l'usage, comme vin, viande, bois et toute sorte de provisions : *Consommer des denrées, des fourrages.* » (Acad.)

« *Consumer*, détruire, user, réduire à rien : *Le feu consuma ce grand édifice en moins de deux heures. Le temps consume toutes choses.* Il signifie aussi employer sans réserve : *Ils consument leur vie dans ces pénibles travaux.* » (Acad.)

59. — « **Cresane**, dit l'Académie, sorte de poire fondante et d'un goût délicat. On dit aussi plus exactement, mais plus rarement, *crassane*. »

60. — **Croire**. *Croire quelqu'un* signifie admettre comme vrai ce qu'il dit, ou suivre ses avis, ses conseils : *Croyez-vous cet homme-là?* (Acad.) *Il ne croit point les médecins.* (Id.) *S'il avait voulu me croire, il ne serait pas aujourd'hui dans l'embarras.* (Id.)

Croire une chose, c'est estimer que cette chose est véritable, la tenir pour vraie, pour certaine : *Il croit cette histoire, ce conte.* (Acad.)

« *Croire à quelqu'un, à quelque chose*, ajouter foi à quelqu'un, à quelque chose, s'y fier : *Croire aux astrologues, à l'astrologie. On ne croit plus à ses promesses.* » (Acad.)

« *Croire à quelque chose* signifie aussi être persuadé de l'existence ou de la vérité de quelque chose, y donner sa croyance : *Il proteste de son innocence, mais je n'y crois pas. Croire aux revenants, aux sorciers, à la magie.* » (Acad.) On dit dans le même sens : *Croire en Dieu, en Jesus-Christ*, etc.

61. — **Déjeuner, dîner**. On dit : *Déjeuner d'un pâté; Dîner d'un poulet, d'un morceau de bœuf* (Acad.), et non *déjeuner avec un pâté, dîner avec un poulet.*

62. — « **Désirer**, devant un verbe à l'infinitif, est suivi de la préposition *de*, lorsqu'il exprime un désir dont l'accomplissement est incertain, difficile ou indépendant de la volonté : *Désirer de réussir; Il y a longtemps que je désirais de vous rencontrer.* Quand, au contraire, il exprime un désir dont l'accomplissement est certain ou facile, et plus ou moins dépendant de la volonté, il s'emploie sans la préposition *de : Je désire le voir, l'entendre, amenez-le-moi.* » (Acad.)

63. — **Deux (tous)**. Voyez *Tous deux.*

64. — **Deuxième**. Voyez *Second.*

65. — **Digne, indigne**. *Digne* se prend en bien et en mal : *Digne de récompense; Digne de punition.* (Acad.)

Digne accompagné d'une négation et *indigne* ne se disent que du bien : *Il n'est pas digne de cet emploi; Il n'est pas digne de vivre; Il est indigne de vivre; Il s'est rendu indigne de vos bienfaits.* (Acad.)

Quand il s'agit de quelque chose de mauvais, au lieu *d'indigne* ou de *digne* avec une négation, l'usage actuel veut qu'on emploie le verbe *mériter* avec la négative : *Il ne mérite pas la mort,* et non pas : *Il est indigne de mort.*

Cependant Racine a dit dans ce sens :

> *Si vous daignez, seigneur, rappeler la mémoire*
> *Des vertus d'Octavie indignes de ce prix* (1).

_____

(1) Ce prix c'est le divorce et la répudiation dont Octavie est menacée (*Britannicus*, acte III, scène I).

66. — **Disputer**, signifiant contester, combattre pour obtenir ou pour conserver quelque chose, est transitif, et s'emploie très-bien comme verbe pronominal : *Les deux armées se disputèrent longtemps la victoire.* (Acad.) Mais dans le sens d'être en débat, en discussion, en querelle avec quelqu'un, il est intransitif, et ne peut s'employer sous la forme pronominale. Ne dites donc pas : *Ils se disputent continuellement;* dites : *Ils disputent* ou *ils se querellent continuellement.*

67. — **Éclairer.** On disait autrefois *éclairer à quelqu'un,* pour signifier marcher ou se tenir auprès de lui avec de la lumière ; on dit maintenant *éclairer quelqu'un : Eclairez monsieur.* (Acad.)

68. — **Égaler, égaliser.** *Egaler* se dit des personnes et des choses : Egaler *les parts, les portions.* (Acad.) *Ce prince égale Alexandre.* (Id.)

Egaliser ne se dit que des choses et signifie aussi rendre égal : Egaliser *les lots d'un partage.* (Acad.) Il signifie en outre rendre plan, uni : Egaliser *un terrain, un chemin.* (Acad.)

69. — **Éminent, imminent.** *Eminent,* haut, élevé; et au figuré, excellent et surpassant tous les autres : *Un lieu* éminent, *des qualités* éminentes. (Acad.)

Imminent, qui est près de tomber sur quelqu'un, sur quelque chose : *Une ruine, une disgrâce* imminente. *Péril* imminent. (Acad.)

70. — **Emprunter.** On dit également bien *emprunter à quelqu'un* ou *de quelqu'un. J'emprunterai cette somme à un de mes amis.* (Acad.) *J'ai emprunté de mon oncle dix mille francs.* (Id.)

Au figuré, ce verbe signifie : 1° recevoir, tirer de, et dans ce sens il ne veut après lui que la préposition *de: Les magistrats emprunt*ent *leur autorité du pouvoir qui les institue.* (Acad.) *La lune* emprunte *sa lumière du soleil.*

2° Il signifie aussi se servir, user, tirer parti de ce qui est à un autre ou de ce qu'un autre fournit ; et dans ce sens il veut *à* ou *de :* Emprunter *une pensée à un auteur.* (Acad.) *Il a emprunté cela* d'*Homère, de Virgile.* (Id.) *Cette langue n'a presque rien em*prunté aux *autres.* (Id.)

71. — **Ennuyant; ennuyeux.** « *Ennuyant* ne se dit pas précisément de ce qui cause de l'ennui ; il se dit de ce qui chagrine, qui importune ou qui contrarie actuellement : *Cela est fort* ennuyant. *Quel temps* ennuyant ! » (Acad.)

« *Ennuyeux,* qui ennuie, qui est propre à ennuyer, qui ennuie habituellement : *Temps* ennuyeux. *Livre* ennuyeux. *Cet homme est bien* ennuyeux. » (Acad.)

72. — **Envier, porter envie.** Suivant l'Académie, *envier* peut très-bien avoir un complément direct de personne : *Tout le monde* l'envie (Acad.), mais il se dit plus souvent des choses : Envier *le bonheur, le succès d'autrui.* (Id.)

Porter envie à ne s'applique qu'aux personnes : *Je porte envie à mon ami de ce qu'il a le plaisir d'être avec vous.* (Acad.)

73. — **Érésipèle.** L'Académie admet ce mot comme étant aujourd'hui parfaitement en usage ; et elle fait cette observation : « On disait autrefois *érysipèle,* ce qui était conforme à l'étymologie.»

74. — **Espérer.** On dit sans préposition : *J'espère gagner mon procès* ; *J'espère le voir aujourd'hui.* (Acad.) Il se construit aussi quelquefois avec la préposition *de* et l'infinitif, particulièrement lorsqu'il est lui-même à ce mode : *Peut-on espérer de vous revoir ?* (Acad.)

Racine a dit cependant, sans que le verbe *espérer* fût à l'infinitif ;

> J'espérais DE *verser mon sang après mes larmes.* (*Bérénice.*)

Et :

> *Que sais-je ? j'espérai* DE *mourir à vos yeux,*
> *Avant que d'en venir à ces cruels adieux.*

On trouve dans les bons écrivains de nombreux exemples de cette construction.

Voyez *Locutions vicieuses.*

75. — **Être,** dans le sens d'*aller.* Voyez *Aller.*

76. — **Éviter.** Ce verbe signifie fuir, esquiver quelque chose de nuisible, de désagréable. Il ne faut donc pas lui donner le sens d'*épargner* ; ainsi ne dites point : *Je vous éviterai cette peine* ; dites : *Je vous épargnerai cette peine.*

77. — **Excuse, pardon.** On *fait* excuse ou des excuses à quelqu'un, on lui *demande* pardon ; c'est donc mal parler que de dire *je vous demande excuse.*

78. — **Falloir.** Il s'en *faut de beaucoup,* de *peu,* s'emploient lorsqu'il s'agit de quantités matérielles ; sinon on dit sans la préposition *de : Il s'en faut beaucoup, peu, rien.* Exemples : *Il s'en faut de beaucoup que leur nombre soit complet.* (Acad.) *Il s'en faut de peu que ce vase ne soit plein.* (Id.) *Il s'en faut beaucoup que l'un soit du mérite de l'autre.* (Id.) *Il s'en est peu fallu qu'il n'ait été tué.* (Id.) (Voir 561 et 562.)

79. — **Fixer.** Attacher, affermir, arrêter, établir. (Acad.) Exemples : *Fixer une chose au moyen d'un clou.* On dit fort bien : *Fixer ses regards sur quelqu'un* ; c'est-à-dire, *arrêter* ses regards sur quelqu'un ; mais le verbe *fixer* tout seul ne signifie jamais *regarder.* Ne dites donc pas, en parlant de quelqu'un : *Je l'ai fixé longtemps, je l'ai bien reconnu* ; dites : *Je l'ai regardé longtemps.*

80. — **Flairer, fleurer.** *Flairer,* sentir par l'odorat, et au figuré, pressentir, prévoir : *Flairez un peu cette rose. Il a flairé cela de loin.* (Acad.)

Fleurer, répandre, exhaler une odeur : *Cela fleure bon.* (Acad.)

81. — **Fonds et fond.** *Fonds* signifie 1° le sol d'une terre, d'un champ, d'un héritage : *Être riche en fonds de terre* (Acad.) ; 2° une somme plus ou moins considérable destinée à quelque usage, pécule en argent : *Les fonds du Trésor, de la Banque. Être en fonds* (Acad.) ; 3° un bien, un capital quelconque, un établissement industriel ou commercial : *Ce marchand a vendu son fonds.* (Acad.)

Fond, l'endroit le plus bas, le plus intérieur d'une chose creuse ; le lieu le plus éloigné, le plus reculé : *Le fond d'un puits, d'une bouteille ; Le fond d'un cachot, d'un bois ; Le fond de la rivière.* (Acad.) « *Fond* se dit aussi d'un terrain considéré par rapport à son degré de fermeté, à sa qualité, à sa composition : *Bâtir sur un fond peu solide. Un fond d'argile, de terre glaise.* » (Acad.)

82. — **Fortuné.** Cet adjectif signifie *heureux* ou *qui donne le bonheur;* mais il ne signifie point *riche, qui a de la fortune.* Vous direz donc : *Cet homme est* riche, et non *cet homme est* fortuné.

83. — **Imiter l'exemple.** Quoi qu'en dise certain auteur de grammaire, *imiter l'exemple de quelqu'un* est parfaitement français : l'Académie admet cette locution, et nos meilleurs écrivains en font usage.

84. — **Imposer, en imposer.** *Imposer,* pris absolument, signifie inspirer du respect, de l'admiration, de la crainte : *C'est un homme dont la présence* impose. (Acad.)

En imposer signifie tromper, abuser, faire accroire : *Vous voulez en imposer à vos juges.* (Acad.) *Ne le croyez pas, il* en impose. (Id.)

85. — **Infecter, infester.** « *Infecter,* gâter, corrompre, incommoder par communication de quelque chose de puant, de contagieux ou de venimeux : *Ce marais infecte l'air. La peste* avait infecté *toute la ville, tout le pays.* — Il se dit figurément au sens moral : *Il* infecta *le pays de cette hérésie, de sa pernicieuse doctrine.* » (Acad.)

« *Infester,* ravager, désoler, tourmenter par des irruptions, par des courses hostiles, par des actes fréquents de violence et de brigandage : *Les pirates* infestaient *toutes ces côtes-là. Les ennemis* infestaient *le pays par leurs courses.* — Il se dit, par extension, des animaux nuisibles ou incommodes : *Les sauterelles* infestent *souvent de grandes provinces en Orient. Les rats* infestent *cette maison.* » (Acad.)

86. — **Insulter.** *Insulter quelqu'un,* c'est le maltraiter, l'outrager de fait ou de paroles, lui dire des injures.

Insulter à quelqu'un, à quelque chose, c'est manquer à ce que l'on doit aux personnes ou aux choses : *Il ne faut pas* insulter aux *malheureux.* (Acad.) *Insulter à la raison, au bon sens, au bon goût.* (Id.)

87. — **Invectiver.** Ce verbe est intransitif; ne dites donc pas : *Il m'a invectivé;* dites : *Il a invectivé* contre moi.

88. — **Jet d'eau, jeu d'eau.** « *Jet d'eau,* eau qui s'élance d'une fontaine jaillissante et qui s'élève. » (Acad.)

« *Jeu d'eau* se dit de la diversité des formes que l'on fait prendre aux jets d'eau en variant celle des ajutages. » (Acad.)

89. — **Joindre,** signifiant *ajouter,* veut la préposition *à* : *Joignez cette maison à la vôtre.* (Acad.) Dans le sens d'*unir, allier,* il ne veut après lui aucune préposition, ou bien il prend indifféremment la préposition *à* ou la proposition *avec* : *Joindre la prudence et la valeur,* ou *la prudence à la valeur, avec la valeur.* (Acad.)

90. — **Laisser.** On dit généralement bien *ne laisser pas de* ou *ne laisser pas que de* : *Cette proposition ne laisse pas d'être vraie, que d'être vraie.* (Acad.)

91. — **Linteaux, liteaux.** *Linteaux,* pièces de bois, de pierre, etc., au-dessus d'une porte, d'une fenêtre. — *Liteaux,* raies colorées, près des lisières d'une nappe, d'une serviette.

92. — **Matinal, matineux, matinier.** Il ne faut pas confondre ces mots. *Matinal* signifie qui s'est levé de bonne heure ; *matineux,* qui a l'habitude de se lever matin ; *matinier,* qui est du matin, comme *étoile matinière.* (Acad.)

De nos jours, *matinal* se dit fort bien des choses qui ont lieu le matin : *L'aube matinale, la rosée matinale.*

93. — **Mêler** signifie, au propre, mettre ensemble deux ou plusieurs choses et les confondre ; alors ce verbe veut la préposition *avec : Mêler l'eau avec le vin.* (Acad.)

Au figuré, il se dit des choses morales et signifie *joindre, unir ;* dans ce cas on met la préposition *à* ou bien l'on joint par *et* les parties du complément direct multiple : *Il sait mêler à propos la douceur à la sévérité. Cet auteur a mêlé l'agréable et l'utile dans tous ses ouvrages.* (Acad.)

94. — **Midi, minuit.** Substantifs masculins toujours du singulier. En conséquence, il faut dire : *Sur le midi, sur le minuit ;* et non *sur les midi, sur les minuit.*

Dites aussi : *Midi est sonné,* et non pas *midi a sonné.*

95. — **Observer.** Ce verbe signifie *remarquer,* et l'on doit l'employer absolument de même. Ne dites donc jamais : *Je vous observe que cela déplaît ;* car vous ne diriez point : *Je vous remarque que cela déplaît ;* dites : *Je vous fais observer ou je vous prie d'observer que cela déplaît,* comme vous diriez : *Je vous fais remarquer ou je vous prie de remarquer,* etc.

Mais on dira très-bien : *J'ai observé qu'il n'adressait la parole qu'à vous* (Acad.); car l'on dirait aussi : *J'ai remarqué qu'il n'adressait la parole qu'à vous.*

96. — **Ombrageux, ombreux.** *Ombrageux* se dit, au propre, des chevaux, des mulets, etc., qui sont sujets à avoir peur, quand ils voient leur ombre ou quelque objet qui les surprend. Au figuré, il se dit des personnes qui prennent trop légèrement de la défiance, des soupçons : *C'est un homme fort ombrageux.* (Acad.)

Ombreux est un adjectif signifiant qui fait de l'ombre ou qui est couvert d'ombre : *Des bois ombreux ; Les vallées ombreuses.* (Acad.)

97. — **Oublier.** *Avoir oublié de* faire une chose, c'est ne pas s'être souvenu qu'il fallait la faire : *Vous avez oublié de venir ce matin.* (Acad.)

Oublier à comme dans *oublier à chanter,* c'est perdre l'usage, l'habitude de chanter. L'Académie fait observer que cette locution vieillit.

98. — **Participer.** *Participer à,* c'est avoir part à, prendre part à, s'intéresser à : *On l'accusa d'avoir participé à la conjuration ; Je participe à votre douleur.* (Acad.)

Participer de c'est tenir de la nature de quelque chose : *Cela participe de la nature du feu ; L'enthousiasme de cet homme participe de la folie.* (Acad.)

99. — **Passager, passant.** *Passager,* adjectif, qui ne fait que passer, qui est de peu de durée : *Les grues sont des oiseaux passagers. La beauté est passagère.* (Acad.)

Passant, adjectif : *Chemin passant, rue passante,* chemin, rue par lesquels il passe beaucoup de monde. (Acad.) Il ne faut donc pas dire *rue passagère.*

100. — **Pire, pis.** *Pire, pis,* adjectifs, signifient *plus mauvais, plus nuisible ;* ils sont toujours en rapport avec un nom ou un pronom : *Ce vice-là est encore* pire *que le premier.* (Acad.) *Il n'y a rien de* pis *que cela.* [Acad.)

Pis s'emploie aussi comme adverbe, il signifie *plus mal* et modifie un verbe : *Il se portait un peu mieux, mais il est* pis *que jamais.* (Acad.) Il s'emploie aussi substantivement, et signifie ce qu'il y a de pire : *Le* pis *qui puisse arriver.* (Acad.) Voyez *Locutions vicieuses.*

101. —Plaindre (*se*). Après se *plaindre de* ce que on met toujours le verbe à l'indicatif : *Il se plaint de ce qu'on le* calomnie. (Acad.)

Après se *plaindre que*, on met le verbe à l'indicatif si la plainte est fondée ou si on la croit telle : *Cet auteur se plaint qu'on ne le lit* pas. On met le verbe au subjonctif si la plainte n'est pas fondée : *Il se plaint qu'on l'ait* calomnié. (Acad.)

102. — Plaire. *Ce qui* plaît, c'est ce qui est agréable ; *ce qu'il* plaît signifie ce que l'on veut : *Cet enfant ne fait que ce qui lui* plaît : c'est-à-dire, ne fait que ce qui lui est agréable ; *cet enfant fait tout ce qu'il lui* plaît ; c'est-à-dire, tout ce qu'il veut, tout ce qui lui passe par la tête.

103. — Plier, ployer. L'Académie, d'accord en cela avec nos bons écrivains, ne met guère de différence entre le sens de ces verbes ; voici en résumé ce qu'elle dit : « *Plier*, mettre en un ou plusieurs doubles : Plier *du linge, des habits.* Pliez *votre serviette.* Plier *une lettre.* — Il signifie aussi courber, fléchir : Plier *des branches d'arbres.* Plier *les genoux.* — *Plier* s'emploie figurément et signifie assujétir, soumettre, faire céder, accoutumer : *Il faudra* plier *ce jeune homme à la règle.* — Il s'emploie aussi au neutre et signifie devenir courbé : *Un roseau qui* plie. *La branche pliait* sous *lui.* Figurément : Plier *sous le poids des affaires.* Plier *sous l'autorité, sous les ordres de quelqu'un.* »

« *Ployer*, fléchir, courber : Ployer *une branche d'arbre.* Ployer *le genou en marchant.* — Il signifie quelquefois arranger une chose en la pliant, en la mettant en rouleau, en paquet, etc. ; Ployer *votre marchandise.* Ployer *votre serviette.* Ployer *vos habits.* — Il s'emploie dans presque toutes les acceptions du verbe *plier*, mais seulement en poésie et dans le style élevé. Dans le langage ordinaire, on se sert de *plier.* »

104. — Prier. Dans le sens d'inviter, convier, ce verbe veut la préposition *de* après lui : *On l'a prié d'assister à la cérémonie. On l'a prié de la noce, de la fête.* (Acad.) Cependant devant les verbes *dîner, déjeuner, souper,* il veut la proposition *à* : *On l'a prié à dîner.* (Acad.)

105. — Quatre yeux (*entre*). L'Académie dit : *L'on prononce ordinairement, par euphonie, entre quatre-z-yeux.* Cette prononciation vicieuse est rejetée par tous ceux qui aiment à parler correctement.

106. — Rappeler (*se*). Le verbe *rappeler* signifie appeler de nouveau : *se rappeler* veut donc dire littéralement *appeler de nouveau, faire revenir* dans son esprit. La chose que l'on rappelle est complément direct et non complément indirect. Ne dites donc pas : *Je me rappelle de cela, je m'en rappelle parfaitement* ; dites : *Je me rappelle cela, Je me le rappelle parfaitement.*

Mais on dira très-bien : *Je m'en rappelle tous les détails*, parce qu'ici le pronom *en* n'est point complément du verbe *je me rappelle*, mais du nom *détails*. Il faut remarquer aussi que *se rappeler* peut très-bien être suivi de la préposition *de* devant un infinitif : *Je me rappelle d'avoir fait telle chose*. (Acad.)

107. — Recouvrer, recouvrir. *Recouvrer* signifie retrouver, rentrer en possession d'une chose ; *recouvrir*, c'est couvrir de nouveau, cacher sous certaines apparences. On dit : *Il a recouvré la santé, la parole, la raison*, etc. (Acad.)

108. — Remplir. Au figuré ce verbe signifie exécuter, accomplir, effectuer, réaliser : *Remplir ses obligations, ses devoirs*. (Acad.) On dit dans le même sens : *Remplir l'attente, les espérances du public* (Id.); *Remplir les intentions, les vues de quelqu'un* (Id.); mais *remplir un but* est une très-mauvaise locution ; on *atteint* un but, on ne l'exécute pas, on ne le réalise pas.

109. — Renforcer et **enforcir** signifient l'un et l'autre rendre plus fort, devenir plus fort ; mais *enforcir* ne se dit pas des personnes ; de plus, il ne s'emploie pas au figuré et ne se dit guère que de la force du corps. Les participes passés sont *renforcé* et *enforci* : *Je trouve que vous vous êtes* renforcé *dans le calcul, aux échecs, sur le violon*. (Acad.) *La bonne nourriture* a enforci *ce cheval*. (Id.) Quant à *renforcir*, ce mot n'est pas français.

110. — Retrancher. *Retrancher de*, c'est séparer une partie du tout, ôter quelque chose d'un tout : *Il faut retrancher plusieurs branches de cet arbre*. (Acad.) — *Retrancher à*, priver quelqu'un d'une chose, la lui retenir : *Les médecins ont retranché le vin à ce malade. On lui a retranché de ses appointements*. (Acad.)

111. — Rien, signifiant *quelque chose* ou *peu de chose*, s'emploie sans négation : *Qui vous reproche rien ?* (Acad.) *Il a eu cette maison pour rien*. (Id.) — Dans le sens d'*aucune chose*, il veut la négation : *Je ne dis rien*. (Acad.) Voir *Servir*.

112. — Saigner. *Saigner du nez*, perdre du sang qui coule du nez. Au figuré, manquer de courage, de résolution : *Il fit d'abord le fanfaron, puis il saigna du nez*. (Acad.) *Saigner au nez* est donc une mauvaise locution.

113. — Sang-froid, sens rassis : telle est l'orthographe de ces deux locutions.

114. — Second, deuxième. L'Académie et les écrivains emploient indifféremment ces deux adjectifs et ne reconnaissent pas la distinction de sens que quelques grammairiens ont voulu établir. Exemples donnés par l'Académie : *Je suis le deuxième sur la liste. Vous êtes le second sur la liste. Il loge au deuxième étage. Il loge au second*.

L'Académie dit *Henri deux, roi de France*, et non *Henri second*, comme le voudraient quelques-uns.

115. — Sens dessus dessous. On écrit ainsi cette locution, qui signifie que le sens de dessus ou le dessus d'une chose se trouve actuellement placé dessous ; on écrit de même *sens devant derrière*.

116. — Servir à rien, servir de rien. La première locution exprime l'inutilité actuelle et relative ; la seconde exprime l'inutilité absolue : *Une chose qui ne* sert à rien *actuellement peut servir* à quelque chose demain. Une chose qui ne *sert de rien* est une chose qui est de tous temps inutile : Il ne *sert de rien* de s'élever contre les décrets de la Providence ; Des lunettes ne *serviraient de rien* à un aveugle.

117. — **Souhaiter.** Après ce verbe, on peut exprimer ou sous-entendre la préposition *de* devant un infinitif : *Souhaiter d'avoir un emploi : Je souhaiterais pouvoir vous obliger.* (Acad.) C'est l'oreille et le goût qui en décident.

118. — **Succomber.** Au propre, ce verbe signifie être accablé sous un fardeau que l'on porte ; il prend alors la préposition *sous* : *Ce crocheteur succombait sous le poids.* (Acad.) Au figuré, il signifie ne pouvoir résister, être vaincu, céder. Dans ce sens, il s'emploie tantôt avec la préposition *sous*, et tantôt avec la préposition *à* : *Succomber sous le poids des affaires.* (Acad.) *Succomber sous les efforts de ses ennemis, sous ses ennemis.* (Id.) *Succomber à la douleur, à la tentation, au mauvais exemple.* (Id.) On dit aussi *succomber à la fatigue.* (Id.)

119. — **Suppléer**, verbe actif ou transitif, signifie ajouter ce qui manque, fournir ce qu'il faut de surplus : *Ce sac doit être de mille francs, et ce qu'il y aura de moins je le suppléerai, je suppléerai le reste.* (Acad.) Dans ce cas on fournit une chose de même nature. On dit de même *suppléer quelqu'un* ; c'est-à-dire, tenir sa place, le représenter, faire ses fonctions.

Suppléer est aussi intransitif et signifie réparer le manquement, le défaut de quelque chose : *Son mérite suppléait au défaut de sa naisance.* (Acad.) *La valeur supplée au nombre.* (Id.) Dans ce cas, la chose qui supplée n'est pas de même nature que la chose qui manque.

120. — **Tâcher de, tâcher à.** *Tâcher de*, c'est faire des efforts pour venir à bout de quelque chose : *Tâchez d'avancer cet ouvrage.* (Acad.) — *Tâcher à*, c'est viser à : *Il tâche à me nuire.* (Id.)

121. — **Tarder.** Devant un infinitif, on peut dire *tarder de* ; mais, dit l'Académie, l'usage préfère *tarder à* : *On a trop tardé à envoyer ce secours.* — Employé impersonnellement, il régit *de* devant un infinitif : *Il me tardait de vous voir.* (Acad.)

122. — **Tendon, tendron.** « *Tendon*, partie fibreuse qui sert à lier les muscles aux os ou à d'autres parties. — *Tendron*, bourgeon, cartilage à l'extrémité de la poitrine de quelques animaux : *Manger une fricassée de* tendrons *de veau* » (Acad.), et non *de tendons* de veau.

123. — **Tendresse, tendreté.** « *Tendresse*, qualité de ce qui est tendre dans le sens moral. Il ne se dit que de la sensibilité à l'amitié, aux affections de la nature : *Tendresse maternelle. Il lui a donné mille marques de sa tendresse.* » (Acad.)

« *Tendreté*, qualité de ce qui est tendre dans le sens physique. Il ne se dit qu'en parlant des viandes, des fruits, des légumes : *La* tendreté *d'un gigot ; La* tendreté *de ces légumes, de ces fruits.* (Acad.)

124. — **Terre (à), par terre.** Suivant quelques grammairiens, *par terre* se dit de ce qui touche à la terre, et *à terre* de ce qui n'y touche pas ; ainsi un arbre tombe *par terre* et ses fruits tombent à *terre*. Ces deux locutions sont justes ; mais, suivant nous, ce n'est point par la raison qu'en donnent ces grammairiens, et que détruit complètement l'exemple que voici : *Il s'est jeté* à terre, *par terre et s'est roulé sur le parquet.* (Acad.) La préposition *à* exprime la direction du mouvement : *tomber à terre* signifie tomber vers la terre, comme le fruit qui se détache de l'arbre. La locution *par terre* présente l'objet comme étendu le long du sol, sur la terre ; c'est le cas de l'arbre. Voilà pourquoi l'on dirait d'un enfant qui était debout sur un tabouret et qui s'est laissé choir : *Il est tombé par terre*, quoique cependant l'enfant ne touchât pas d'abord à la terre, au parquet.

125. — **Tous deux** ou **tous les deux** : l'un et l'autre. La première de ces locutions marque *ordinairement* simultanéité : *ils partirent tous deux*, tous deux **ensemble** *pour la ville.* » (Acad.) Ainsi, suivant l'Académie, chacune de ces deux locutions signifie *l'un et l'autre*, et *tous deux* n'exprime pas *nécessairement* la simultanéité ; c'est ce que démontre parfaitement l'exemple qu'elle cite, et dans lequel la simultanéité est exprimée par l'adverbe *ensemble*. La règle qu'on peut établir, d'après les bons écrivains, est celle-ci : Toutes les fois que l'on veut exprimer la simultanéité, on dit *tous deux* et jamais *tous les deux ;* dans tout autre cas, on emploie indifféremment l'une ou l'autre de ces locutions.

126. — **Unir, réunir**. Dans le sens de posséder en même temps, *unir* veut un complément direct et un complément indirect précédé de la préposition *à : Il unissait le courage à la prudence.* — *Réunir* veut un complément direct composé de parties unies par la conjonction *et : Il réunissait le courage et la prudence.*

127. — **Vénéneux, venimeux**. Ces deux adjectifs signifient, l'un et l'autre, qui a du venin ; mais *vénéneux* ne se dit que des végétaux, et *venimeux* que des animaux et des choses que l'on croit infectées du venin de quelque animal : *Le suc de la ciguë est vénéneux ; La vipère est* venimeuse *; On dit que les herbes sur lesquelles le crapaud et la chenille ont passé sont* venimeuses. (Acad.)

128. — **Voir goutte**. On dira très-bien : *Ce passage est obscur, on n'y voit goutte*, parce que *y* signifie *dans ce passage*, et que l'indication du lieu est nécessaire ; mais *y* serait de trop si l'on disait : *Dans cette chambre on n'y voit goutte ; un aveugle n'y voit goutte.*

129. — **Yeux**. *Entre quatre yeux*. Voyez Quatre yeux.

CHAPITRE IX

LOCUTIONS VICIEUSES.

130. — *Ne dites pas :*   *Dites :*

Ne dites pas	Dites
Autant que possible...........	Autant qu'il est possible
Acheter, vendre bon marché...	Acheter, vendre à bon marché
Baigner (je vais)...............	Je vais me baigner
Bonne heure (à)..............	De bonne heure
Combien (le) du mois.........	Le quantième du mois
Comme de juste..............	Comme il est juste
Compte (je) de partir. — Je compte que vous travaillez bien....................	Je compte partir. — Je présume, j'aime à croire que vous travaillez bien
Coucher (je vais).............	Je vais me coucher
Crainte qu'il se fâche.........	De crainte qu'il ne se fâche
Dernier adieu................	Denier à Dieu (1)
Donnez-moi-s-en..............	Donnez-m'en
Donnez-moi-s-y *ou* donnez-m'y une place.............	Veuillez m'y donner une place
En définitif..................	En définitive
En outre de cela..............	Outre cela
Espère (j') que j'ai bien travaillé (2)....................	J'aime à croire que j'ai bien travaillé
Faire ses embarras. Cet homme fait bien ses embarras.......	Faire de l'embarras. Cet homme fait bien de l'embarras. (Acad.)
Hémorragie de sang	Hémorragie
Idée (l') lui a pris.............	L'idée lui est venue
J'en deviens.................	J'en viens
Jouïr d'une mauvaise santé, d'une mauvaise réputation (3).	Avoir une mauvaise santé, une mauvaise réputation
Jujube (du).................	De la jujube
Jusques hier, jusque midi......	Jusques à hier, jusqu'à midi
Lierre (pierre de)............	Pierre de liais
Menez-moi-s-y, menez-m'y....	Menez-y-moi (Acad.), *ou mieux* Je vous prie de m'y mener, *ou* Veuillez m'y mener
Moment ici (dans ce)..........	Dans ce moment-ci
Promets (je vous) que je dis la vérité (4)...................	Je vous assure que je dis la vérité
Partir à la campagne..........	Partir pour la campagne.......
Perfection (à la)	En perfection

(1) *Denier à Dieu*, arrhes d'un marché.

(2) Espérer se dit pour une chose à venir et non pour une chose passée ou présente.

(3) Il n'y a pas de locution plus ridicule, car on ne peut pas jouir d'une mauvaise chose.

(4) On promet pour l'avenir et non pour le moment où l'on parle.

Ne dites pas :	Dites :
Pied fourchu	Pied fourché
Plus qu'à demi-mort. Ce livre coûte plus que cinq francs....	Plus d'à demi-mort. Ce livre coûte plus de cinq francs
Promener 'je vais'	Je vais me promener
Rebours (à la)	A rebours ou au rebours
Réglisse (du)	De la réglisse
Restez-vous (où)	Où demeurez-vous
Rétablir le désordre	Rétablir l'ordre
Revoir à)	Au revoir (1)
Semaine (la) qui vient	La semaine prochaine
Sentinelle (un)	Une sentinelle
Sont cinq (trois et deux)	Trois et deux font cinq
Sourd et muet	Sourd-muet
Sucrez-vous	Sucrez votre café, votre thé
Sur le journal (j'ai lu)	J'ai lu dans le journal
Tant pire	Tant pis
Tête d'oreiller	Taie d'oreiller
Un quelqu'un, un chacun	Quelqu'un, chacun
Voix de centaure	Voix de Stentor
Volte (faire la) au jeu	Faire la vole

131. — Ne confondez pas les deux verbes *coasser* et *croasser*. Le corbeau *croasse* et la grenouille *coasse*.

132. — Outre ces mauvaises locutions, on entend quelquefois les mots suivants, qu'il faut bien se garder d'employer, car *ces mots ne sont pas* français.

Mots qui ne sont pas français :	Mots qui sont français :
Airé. *Lieu airé*	Aéré. *Lieu aéré*
Ajamber. *Ajamber un ruisseau.*	Enjamber. *Enjamber un ruisseau*
Apparution	Apparition
Apprentisse	Apprentie
Angola (chat)	Chat angora
Aréolithe	Aérolithe
Aréonaute	Aéronaute
Bisquer. *Il bisque*	Pester. *Il peste*
Boulvari	Hourvari
Il brouillasse.	*Il bruine*
Cacaphonie	Cacophonie
Caneçon	Caleçon
Casterole	Casserole
Castonade	Cassonade
Chipoteur, chipoteuse	Chipotier, chipotière
Colaphane	Colophane
Colidor	Corridor
Comparition	Comparution
Confusionner	Couvrir de confusion
Contrevention	Contravention

---

(1) *A revoir* se dit très bien; mais on se sert de cette locution pour dire qu'il faut faire un nouvel examen d'un compte, d'une citation, d'un écrit, etc.

Mots qui ne sont pas français :	Mots qui sont français :
Corporence	Corpulence
Coutumace	Contumace *et* contumax
Croche-pied (*aller à*)	*Aller à* cloche-pied
Décesser. *Il ne décesse de parler.*	*Il ne cesse de parler*
Décommander	Contremander
Dépersuader	Dissuader
Désagrafer	Dégrafer
Disparution	Disparition
Échaffourée	Échauffourée
Éduqué. *Un enfant bien éduqué.*	Élevé. *Un enfant bien élevé*
Éléxir	Élixir
Embêter	Ennuyer
Embrouillamini	Brouillamini
Enflammation	Inflammation
Enverjure	Envergure
Errhes	Arrhes
Esquilancie	Esquinancie
Farce (adj.). *Cet homme est farce*	Farceur. *Cet homme est farceur*
Franchipane	Frangipane
Géane	Géante
Gigier	Gésier
Gouailler	Railler, plaisanter
Guette (*de bonne*)	*De bon* guet
Linceuil	Linceul
Mairerie	Mairie
Marronner	Marmonner
Minable	Misérable
Missergent (*poires de*)	Poires de Messire-Jean
Palefermier	Palefrenier
Pantomine	Pantomime
Perclue	Percluse
Plurésie	Pleurésie
Pointilleur	Pointilleux
Poumonique	Pulmonique
Rancuneur	Rancunier
Rébarbaratif	Rébarbatif
Rébiffade	Rebuffade
Rémouler *un émouler un couteau*	Émoudre *ou bien* aiguiser *un couteau*
Réprimandable	Répréhensible
Revange	Revanche
Rimoulade	Rémoulade
Secoupe	Soucoupe
Soupoudrer	Saupoudrer
Se suicider (1)	Se donner la mort

(1) Ceux qui savent le latin voient bien que ce verbe n'est pas français et qu'il ne peut l'être, parce qu'il est formé contrairement à toutes les règles de la logique et de la grammaire. Aussi l'Académie a-t-elle eu raison de repousser ce détestable néologisme. Quant au substantif *suicide*, c'est un mot bien fait,

Mots qui ne sont pas français :	Mots qui sont français :
Siau *d'eau*....................	Seau d'eau
Transvider..................	Tranvaser
Trayer, trayage............	Trier, triage
Trémontade.................	Tramontane
Trésoriser..................	Thésauriser
Trichard....................	Tricheur
Vagistas....................	Vasistas
Vermichelle.................	Vermicelle
Vessicatoire................	Vésicatoire
Violonchelle................	Violoncelle

133. — Les locutions et les mots suivants que certains grammairiens signalent à tort, comme n'étant point français, sont admis par l'Académie :

Ainsi donc.   — *Ainsi donc vous refusez.* (Acad.)
Déhonté.   — *C'est un homme déhonté.* (Id.)
Dinde (un).   — *Un gros dinde.* (Id.) Mais ce mot n'est du masculin que quand on veut désigner l'oiseau mâle.
Embauchoir.   — *Mettre les embauchoirs à une paire de bottes.* (Id.) L'Académie fait observer qu'*embouchoir* se dit quelquefois pour *embauchoir*.
Honchets.   — « Sorte de jeu d'enfant. Voyez *Jonchets.* » (Acad.)
Massacrante.   — *Il est aujourd'hui d'une humeur massacrante.* (Id.)
Portant (bien, mal). — *Il est bien portant : elle est toujours mal portante.* (Id.)
Tannant.   — « *Tanner,* signifie, figurément et populairement, fatiguer, ennuyer, molester. *C'est un homme qui me tanne.* Dans ce sens, on dit aussi *tannant. C'est un homme tannant.* » (Acad).

134. — REMARQUE. Le mot *semoule* se prononce *semouille.* (Acad.)

TABLE DES MATIÈRES

Coulommiers. — Typographie de A. MOUSSIN.